Kursbuch 194
anders alternativ

W0189766

Klimaneutral
Druckprodukt
ClimatePartner.com/12752-1803-1001

Zum Ausgleich für die entstandene CO_2-Emission bei der Produktion dieses Buches unterstützen wir die Erhaltung und Wiederaufforstung des Kibale Nationalparks in Uganda. Das Projekt trägt zum Klimaschutz bei, indem die Bäume bei der Fotosynthese Kohlenstoff aus der Luft binden, es schützt die Biodiversität des tropischen Waldes und sichert 260 Arbeitsplätze.

Das Kursbuch erscheint viermal im Jahr.
Das Heft kostet einzeln € 19,–
Das Jahresabo (4 Ausgaben) kostet € 60,–
Im Internet: https://kursbuch.online

Kursbuch Kulturstiftung gGmbH
Miramar-Haus, Schopenstehl 15, 20095 Hamburg
Tel.: 0 40/39 80 83-0
V. i. S. d. P.: Peter Felixberger
© 2018 Kursbuch Kulturstiftung gGmbH, Hamburg

ISBN 978-3-96196-004-0
ISSN 0023-5652

Herstellung und Gestaltung: Murmann Publishers GmbH, Hamburg
Druck: Steinmeier GmbH & Co. KG, Deiningen
Printed in Germany

Zuschriften bitte per Mail an: kursbuch@kursbuch.online
Abonnenten-Service: abonnements@kursbuch.online
Pressevertrieb: PressUp GmbH, Wandsbeker Allee 1, 22041 Hamburg. www.pressup.de

Armin Nassehi
Alternatives Editorial

In Alternativen zu denken ist alternativlos. Das hört sich wie eine wohlfeile Parole an, ist es aber nicht. Selbst wenn wir nicht in Alternativen denken, so ist schon die Festlegung auf etwas Bestimmtes von möglichen Alternativen geprägt. Wenn wir jemandem eine Handlung zuschreiben, also meinen, dass er oder sie gehandelt hat, dann besteht der Test letztlich darin, ob es eine Alternative zum Verhalten gab. Um herauszubekommen, dass ein beobachtetes Verhalten ein zurechnungsfähiges Handeln ist, fragen wir, ob auch Alternativen denkbar sind. Bewusstseinsprüfungen bei Komapatienten etwa werden so betrieben. Ist eine Reaktion auf einen Reiz ein pures vegetatives Geschehen, oder hätte das Gegenüber auch anders handeln können? Zurechnungsfähig ist der andere nur, wenn er Alternativen hat, wenn er also auch etwas anderes hätte tun können. So unterscheiden wir willkürliches und unwillkürliches Verhalten – willkürliches Verhalten richtet sich nach einem Willen, der nur wollen kann, indem er Alternativen ausschließt. Unwillkürliches Verhalten kennt keine Willkür. Dass wir atmen oder das Herz schlägt, werden wir nicht als Handeln ansehen, denn wir haben keine Alternative dazu. Alles andere ist alternativenkontaminiert – alternativlos.

Das hört sich auf den ersten Blick an wie die alte Unterscheidung von Natur (Reich der Notwendigkeit) und Kultur (Reich der Freiheit), aber das wäre ein Fehlurteil, denn die Natur ist in ihrer evolutionären Logik der Alternativengenerator schlechthin. Selektion, Variation und Restabilisierung spielen geradezu mit alternativen Möglichkeiten, die sich dann durchsetzen können. Natur ist das Gegenteil von Notwendigkeit, sie ist eine kreative Formation zur Testung von Alternativen, von denen sich die meisten nicht durchsetzen. Insofern bestehen zwischen der natürlichen und der soziokulturellen Evolution zwar erhebliche Unterschiede, aber der Grundmechanismus ist in der Tat derselbe: Es entstehen alternative Stränge von Möglichem, die nicht alle dieselbe Chance haben, sich durchzusetzen. Dass alles stets auch anders möglich ist, ist letztlich die Grundvoraussetzung von Ordnung. »Identity requires disorder«, sagt der Mathematiker und Netzwerkforscher Harrison White,[1] und meint damit zweierlei: Zum einen weist er darauf hin, dass jegliche Identitätsbehauptung, also jegliche Festlegung auf etwas Bestimmtes immer schon im Horizont anderer Möglichkeiten, im Horizont also von Alternativen erfolgt. Die Identität von etwas zu behaupten, heißt, dass es dies und nicht jenes ist, dass es so und nicht anders ist, dass es auch anderes geben könnte. Das ist das fast Tragische daran, wenn Identitäten stark gemacht werden: Es wird damit auch immer eine Differenz behauptet. Die behauptete Identität einer Gruppe (welcher Art und Größe auch immer) verweist immer und sogar gegen die Intentionen der Sprecher auf die Differenz zu anderen Gruppen. Das ist schon aus logischen Gründen unvermeidbar, fast wäre ich geneigt zu sagen: alternativlos. Identitäten verweisen also auf Differenzen, auf alternative Möglichkeiten.

Zum anderen weist Harrison Whites Satz darauf hin, dass es Ordnung nur im Durcheinander gibt, Ordnung also stets eine Funktion von Unordnung ist.[2] Die Welt selbst hat keine Ordnung, oder besser: Die Ordnung der Welt erscheint uns nur in der Ordnung, mit der wir sie sehen. Das ist das Zentrum modernen europäischen Denkens, das Welterkenntnis und Weltbezüge in den Blick nimmt, weil es gar nicht anders kann, als die Welt über den eigenen Zugang zu erschließen. Immanuel Kants geradezu epochale Wende vom Sein der Welt zum Bewusstsein, die Dinge also nur als Gegenstand der Erfahrung erkennen zu können, radikalisiert den Zweifel, dass die Welt so und nicht anders ist. Es ist eine Denkungsart über die Bedingungen, die gegeben sein müssen, dass das Bewusstsein angesichts der Mannigfaltigkeit der zunächst ungeordneten Eindrücke eine Ordnung in die Welt bringen kann. Es soll hier kein philosophisches Proseminar veranstaltet werden, aber es ist einen Gedanken wert, dass modernes Denken tatsächlich davon geprägt ist, dass die Ordnung eine Folge der Anschauung ist und nicht umgekehrt.

Solches Denken rechnet immer schon damit, dass die Dinge auch anders sein könnten, als sie zunächst erscheinen.

»Identity requires disorder« – das verweist darauf, dass es gerade Unbestimmtheiten und Unterschiede, Konflikte und Uneindeutigkeiten sind, die für einen Bedarf an Identitätsbeschreibungen sorgen, nicht nur für einen Bedarf übrigens, sondern sogar dafür, dass Ordnung nur ein Ergebnis von Unordnung sein kann. Es geht also darum, wie Operationen selbst Ordnung erzeugen – und das können sie letztlich nur durch das, was in der Kybernetik das »Gesetz der erforderlichen Vielfalt« genannt wird.[3] Diese »requisite variety« ist es also, die Ordnungsbildung überhaupt ermöglicht – und damit auch die Erzeugung von Bestimmtheit. Unbestimmtheit ist der Bestimmtheit vorgeordnet – deshalb meint Harrison White, dass Identität Unordnung voraussetzt und nicht Ordnung. Oder anders ausgedrückt: Alternativen lauern stets im Hintergrund, ob wir wollen oder nicht.

Um nur kleine Beispiele zu nennen: Mit der Opposition hat das politische System Herrschaftsalternativen zur Herrschaft geradezu institutionalisiert; Kunst konfrontiert uns mit alternativen Versionen der bekannten Welt; wer entscheidet, muss in alternativen Möglichkeiten und Szenarien denken; die Alternativszene der 1970er- und 1980er-Jahre hat der Öffentlichkeit einen Lebensstil vorgeführt, der durchaus evolutionäre Veränderungen in Gang gesetzt hat; der Konsumkapitalismus versorgt uns mit alternativen Konsummodellen.

Gerade das letzte Beispiel weist jedoch auf ein Problem mit den Alternativen hin. Ob die Wahl zwischen diesem oder jenem Konsumgut wirklich eine Alternative darstellt, ist die Frage. Und die Alternative zwischen politischen Parteien etwa weist oft nur auf gut eingeführte und bewährte Konfliktlinien hin, sodass dieses Entweder-oder bisweilen gar nicht als Alternative empfunden wird. Das weist auf ein logisches Problem hin, auf die Frage des *tertium*. Die Unterscheidung von A und B legt uns darauf fest, A als Alternative zu B und umgekehrt anzusehen. Sobald man sich an diese Unterscheidung gewöhnt hat, geraten Alternativen zu A und B aus dem Blick. Es gibt dann nichts Drittes mehr, das man sich denken kann, und zwar Drittes, das letztlich unbestimmt ist, also eine unbekannte Alternative, eine, mit der man gar nicht rechnen kann, weil sie gar nicht im Horizont auftaucht. Wenn A geschieht, dann geschieht nicht B, wobei auch B ein möglicher Anschluss gewesen wäre. Diese einfache Negation beinhaltet freilich so etwas wie einen realistischen Fehlschluss. Woher weiß man, dass B ausgeschlossen wurde und nicht C? Und wer weiß das? Es ist deshalb notwendig, die Negation selbst noch einmal zu unterscheiden: in eine *bestimmte Negation* der anderen Seite einer beobachtungsleitenden Unterscheidung, zum anderen in eine *unbestimmte Negation* aller anderen möglichen, aber nicht mitvollzogenen Unterscheidungen.[4]

Von unbestimmter Negation ist dort zu reden, wo die andere, die ausgeschlossene Seite im Dunkeln bleibt, gar nicht im Horizont möglicher Anschlüsse auftaucht und die Beobachtung eines Systems mit einem unbeobachtbaren Horizont ausstattet – der paradoxerweise nur ein Horizont werden kann, wenn er nicht mehr unbeobachtet bleibt und den es ohne eine solche Beobachtung gar nicht »gibt«. Alles, was geschieht, geschieht also in einem doppelten Horizont: im Horizont des sinnhaft, das heißt konkret und benennbar Ausgeschlossenen sowie im nicht eröffneten Horizont unsichtbarer anderer Möglichkeiten.

Ich kann das hier nicht weiterverfolgen, aber zumindest dies lässt sich sagen: Wer von Alternativen redet, redet allzu oft von allzu eingeführten, stabilen Alternativen, von solchen, die gar kein Drittes mehr kennen. Dass wir freilich so selten über solche geradezu ausgeschlossenen Alternativen reden, liegt daran, dass das ausgeschlossene Dritte eben ausgeschlossenes Drittes ist und deshalb kaum wirklich sichtbar werden kann.

Die Beiträge dieses *Kursbuchs* führen nicht einfach Alternativen vor, sondern diskutieren ganz in dem angedeuteten Sinne die Frage, wie Alternativen entstehen, wie sich ihre Bedeutung erschließt und wie Eindeutigkeiten und Mehrdeutigkeiten sich gegenseitig beeinflussen. So weist Ernst Mohr darauf hin, dass Markenbildung zwischen Alternativen und Alternativlosigkeiten oszilliert. Jagoda Marinić führt vor, wie sich der Blick auf die Geschichte der Bundesrepublik ändert, wenn man sie aus einer anderen, einer ausgeschlossenen dritten Perspektive erzählt, nämlich der der Einwanderer. Stephan Rammler dekonstruiert die Alternative zwischen Sesshaftigkeit und Nomadentum, Astrid Séville streitet für Pluralismus als Antidot gegen den Populismus der Alternativlosigkeit. Karl Bruckmaier argumentiert so: Pop arbeite mit einem Heilsversprechen, könne aber keine Heilsgewissheit anbieten. Aber den Vorschein einer Alternative, das vermag Pop stets zu vermitteln.

Mein Gespräch mit Matthias Lilienthal, dem Intendanten der Münchner Kammerspiele, hat auch Alternativen zum Gegenstand. Lilienthals Vertrag wird wahrscheinlich nicht verlängert, weil der einen der Parteien in der Großen Koalition des Münchner Stadtparlaments seine Arbeiten als allzu alternativ zum klassischen Sprechtheater erscheinen. Grund genug, nicht darüber, aber über sein Konzept von Alternativen mit ihm zu sprechen.

Daniel A. Bell stammt aus Kanada und ist Politikwissenschaftler in Jinan und Beijing. Er hat sich einen Namen damit gemacht, die chinesische Meritokratie als legitime Alternative zur westlichen Demokratie darzustellen. Sein Beitrag diskutiert, was liberale Demokratien von der größten Einparteiendiktatur lernen könnten. Und Jan-Werner Müller diskutiert Parteipolitik nicht in dem Sinne, dass diese Alternativen im politischen Spektrum anbieten. Er weist vielmehr darauf hin, dass politische Akteure zunehmend andere, bewegungsnahe Organisationsformen annehmen, mithin also eine Alternative zur Parteipolitik etablieren.

Alternativen haben es stets mit Grenzen zu tun, mit Grenzen zwischen Wirklichem und Möglichem, zwischen dieser Beschreibung und jener, zwischen dieser Lösung und einer anderen. Mit der Grenze zwischen Mexiko und den Vereinigten Staaten beschäftigen sich die Fotografien von Stefan Falke, einem deutschen Fotografen, der in New York lebt. Sie zeigen die Künstlerszene an dieser Grenze, die diese Leinwand für politische und kulturelle Projektionen künstlerisch bespielt. Wie Alexander Gutzmer in seinen Erläuterungen zu den Fotografien schreibt, arbeiten die Künstler nicht nur *an* der Grenze, sondern *mit* ihr.

Jeff Beers literarischer Text zwischen Lyrik und Prosa ist ein Erinnerungsstück – lesen Sie selbst. Spannend an ihm ist, dass er geradezu ästhetisch vorführt, welche Alternativen, welche unbestimmte Negationen der übliche Text hat, der konsistent berichtet, Brüche logisch organisiert und einem erwartbaren Aufbau folgt. Das ist das Besondere an der Literatur: *Wie* es geschrieben ist, ist so wichtig wie das, *was* geschrieben wird.

Wir danken Tim Renner für den 21. Brief eines Lesers.

Gesetzt aus der Minion, klassische Antiqua mit Serifen, entworfen 1990.

Anmerkungen

1 Harrison C. White: *Identity and Control. A Structural Theory of Social Action.* Princeton 1992, S. 9 f.

2 Vgl. Armin Nassehi: »Die Macht der Unterscheidung. Ordnung gibt es nur im Durcheinander«, in: *Kursbuch 173: Rechte Linke.* Hamburg 2013, S. 9–31.

3 William Ross Ashby: *Einführung in die Kybernetik.* Frankfurt am Main 1974, S. 298 f.

4 Vgl. ausführlich Armin Nassehi: *Geschlossenheit und Offenheit. Studien zur Theorie der modernen Gesellschaft.* Frankfurt am Main 2003, S. 61 ff.

Tim Renner
Brief eines Lesers (21)

Älteren Kursbuch-Lesern, so wie ich es bin, fällt die Visualisierung des Wortes »alternativ« leicht: Fast zwangsläufig tauchen bei der Nennung dieses Wortes ehemalige Mitschüler aus den 1970er- oder 1980er-Jahren vor dem geistigen Auge auf. Gewandet sind diese in Latzhosen und abgetragenen Bundeswehrparkas, tragen Holzschuhe (sogenannte Clogs) an den Füßen, um den Hals ist zumeist ein Palästinensertuch gezwirbelt. Diese »Alternativen« waren verspätete Hippies. Leider fehlte ihnen der Humor der 68er, und über progressive Gesellschaftsentwürfe diskutierten sie auch nicht wirklich gerne. Dafür hörten sie hergebrachte Rockmusik wie BAP und die Bots, neue Technologien (»Atomkraft? Nej tak«) waren für sie Teufelszeug und das Strickzeug bei den Männern war ein Zeichen der Geschlechtergerechtigkeit. Kurz: Diese jungen Herrschaften waren Konservative – allerdings ohne selbst zu ahnen, dass sie das sind.

Spätestens seither ist das Wort »alternativ« nicht mehr ein Synonym für eine fortschrittliche Variante zum gesellschaftlichen Status quo. Was sich alternativ nennt, ist nun im Gegenteil in der Regel rückwärtsgewandt und lehnt die Moderne ab. Das belegt die »Alternative Music«, ein kontemporäres Rock-Genre, welches sich aus Punk und dem ihm nachfolgenden New Wave speist, also Musik von gestern mit Musikern von heute konserviert. Ebenso die »alternative Medizin«: Auch sie propagiert nicht etwa die neusten Erkenntnisse aus der Forschung, sondern basiert auf der Wiederentdeckung tradierter Heilmethoden. Ganz eindeutig wird die wundersame Wandlung des Worts »alternativ« spätestens mit der »Alternative für Deutschland« kurz AfD: Deren Parteiprogramm verspricht eine Art Restauration der deutschen Gesellschaft im Sinne der 1950er-Jahre. Reaktionärer geht alternativ kaum. Nur noch neofaschistischer: Das sind die Ideologien, die man in den USA unter den Namen »Alt-Right« zusammenfasst.

Alternativ funktioniert nur mit einem Gegenstück. Dieses Gegenstück, zu dem man eine Alternative darstellt, ist aus Sicht der Alternativen die Mehrheitsmeinung, der Mainstream. Wenn das als Monstranz vor sich her getragene »alternativ« konservativ oder reaktionär konnotiert ist, muss der Mainstream also sehr progressiv sein. Zumindest wird er so von denen empfunden, die sich »Alternative« nennen. Und in der Tat, am Ende des letzten Jahrhunderts war der Fortschrittsglaube in Gesellschaft und Politik Common Sense. Er definiert sich allerdings eher über Technologien, weniger über Inhalte. Jede linke Partei war für den Ausbau der Atomkraft – auch wenn sie ein unkalkulierbares Risiko war. Dennoch versprach sie günstigen Strom und damit ein besseres Leben für alle. Besonders nach dem Zusammenbruch des realen Sozialismus stürzte man sich in Ermangelung einer neuen, linken Utopie auf Technik: Die progressive Musik wurde immer elektronischer, kaum ein Theaterstück kam mehr ohne Video und anderen technologischen Schnickschnack aus, Computer von Apple zu nutzen wurde Ausdruck von richtiger Gesinnung.

Technik ist aber nur ein Mittel zum Zweck. Ein Algorithmus zum Beispiel ist weder gut noch böse. Technik ist immer genau das, was wir ihr vorgeben, zu sein. Eine Gesellschaft, die keine Utopien mehr kennt, und eine Linke, die diese nicht einmal mehr diskutiert, geben keine neuen Ziele vor. Hinzu kommt, dass die technische Entwicklung sich immer schneller vollzieht: Laut Moore'schem Gesetz verdoppelt sich die Leistungsfähigkeit von Rechnern alle 18 Monate – der Fortschritt ist also exponentiell. Die technologische Entwicklung wird auch für Politiker und Intellektuelle längst zu schnell und zu komplex. Spätestens beim Thema »Block Chain« sind die meisten ausgestiegen. Es bleiben diejenigen, die Technik und Programme entwickeln, sowie deren Geldgeber. Techniker und Forscher zeigen technische Möglichkeiten auf und machen damit alles möglich, der Investor wiederum sucht nach Effizienz. Die

Konsequenz ist, dass Fortschritt so zur Bedrohung wird. Er verfolgt kein gesellschaftliches Ziel, sondern ist der Gewinnmaximierung untergeordnet. Maschinen und Programme ersetzen den Menschen. Das kennt man aus der industriellen Revolution. Ohne industrielle Revolution kein Sozialismus. Der Manchester-Kapitalismus war es, der Marx und Engels an einer Alternative, einem menschenfreundlichen Zukunftsbild arbeiten ließ. Technik (damals noch Produktionsmittel genannt) sollte der Allgemeinheit dienen. *Modern Times* von Charlie Chaplin und Fritz Langs *Metropolis* zeigen auf, welche Ängste mit Technik auch Anfang des 20. Jahrhunderts verbunden waren.

Um anders alternativ zu sein, brauchen wir jetzt eine Utopie, wie es der Sozialismus war. Die progressiven Kräfte unserer Gesellschaft müssen definieren, wie wir leben wollen. Wofür soll die Technik dienen, wie wollen wir ihren Nutzen allen Menschen zuteilwerden lassen? Diese Schlüsselfrage muss beantwortet werden, um technologischer Entwicklung die richtige Richtung zu geben. Kurz: Es braucht etwas wie einen digitalen Sozialismus. Dieser muss einen Traum beschreiben, der für die Gesellschaft attraktiver ist als das rückwärtsgewandte Angebot der heutigen Alternativen. Dies wird auch der einzige Weg sein, das Wort »alternativ« für die Linke zurückzuerobern.

Gesetzt aus der Kopenhavn, Antiqua teilweise mit Serifen, entworfen 2016.

Jan-Werner Müller

... und ihr wollt den Himmel stürmen?

Über Parteien, neue Bewegungen – und Parteien in Bewegung

Bekanntlich leben wir in politisch bewegten Zeiten. Ganz konkret heißt dies unter anderem: Zeiten, in denen neuartige Bewegungen eine Revitalisierung der Demokratie versprechen. Man braucht sich nur einmal flüchtig in der europäischen politischen Landschaft umzuschauen, und der Blick trifft auf Neugründungen, die sich plakativ von traditionellen Parteien abgrenzen: Podemos in Spanien, die Fünf-Sterne-Bewegung (M5S) in Italien, die Liste Sebastian Kurz in Österreich, En Marche in Frankreich – das sind nur die bisher bei Wahlen erfolgreichsten Bewegungen. Mancher sieht in ihnen Vorboten einer postrepräsentativen Demokratie, in welcher mit kontinuierlicher Bürgerbeteiligung an der Politik endlich ernst gemacht wird (oder in welcher zumindest noble Amateure aus der Zivilgesellschaft die egoistischen Berufspolitiker ersetzen). Kritiker hingegen rechnen sie ohne zu zögern einer populistischen, für die liberale Demokratie gefährlichen Welle zu. Beide Seiten liegen falsch. Es ist kein Zufall, dass die sich selbst als Bewegung vermarktenden Neugründungen de facto zu Parteien geworden sind; von einer Überwindung des Prinzips der Repräsentation oder der Vorstellung von Politik als Vollzeitberuf kann keine Rede sein. Es ist aber auch falsch, die wirklichen Newcomer wie Podemos und M5S einfach als Protestler ohne langfristige Perspektiven abzutun. Ihre, wie man sie nennen könnte, neuen Polit-Technologien sind wirklich innovativ (was nicht immer gleich heißt, demokratischer). Und nicht zuletzt haben sie die Repräsentationsverhältnisse wirklich zum Tanzen gebracht; unsere Demokratien wären ärmer ohne sie.

Parteien sind nicht erst seit wenigen Jahren ganz, ganz unpopulär. Was in den 1990er-Jahren unter dem Begriff »Politikverdrossenheit«

firmierte, war vor allem Verdruss an den etablierten Parteien. Überall in Europa nahmen die Mitgliederzahlen rapide ab; zudem identifizierten sich immer weniger Bürger dauerhaft mit einer Partei, bei Wahlen wurden sie dementsprechend sprunghafter. Sozialwissenschaftler bestätigten, was der Stammtisch im Zweifelsfalle schon immer vermutet hatte: Es hatten sich »Kartellparteien« herausgebildet, die nicht nur in vieler Hinsicht miteinander, sondern vor allem auch mit dem Staat selber fusioniert hatten. Wenn doch einmal Herausforderer wie die Grünen auftraten – Störenfriede, die sich partout nicht außen vor halten ließen –, wurden sie schließlich ins Kartell aufgenommen. Kurzum, seriöse Stimmen sagten, was dann später auch Populisten immer behaupten würden: Es gibt eine politische Klasse mit ganz eigenen Interessen, die sich hinter der Kulisse divergierender Parteiprogramme formiert.

Bei solch erstarrten Verhältnissen verspricht das Wort »Bewegung«, na ja, erst einmal, Bewegung in die Sache zu bringen. Wobei so gut wie keine einzige Organisation, die sich heute als eine Art spontaner Massenbewegung verkauft, wirklich direkt aus einem Kollektiv sich zivilgesellschaftlich engagierender Bürger entstanden ist. Man denke beispielsweise an Podemos. Nach dem Platzen der Immobilienblase in Spanien waren in der Tat eine ganze Reihe von wichtigen Selbsthilfeorganisationen wie *Plataforma de Afectados por la Hipoteca* oder *Plataforma por una Vivienda Digna* entstanden. Im Mai 2011 versammelten sich Tausende auf der Puerta del Sol in Madrid, um gegen traditionelle Parteien (und Banken) zu protestieren. Ihre immer wiederholte Anklage: »Sie repräsentieren uns nicht.« Ihre Forderung: »Wirkliche Demokratie.«

Es dauerte aber noch fast drei Jahre, bevor eine Reihe junger Aktivisten – von Beruf her größtenteils Politikwissenschaftler – Podemos ins Leben riefen. Podemos war also keine direkte Folgeerscheinung des Auftretens der *indignados*. Podemos-Parteitheoretiker haben selber darauf hingewiesen, dass sich die Energien der Proteste von 2011 auch in ganz andere Richtungen hätten wenden können (frühere Versuche, die Demonstrationen in parteipolitische Kanäle zu führen, wie beispielsweise von Partido X, blieben erfolglos). Einer der wichtigsten Vordenker von Podemos, Íñigo Errejón, äußerte sich 2015 gar eher abschätzig über die Vorstellung einer permanenten Mobilisierung der Bürger. Irgendwann, so Errejón, müsse jeder wieder nach Hause gehen; einen »konstanten Heroismus« von Aktivisten gebe es nicht (und wenn, würde er nicht reichen, um wirklich an die Macht zu gelangen und irreversible Tatsachen zu schaffen).

Die eigentliche Lektion von »15-M« für die Podemos-Gründer war denn auch weniger, dass aufgebrachte Leute mal auf die Straße gingen – sondern, dass traditionelle linke politische Sprachen bei den Spaniern nicht mehr Anklang fänden. Sie entschieden sich bewusst für eine »transversale« Strategie, welche die traditionelle Trennung zwischen links und rechts überschreiten und einen neuen politischen Gegensatz zwischen Volk und »Kaste« (oder, noch simpler, zwischen den vielen und den wenigen, oder, am simpelsten, zwischen *abajo* und *arriba*) konstruieren sollte. Inspiriert von postmarxistischen Denkern wie Ernesto Laclau und Chantal Mouffe – sowie erfolgreichen populistischen Politikern in Lateinamerika wie Evo Morales – sollte Spanien bewusst in ein »Volk« und ein »Anti-Volk« aus korrupten Politikern und Bankern gespalten werden. Errejón erklärte, die Begriffsbildung sei hier nicht deskriptiv, sondern performativ: Die neue, von langweiliger linker Ideologie reine Sprache sollte einen vereinigten »national-populären Willen« wie in Bolivien, Ecuador und Venezuela hervorbringen. So war denn die politische Arbeit der Podemos-Gründer auch zuallererst Arbeit an der Sprache: »Wir sind Handwerker, die mit Wörtern arbeiten«, so Errejón einmal.

Das populistische Reinheitsgebot ging so weit, dass man im Zweifelsfalle immer das Gegenteil dessen machen wollte, was die Linke gerade tun würde. Und diese Regel erstreckte sich auf das, was basisdemokratisch orientierten *beautiful losers* auf der Linken so alles in den Sinn kommen könnte, wenn sie eine neue Partei gründeten. Zwar gibt es bei Podemos Mitgliederabstimmungen, »Zirkel«, »Bürgerversammlungen« und noch allerlei mehr, was nach kontinuierlicher Partizipation und Kontrolle von unten klingt. Aber die meisten Beobachter – und

Kritiker innerhalb der Partei – sind sich einig, dass Podemos eigentlich straff von oben gelenkt wird. Pablo Iglesias Turrión, der fotogene Politikprofessor mit Pferdeschwanz und Ziegenbart, bemerkte denn auch einmal, auf Marx und Hölderlin anspielend, dass man den Himmel nicht mit Konsens stürmen könne. Prompt folgten Vorwürfe von »hiperliderazgo« und »Online-Leninismus« gegenüber Iglesias. Das eigentlich Interessante an Podemos ist denn auch weniger die ohnehin nur lose Verbindung zu einer genuinen Massenbewegung, die ein paar Jahre vorher auf den Plätzen kampiert hatte – sondern die Ursprünge der Partei in einem traditionellen Massenmedium. Iglesias wurde einem breiteren Publikum mit seinen Polit-Talkshows im Privatfernsehen bekannt; er selbst bemerkte, das Fernsehen sei heute für die Politik so wichtig wie einst das Schießpulver für den Krieg. Zwar, so ergänzte Errejón einmal, sei das Fernsehen als grundlegendes Terrain der ideologischen Auseinandersetzung ursprünglich vom politischen Gegner konstruiert worden, man könne dieses Terrain aber zum eigenen Vorteil verändern. Iglesias wiederum garniert seine von Gramsci sowie Linkspopulisten wie Mouffe inspirierte Analyse immer wieder mit popkulturellen Referenzen wie »Game of Thrones«. Salopp, aber nicht falsch gesagt: Massenbewegung ist nicht viel, kulturelle Hegemonie im ganzen Land heißt das Ziel.

2016, nachdem es einmal mehr nicht gelungen war, die Sozialisten bei Parlamentswahlen zu überholen, erklärte ein Podemos-Gründer, Juan Carlos Monedero (ein weiterer Politikprofessor), die »populistische Hypothese« sei widerlegt worden. Aber man muss Podemos nicht an den Ansprüchen der Professoren messen. Podemos' eigentliches Verdienst liegt weniger darin, ein ganz neues Volk konstruiert oder einzelnen Engagierten präzedenzlose Partizipationsmöglichkeiten eröffnet, als vielmehr Spanien als Ganzem ein wichtiges (und letztlich sehr erfolgreiches) Repräsentationsangebot gemacht zu haben. Der Slogan »Sie repräsentieren uns nicht« hatte ja in einer Demokratie mit einem Parteienduopol aus Sozialdemokraten und Konservativen (wobei sich beide Seiten als zunehmend korrupt erwiesen hatten) sehr wohl seine Berechtigung.

Podemos ebenso wie die liberale Neugründung Ciuadadanos ermöglichten es, den de facto zentralen Konflikt in der spanischen Politik – krude gesagt: Austerität gegen Anti-Austerität – endlich plausibel im Parteiensystem abzubilden. Vor allem Podemos gelang es, junge, gut ausgebildete Bürger, welche eigentlich mit dem System schon abgeschlossen hatten, wieder an die Urnen zu bringen.

Auf lange Sicht betrachtet geschah hier etwas ganz Außergewöhnliches. Junge Menschen, deren Lebenschancen durch die Eurokrise drastisch (und wohl auch permanent) reduziert worden waren, gingen erst auf die Straßen und dann wählen – und als ihre Partei nicht gewonnen hatte, gingen sie wieder nach Hause (hoffentlich mit dem Gedanken: Wir können es – *podemos, yes, we can!* … – und wir werden es wieder probieren). Man braucht sich nur an die 1970er-Jahre zu erinnern, um zu sehen, dass junge, von einem System radikal enttäuschte Menschen auch schon einmal auf andere Gedanken gekommen sind, als neue Parteien zu gründen.

Zweifelsohne würden die Podemos-Denker dieses Porträt als Verharmlosung, ja gar als paternalistische Einvernahme durch liberale Demokraten zurückweisen – geht es ihnen doch um viel mehr als das Ausgleichen postdemokratischer Defizite hier und da. Das ganze »Regime von 1978« (das Jahr des *Überganges* von der Franco-Diktatur zu einer Demokratie, die laut Podemos zur Oligarchie degenerierte) wollen sie hinwegfegen. Es ist mehr als zweifelhaft, dass sie dies einmal schaffen werden. Was außer Zweifel steht, ist, dass sie nicht, wie Beobachter behaupten, die einen Niedergang der Volksparteien mit »Krise der Demokratie« gleichsetzen, Teil des Problems sind, sondern viel eher sagen können, Teil der Lösung einer Krise der Repräsentation zu sein – und zwar ganz unabhängig von ihrem vermeintlichen Bewegungscharakter.

Wer meint, Iglesias sei ein Online-Lenin, was mag der erst von Beppe Grillo denken? Grillo war nicht der erste Komödiant, der in der Politik reüssierte (man denke an Coluche in Frankreich). Er war aber der Erste, der Straßenprotest mit einer auf eine einzige Person zugeschnittenen Internetpräsenz verband, um daraus enormes politisches

Kapital zu schlagen. Die Geschichte ist inzwischen hinlänglich bekannt: Grillo war aus dem Staatsfernsehen verbannt worden, nachdem er Witze *über* das gerissen hatte, was alle wussten – nämlich dass der sozialistische Premier Bettino Craxi zutiefst korrupt war. Zusammen mit Gianroberto Casaleggio, dieser seltsamen, geradezu mysteriösen Verbindung aus Internet-Hippie-Guru und hartem Geschäftsmann, baute er später seinen Blog auf als Alternative zu einer Präsenz in den traditionellen Medien. Dieser schuf die Suggestion einer direkten Verbindung zwischen Bürgern und Grillo, der sich als »Lautsprecher« der einfachen Leute präsentierte. Grillo legte stets Wert darauf, im gleichen Atemzug die Berufspolitiker wie die professionellen Journalisten zu kritisieren, denn Letztere seien nicht weniger korrupt und würden, anders als der reine »Lautsprecher« Grillo, die Dinge immer bewusst verzerren.

2007 organisierte Grillo seinen ersten großen V-Day (V stand für »Vaffanculo«, erinnerte aber auch den Film *V for Vendetta*); schon sechs Jahre später würde seine Partei, die laut Statut (offiziell eigentlich: »Non-Statuto«) keine Partei sein will, zur stärksten Kraft bei den italienischen Parlamentswahlen. Grillo, vermeintlich reiner Lautsprecher, machte durchweg klare Ansagen von oben an seine Anhänger, die *grillini*. Er behielt das Copyright des Symbols der Fünf-Sterne-Bewegung und konnte es den *grillini* entziehen, die in Ungnade gefallen waren, weil sie die »Regeln« der Nichtpartei mit Nichtstatut verletzt hatten (beispielsweise, indem sie an TV-Talkshows teilnahmen). Der Blog und das Online-Partizipationssystem »Rousseau« werden von Davide Casaleggio, dem Sohn des 2016 verstorbenen Gianroberto, verwaltet – und, in den Augen von Kritikern, kontrolliert, wenn nicht gar manipuliert. Die Vorstellung einer genuinen »Massenbewegung« ist also auch hier eher irreführend. Es ist die einzigartige Dynamik zwischen Straße und Internet – *non c'e web senza piazza, non c'e piazza senza web* laut Grillo –, welche diesen Eindruck von Basisdemokratie geschaffen hat, ebenso wie Grillos offizielle Opposition gegen jegliche Form von »leaderismo«.

Anders als in Spanien ist die Idee einer transversalen Strategie hier viel eher Realität geworden: M5S lässt sich in vieler Hinsicht in der Tat schwer in traditionelle Kategorien von rechts und links einordnen (während Podemos im Grunde immer schon als eindeutig links allzu erkennbar war). Grillo sprach einmal von M5S als einer Frage des »Lebensstils«. Die bei Politikwissenschaftlern so beliebte Vorstellung einer »Repräsentationslücke«, welche M5S nur zu füllen brauchte, trifft in Italien nicht ohne Weiteres zu. Sie beruht ganz allgemein auf einem Missverständnis demokratischer Repräsentation, das ja keine mechanische Reproduktion oder Übersetzung immer schon objektiv vorhandener Interessen und Identitäten ins politische System ist, sondern ein dynamischer Prozess, in dem sich die Selbstwahrnehmungen der Bürger, was ihre Interessen und sogar ihre Identitäten angeht, erst formieren – und zwar nicht zuletzt durch die Repräsentationsangebote, welche ihnen Politiker, Medien, Zivilgesellschaft, Freunde und Familie machen (und eben dann und wann auch mal ein Komiker …).

M5S ist nicht deswegen so bemerkenswert, weil es sich um eine Bewegung handelt – sondern weil sie ein ganz neues Gebilde darstellt, in dem jegliche vermittelnde Institution (sei es genuine parteiinterne Demokratie, seien es traditionelle Medien) eliminiert worden ist. Es gibt, anders als bei Podemos, überhaupt keine mittleren Ebenen, keine wirklich dauerhaften Strukturen (ein »Direttorio« wurde von Grillo und Casaleggio nach kurzer Zeit wieder abgeschafft). Es ist ein wenig wie bei gewissen Internetunternehmen: Die Benutzeroberfläche ist toll, es wird auch normalerweise geliefert, was man bestellt hat – aber man kann keinen anrufen, in keinen Laden gehen, keine Beschwerden jenseits der vorgefertigten Muster anmelden.

Verglichen mit Podemos und M5S ist vieles von dem, was heute als »Bewegung« verkauft wird, eigentlich Etikettenschwindel. Sebastian Kurz beispielsweise baute sich die Österreichische Volkspartei nach seinem Bilde um: Er entmachtete die einst dominanten ÖVP-Landesfürsten, brachte möglichst viele Aktive in seine Abhängigkeit und präsentierte sich – der von Kindesbeinen an nie etwas anderes gemacht hatte als Parteipolitik – als großen Außenseiter. Dabei half, dass er eine ganze Reihe von prominenten oder zumindest angesehenen Menschen aus der Zivilgesellschaft auf seine Liste setzte – und sie damit natürlich auch völlig von seinen Gunsten abhängig werden ließ.

Anders schon der Fall der Labour-Partei in Großbritannien. Man muss Jeremy Corbyn ja nicht mögen. Aber hier hat offenbar eine Bewegung von unten, nämlich die von jungen Menschen dominierte »Momentum«, wirklich einmal eine Partei weitgehend übernommen und ihren Kandidaten in Mitgliederabstimmungen gegen die Labour-Berufspolitiker im Parlament durchgesetzt. Das hatte einen ganz besonderen Effekt: Labour gewann seine Glaubwürdigkeit als genuin linke Alternative zurück. Der einst gefeierte Blair-Effekt, die Partei in die Mitte geführt zu haben (böser gesagt: sie Neoliberalismus-kompatibel gemacht zu haben), wurde weitgehend rückgängig gemacht. Überall in Europa leiden die Sozialdemokraten; in Großbritannien traten sie mit einem Programm an, das vom Inhalt her durchaus an Podemos gemahnte (die *many* gegen die *few*), und hätten wider allen Erwartens im Juni 2017 fast gewonnen.

Nicht ganz so extrem war es bei Emmanuel Macron. Allerdings schaffte auch Macron das scheinbar Unmögliche. Ein lebenslanges Mitglied der Pariser Elite, ein énarque und ehemaliger Minister, stellte sich als Außenseiter in der Fünften Republik dar. Seine Bewegung *En Marche* konnte zwar wirklich begeisterte junge Menschen an sich binden und machte mit dem *Grande Marche* den Versuch, mit möglichst vielen Bürgern ins Gespräch zu kommen (aus dem Austausch mit 25 000 Franzosen resultierte *Le Diagnostic*, eine lange Bestandsaufnahme der Malaise im Lande). Aber bisher ist die inzwischen zur Partei gewordene La République en Marche doch hauptsächlich ein Vehikel für die Ambitionen ihres Schöpfers. Wie bei Podemos und M5S ist es leicht, reinzukommen – man muss sich nur online registrieren, ein Mitgliedsbeitrag wird nicht erhoben –, aber schwer, hochzukommen ohne die Gunst des Gründers (man spricht auch offiziell gar nicht mehr von

Mitgliedern, sondern im Zweifelsfalle von Followern – man ist versucht zu sagen: Mitläufern).

Es wäre verfehlt, Bewegungen dieser Art unverzüglich dem Populismus zuzurechnen. Populisten behaupten bekanntermaßen, sie und nur sie verträten das wahre Volk; sie erheben Anspruch auf ein moralisches Monopol der Volksrepräsentation. Ab und an hört man diesen Sound bei Figuren wie Grillo, der einmal nichts weniger als »100 Prozent« im Parlament für seine Bewegung reklamierte (mit anderen Worten: Alle anderen Mitwettbewerber um die Macht sind automatisch illegitim). Aber im Allgemeinen wäre es falsch, aus der Tatsache, dass Bewegungsparteien am Anfang oft auch Protestparteien sind, gleich auf Populismus zu schließen. Manche Berufspolitiker sind wirklich korrupt – in Spanien gibt es viele eklatante Beispiele (nur das dualistische Bild, das Populisten stets zeichnen – da oben die korrupte homogene Elite, hier unten das tugendhafte homogene Volk –, ist soziologisch immer falsch).

Und doch: Zwischen einigen der hier analysierten Phänomene und Populismus gibt es in einer Hinsicht eine Art Wahlverwandtschaft. Das liegt an der Suggestion einer »direkten Repräsentation« (um den paradoxen Begriff der italienischen Polit-Theoretikerin Nadia Urbinati aufzugreifen), wie sie sich bei Grillo, zu einem gewissen Grade aber auch bei Macron findet. Vermittelnder Institutionen bedarf es nicht, denn – so kann man weiter folgern – der wahre Volkswille ist ja immer schon offensichtlich und eindeutig. Repräsentation ist aber, wie oben angedeutet, keine Sache von mechanischer Reproduktion von etwas immer schon objektiv Gegebenem oder Offensichtlichem. An der anonymen Online-Abstimmung mögen sich ganz viele Leute beteiligen – aber eine differenzierte Diskussion unter Einbezug von kenntnisreichen (und nicht nur zeitreichen) Individuen und vermittelnder Institutionen kann trotzdem repräsentativer sein, weil mehr Angebote und Rückmeldungen in die Diskussion eingehen als ein simples Ja/ Nein.

Damit sollen die Möglichkeiten von Bewegungen, neue Repräsentationsangebote zu machen, keineswegs kleingeredet werden. Aber schon der Begriff »Bewegung« suggeriert ja, dass eigentlich immer schon alle wissen, in welche Richtung es gehen muss (das ist bei Volksparteien eher nicht der Fall). Ebenso wäre es verfehlt, jeglichen Versuch, die Rechts-links-Unterscheidung zu überschreiten, automatisch als normativ anrüchig, wenn nicht gar wieder als potenziell populistisch zu klassifizieren. Es kommt – wie immer – auf die Details an. Wird den Bürgern ein Angebot gemacht, das sie auch ablehnen können, ohne gleich als illegitim gebrandmarkt zu werden (wie dies bei Populisten der Fall ist)? Besteht die Gefahr einer Neuauflage der Rhetorik des »Dritten Weges« wie bei Macron, der meint, als Einziger eine vernünftige Mitte zu okkupieren, sodass nur irrationale Extreme rechts und links (nämlich der Front National und die linke France insoumise) verbleiben? Für diese – de facto technokratische – Haltung stand einst auch Tony Blair, der behauptete, über Globalisierung auch nur diskutieren zu wollen sei so, wie das Folgen von Herbst auf Sommer zu einem Debattengegenstand zu machen. Wer meint, die Rationalität für sich gepachtet zu haben (und sich mit seiner Bewegung als Einziger in eine rationale Richtung zu orientieren), macht es auf seine Weise den Populisten leichter. Denn diese können dann zu Recht fragen, was das denn heißen solle, eine Demokratie ohne Wahlmöglichkeiten (was nicht besagen will, dass die Populisten die wahren Verfechter der Demokratie sind).

Es ist also so eine Sache mit den Bewegungen. Es kommt, so die vielleicht pedantische, aber angesichts all des in Europa vorhandenen Enthusiasmus für Bewegungen doch notwendige Schlussfolgerung, sehr auf den Einzelfall an. Was Bewegungen in keinem Fall Wirklichkeit werden lassen, ist irgendeine Form von »postrepräsentativer« Demokratie. Der Heroismus permanenter Partizipation ist, hier so noch einmal Errejón zitiert, eine »Fantasie« von Aktivisten. Und das eigentlich Kreative an Bewegungen ist nicht die Beteiligung (oder auch die erstaunliche Macht charismatischer Führer à la Grillo, Iglesias, Macron etc.), sondern sind die neuen Repräsentationsangebote. Und, ohne in billigen Techno-Determinismus zu verfallen: Hier helfen neue technologische Möglichkeiten schon. Podemos setzte zwar auf Fernsehen, nutzte dann aber auch soziale Medien in den Wahlkämpfen sehr effektiv. Ohne Blog wäre Grillo ein von Ort zu Ort ziehender Unterhaltungskünstler mit ein paar politischen Witzen. Und Trump wäre wohl nicht Präsident ohne Twitter. Ohne soziale Medien würde er wohl auch kaum wahrgenommen als Anführer eines im Moment noch weitgehend imaginären »Trumpist Movement«. Empirisch gibt es dies im Moment nicht wirklich, aber das Angebot steht, und gerade wenn auch Trumps Gegner seine Wähler immer stärker als Teil einer Bewegung identifizieren, wird »Trumpist Movement« wohl zu einer Art *selffulfilling prophecy*.

Das unterstreicht noch einmal: Die Bewegungen sind nicht immer das, was ihr Marketing verspricht. Aber sie haben reale Effekte; Errejóns Rede von performativen Begriffen ist durchaus berechtigt. In vielen Demokratien sind sie eine Bereicherung. Das ganz Neue, das ganz Andere, die große Alternative zur Parteienpolitik – das sind sie nicht.

Gesetzt aus der Garamond, klassische Antiqua mit Serifen, entworfen um 1540.

Jagoda Marinić
Das Land der Vielen
Eine mehrstimmige deutsche Geschichte

Ich sitze in einem Berliner Café. Bei kaum einem der Tischgespräche um mich herum wird Deutsch gesprochen. Deutschland 2018. Hautstadtflair mit Weltstadtelementen. Heutzutage ist für viele so ein Sprachenmix Normalität, auch jenseits der Hauptstadt. Um das betriebsame Leben einer deutschen Großstadt aufrechtzuerhalten, muss die Arbeit vieler Menschen, die aus der ganzen Welt kommen und hier ihren Lebensmittelpunkt haben, ineinandergreifen: Flughäfen, Bahnhöfe, Krankenhäuser, Pflegeheime – Menschen, auch eingewanderte, bringen all die urbanen Strukturen zum Funktionieren. Doch der Diskurs über das Zusammenleben in einer vielfältigen Gesellschaft beschäftigt sich hierzulande zunehmend mit dem Scheitern. Ein Narrativ voller Bedrohungsszenarien droht das erfolgreiche Zusammenspiel zu überschatten. Und es fehlen Narrative, die parallel von anderen Aspekten der Einwanderungsgesellschaft erzählen. Nicht so, dass Probleme geleugnet würden, wohl aber so, dass Vielstimmigkeit dafür sorgen könnte, ein Missverhältnis in der öffentlichen Wahrnehmung gar nicht erst entstehen und das Misslingen nicht als alles überschattendes Narrativ der Einwanderungsgesellschaft bestehen zu lassen. Eine Folge des derzeitigen Missverhältnisses ist die Normalisierung rechter Diskurse in der Mitte der Gesellschaft – sie scheinen dann nur eine Reaktion auf »die Realität« zu sein, dabei erzeugt diese Verengung der Narrative eine allumfassende Pseudoumwelt.

»Die Realität« erzählt sich aus einer anderen Perspektive naturgemäß sehr anders. Im Bundestag, in den Führungsetagen zahlreicher – auch öffentlich finanzierter – Institutionen, auf staatlich geförderten Tagungen oder Konferenzen usw. erscheint die deutsche Gesellschaft plötzlich nicht mehr so divers. Hier ist die Vielfalt noch nicht im selben Maß wie im öffentlichen Leben angekommen, weil der Zugang nach wie vor privilegiert ist – was sich auch daran zeigt, dass bestimmte soziale und ethnische Milieus unterrepräsentiert sind. Man zerbricht sich den Kopf darüber, wie Publikum, Programm und Personal diverser werden könnte, »zukunftsfähig« heißt das. Die Institutionen von morgen werden ohne die Menschen von heute nicht überleben können. Verantwortliche, die jahrzehntelang Offenheit gepredigt haben, müssen jetzt erkennen, dass sie diese Offenheit zwar gefordert, aber selbst nicht konsequent in den Strukturen, für die sie zuständig sind, umgesetzt haben. Noch bevor die Welt feiern konnte, dass der Deutsche Bundestag so divers ist wie die Fußballnationalmannschaft, geht die Meldung um die Welt, dass erstmals seit 60 Jahren wieder eine rechte politische Kraft im deutschen Parlament sitzt. Im Parlament gerade jenes Landes, in dem man meinte, durch Erinnerungskultur solchen Tendenzen stärker entgegengewirkt zu haben als andere Länder. Ein Argument, das im Ausland angeführt wird, um Deutschland zu verteidigen: Der Rechtsruck sei einem historischen Jahr gefolgt, in dem die Mehrheit der deutschen Gesellschaft sich solidarisch mit dem Schicksal von Menschen auf der Flucht gezeigt hatte. Dafür, heißt es dann oft mit einem Augenzwinkern, sei der Prozentsatz eher gering.

Doch dieser geringe Prozentsatz erzeugt eine schwer zu befriedigende Schaulust, die das Narrativ weiter verschiebt: In deutschen Medien erscheinen aufwendig bebilderte Langstrecken über die »neuen rechten Intellektuellen«, die *New York Times* war nach der letzten Bundestagswahl wie trunken von den neuen Rechten, wochenlang erschien ein Leitartikel nach dem anderen dazu. Diese Relevanz resultiert nicht zuletzt aus dem besonderen Unbehagen, das deutscher Nationalismus auslösen kann – bei US-Autoren jüdischer Herkunft, deren Familiengeschichten von den Gräueln der Nazi-Zeit für immer geprägt sind und die durch transatlantischen Austausch gelernt hatten, an ein anderes Deutschland zu glauben. Sie möchten nicht wahrhaben, dass gerade Deutschland, von dem man in moralischer Hinsicht ein anderes Bewusstsein erwartet, die Weltgemeinschaft nun wieder mit rechten Kräften und nationalistischen Parolen konfrontiert.

Rechte Strömungen werden auch deshalb so stark wahrgenommen, weil ihre Narrative um Deutschland altbekannt und leicht abrufbar sind im kollektiven Bewusstsein. Das andere Deutschland, das weltoffene, ist dagegen jung. Es blitzt immer wieder auf, doch es hat bislang weder ausreichend Strahlkraft noch ist es vielstimmig genug, um für die Wiedergabe eines realistischen Bildes vom gegenwärtigen Zustand in diesem Land die nötige Durchschlagskraft zu erzielen. Noch immer scheint es eine Mehrheitsgesellschaft zu geben, die weitgehend funktioniert, einen rechten Rand sowie Ausländer, die sich noch nicht so integriert haben, wie das von der Mehrheitsgesellschaft erwartet wird. Die Vielzahl der Geschichten und Lebenswelten bleibt neben diesen schrillen, ausgetrampelten Diskursen oft unbemerkt. Die Protagonisten einer funktionierenden Vielfalt wünschen sich eine Normalisierung im Umgang mit der Diversität in diesem Land. Doch wie sind die alten Erzählstränge zu durchbrechen? Und wenn der *Economist* das Brandenburger Tor auf seine Titelseite setzt und darüber »Cool Germany« schreibt, scheinen viele diesen positiven Blick auf das eigene Tun, auf die Entwicklung Deutschlands als erfolgreiches Einwanderungsland, nicht auszuhalten.

Ganz normal gelebte Vielfalt. Warum hält Deutschland sich selbst so schwer aus?

Dabei hätten die, die nicht in Deutschland leben, leicht den Eindruck bekommen können, in diesem Land seien die Rechten überall. Und das, obwohl die Menschen – wie der *Economist* zu Recht feststellte – in den letzten Jahren Erstaunliches geleistet haben. Denn nicht erst seit 2015 ist Deutschland mit großen Migrationsbewegungen konfrontiert. In Zeiten der Gastarbeiteranwerbeabkommen waren die Zahlen im zweistelligen Bereich. Damals flohen Menschen aus diktatorischen Regimen, wie beispielsweise dem Iran, nach Deutschland. Über Jahrzehnte hinweg sind Einwanderer und ihre Familien in dieses Land gekommen. Die meisten Menschen in deutschen Städten leben ihre Vielfalt mit großer Selbstverständlichkeit. Diversity is normality. Eine Normalität allerdings, die derzeit immer wieder Debatten-Erdbeben erleiden muss. Generalisierungen nach terroristischen und kriminellen Vorfällen sind die Regel und stellen eine vielfältige Gesellschaft vor Herausforderungen. Diese Debatten und die Art, wie sie geführt werden, polarisieren. Es scheint derzeit zwei mögliche Reaktionen auf diese aufgeheizten Kontroversen zu geben: mehr rechtes Denken in der Mitte salonfähig machen – oder mehr Selbstbewusstsein behaupten im Umgang mit der eigenen Diversität. Dabei geht es nicht mehr um die Unterteilung in rechte und linke Lager. Alle Seiten bemühen sich inzwischen um die sozial schwächer Gestellten. Die Verteilungsfrage ist ein Problem, das alle erkannt zu haben scheinen.

Die große Konfliktstelle ist die Frage: Wie schafft man ein Narrativ, das aus der Vielheit einer Bevölkerung ein Wir-Gefühl entstehen lassen kann? Wer ist dieses Wir? Woraus besteht es? Die Aufmerksamkeit richtet sich immer stärker auf die Frage nach der kulturellen Identität. Während die eine Seite das homogene, nationale Narrativ bemüht, versucht die andere Seite von den nationalen Erzählungen, die immer auch exklusiv sind, hin zu einer großen Erzählung zu gelangen, die gesellschaftliche Inklusion ermöglicht.

Einwanderungsland oder nicht?
Eine große Geschichte aus vielen Stimmen

Die Gesprächsneurosen, die sich um das Thema kulturelle Identität entwickelt haben, zeugen von tief sitzenden Ängsten vor Statusverlust. Die Politik in diesem Land kümmerte sich lange vor allem um jene, die sie als Mehrheitsgesellschaft bezeichnete. Eine diverse Gesellschaft müsste jedoch eine neue Form der Selbstorganisation finden. Denn je besser sich Migranten integrieren, umso bedrohlicher, so die Befürchtung, werden sie für die Mehrheitsgesellschaft, weil sie mit demokratischen Mitteln ihre eigenen Interessen durchsetzen können, statt sich in die Vorgaben der Mehrheit integrieren zu müssen. Solche Ängste rühren auch von der Vorstellung des Fremden, der, wenn er erst einmal der Strukturen mächtig wäre, Veränderungen bewirken könnte, die einem »das Eigene« fremder machen. Die Paradoxie der politischen Forderung nach Integration ist letztlich, dass die Mehrheitsgesellschaft eben diese Integration mehr fürchten müsste als eine nicht integrierte Parallelgesellschaft, weil die Ausgestaltung des Zusammenlebens in einer diversen Gesellschaft komplexere Aushandlungsprozesse und eine Zunahme von Konflikten bedeuten könnte. Und tatsächlich sind Anpassungsleistungen in diversen Gesellschaften größer. Das Buch *Warum Nationen scheitern* von Daron Acemoglu und James A. Robinson zeigt auf eindrucksvolle Weise, welchen Nutzen Nationen für das Zusammenleben ihrer Bürger aus demokratischer Vielfalt ziehen könnten.

Eine neue Studie an der University of Pennsylvania beispielsweise zeigt: Das nach den Präsidentschaftswahlen häufig bediente Narrativ vom abgehängten weißen Mann wurde überbewertet. Vielmehr sei die Angst der Weißen vor Statusverlust das zentrale Motiv gewesen, Trump zu wählen. Schon beschuldigen erste liberale Intellektuelle wie Timothy Garton Ash das liberale Milieu: Liberale müssten lernen, sich mehr um die »gefühlte Diskriminierung« der Mehrheiten zu kümmern. Doch mit diesem Vorgehen stellt man reale und gefühlte Diskriminierung auf eine Ebene und löst bei Minderheiten, die zunehmend größer werden, Ängste vor einem Backlash aus. Ein Miteinander entsteht daraus nicht.

Derzeit wird hart um die Geschichte gekämpft, die diese Gesellschaft sich über sich selbst erzählt, genau genommen: um den roten Faden in den Geschichten. Wie gelingt es, die Erzählstränge so zu gestalten, dass eine Gesellschaft unterschiedliche Perspektiven auf die eigene Geschichte auszuhalten lernt – und welche Geschichten wären relevant, um sich in der Breite des Blickwinkels eher als atmende Gemeinschaft denn als auseinanderdriftende Blöcke zu erleben? In einem Land, in dem die Grundvoraussetzungen zur Bindung an dieses Land so unterschiedlich sind, werden die Erzählungen und die Eigenverortung immer vielfältig und sogar widersprüchlich sein (zum Beispiel werden Nachfahren von Einwanderern eine unterschiedliche Bindung an Deutschland haben, abhängig davon, ob sie bereits mit deutschem Pass geboren wurden oder ihn später erwerben konnten, also eine Ausländerperspektive auf das Land, in dem sie geboren wurden, und somit eine Minderheitenerfahrung erleben mussten).

Gegenwart lässt sich aus der Vergangenheit verstehen, und so konkurrieren derzeit vor allem die Erzählungen darüber, was sich die letzten Jahrzehnte über in Deutschland ereignet hat. Daraus, wie man die Vergangenheit (v)erklärt, meint man eine Interpretationshoheit über die Ansprüche der Gegenwart ableiten zu können. Das eine Narrativ: Deutschland hatte ein paar Gäste ins Land gelassen (es waren Millionen) und diese haben Kinder zur Welt gebracht, die vor allem dadurch zu vorbildlichen Mitgliedern dieser Gesellschaft werden, dass sie nicht weiter auffallen. Das andere: Die zweite und dritte Generation der Migranten sieht sich als selbstverständlicher Teil dieses Landes, beansprucht eine neue Selbstverständlichkeit im Umgang mit dem Thema und das Ende einer rückwärtsgewandten Identitätspolitik. Abhängig davon, welche deutsche Vergangenheit zur gemeinsamen Erzählung wird, gestaltet sich die gemeinsame Zukunft als aussichtsreiches Miteinander – oder als beängstigendes Horrorszenario. Leider lässt sich derzeit leichter mit rechten Erklärungsmustern, die ausgrenzen, punkten. Das Narrativ der Vielfalt wird sich also auf andere Weise Gehör verschaffen müssen.

»German Angst« und »German Sorge« – überholte Integrationsdiskurse statt zeitgemäßes Vielfaltsmanagement

Wie wäre es, im Bundestag säße nun ein Parlament so vielfältig wie die Nationalmannschaft und würde über die neuen rechten Anträge und Parolen wachen? Stattdessen verteidigen weltoffene Deutsche, die in den eigenen Strukturen (wie zum Beispiel den Parteien) zu zögerlich waren, Diversität konsequent umzusetzen, die offene Gesellschaft. Auch deshalb wirkt der Diskurs derzeit so rückwärtsgewandt: Er wird oftmals von den alten Protagonisten und Konfliktlinien bestimmt. Diese Elite führt einen Integrationsdiskurs, der weitgehend ohne jene auskommt, über die er spricht.

Weshalb führt man hierzulande, in Anbetracht der sozialen Zusammensetzung der Städte und der Grundschulklassen, nicht allmählich einen Vielfaltsdiskurs? Das liegt mitunter daran, dass gerade Verantwortungsbereiche wie Verwaltungen und Parlament ein anderes Deutschland spiegeln als die diverse Bevölkerung und deshalb über Kompetenzen im Umgang mit der Vielfalt oft nicht verfügen. Böse Zungen nennen Strukturen wie die Verwaltungen die eigentliche Parallelgesellschaft in diesem Land, da hier zu wenig von der Diversität der Städte zu finden ist. So manche Strukturen wirken alt und verkrustet – doch gegen den derzeitigen Angriff von rechts wirkt selbst dieses Verkrustete noch zukunftsgewandt.

»Erneuern« ist das neue Zauberwort der Politik. Buzzword, würde man dazu sagen, wenn man Jens Spahn ärgern wollte, der sich im 21. Jahrhundert von englisch sprechenden Menschen in der Hauptstadt bedroht fühlt. »Erneuern« bedeutet für ein verschränkt-föderales, traumatisiert-ängstliches und in seiner Angstlust unbewusst-übermütiges Land wie Deutschland eine große Herausforderung. »German Angst« und »German Sorge« blockieren den gesamtgesellschaftlichen Wandel, der sich auf der nicht strukturellen, informellen Ebene längst vollzieht. Ein Wandel, der das Gesicht dieses Landes verändert hat. Aus Sicht vieler Menschen positiv. Doch er hat auch die hässliche Fratze hervorgebracht, weil sich einige Teile der Gesellschaft überfordert fühlen. Natürlich, dieser Wandel bringt Schwierigkeiten mit sich, aber, um es mit Coldplay zu sagen: *Nobody said it was easy.* Die Rolle der Musik als politischer Motor ist zwar längst dahin, die weitere Zeile von Coldplay passt hier dennoch sehr gut: *No one ever said it would be this hard.*

Ja, dieser Wandel ist eine Herkulesaufgabe, und er wird nur schwer gelingen, wenn die Diskurse nicht vielstimmiger werden. Die Generationen von Einwanderern und deren Nachfahren sind jetzt gefragt, sich zu positionieren. Unberührt von den reaktionären Debatten sind deutsche Städte urban geworden. Sie sind globale Städte geworden – oftmals mit provinzieller Lebenskultur und einer Vielzahl ethnischer Minderheiten. Die ethnischen Minderheiten lassen sich jedoch nicht mehr klassisch über das alte »Multikulti« definieren, nach dem Motto: Sag mir, wo du herkommst, und ich sage dir, wo du stehst/wie du denkst. Dass einer türkeistämmig ist, sagt längst nicht mehr sehr viel aus, die Communitys selbst haben sich diversifiziert. Davon sieht sich die Mehrheitsgesellschaft oftmals überfordert, käme ihrerseits jedoch nie auf die Idee, von allen Bundesbürgern eine einheitliche politische Meinung zu erwarten, nur weil sie den deutschen Pass besitzen.

Egal, wir leben trotzdem. Ziemlich unversehrt. Die Aufsteigergeschichten der deutschen Minderheiten werden verschwiegen – damit weckt man hier eher Neid statt Stolz. Umgekehrt herrscht eine hohe Toleranz gegenüber der internationalen Wirtschaftselite, die selten Gegenstand der Diskussion um Integrationsdiskurse ist. Ihre Deutschkenntnisse werden nicht abgefragt, um ihre Aufenthaltserlaubnis kümmern sich Relocation-Manager. In deutschen Städten lebt und arbeitet eine Finanz- und IT-Elite, Menschen, für die Frankfurt ungefähr so hessisch ist wie der Frankfurter Flughafen und die dennoch nicht von der Hysterie der Integrationsdebatte erfasst werden. Sie scheinen die Gastarbeiter de luxe zu sein, und man ist froh, sie zu halten.

Diskutiert wird dagegen über die Arbeiterklasse und deren Kinder, über jene also, die inzwischen als Deutsche geboren werden, die Deutsch zu lernen haben – erörtert wird, ob und wie sie deutscher werden sollten. Es grenzt an ein Wunder, dass Generationen von Einwandererkindern aufgewachsen sind, ohne sich durch alle diese Diskurse, Erwartungen und Abwertungen eine solide Entwicklungsstörung eingehandelt zu haben. Und sollte doch einer irgendeine Art von Störung entwickelt haben, versucht man, ihn so schnell wie möglich für einen Angriff gegen die Gruppe zu missbrauchen. Der Erfolg wird nicht in Sippenhaft genommen, der Misserfolg durchaus.

Deutschland muss das Narrativ vom eigenen Erfolg in Sachen Einwanderung zulassen

Deutschland könnte für Eingewanderte ein Ort des Ankommens sein und das Land der unbegrenzten Möglichkeiten. Auch Möglichkeitsnarrative sind Integrationsanreize, diesen Motor nutzt Deutschland viel zu wenig. Natürlich, zahlreiche Statistiken belegen die strukturelle Diskriminierung hierzulande. Doch es gibt nach wie vor einen lebendigen Diskurs – auch über die Defizite der Mehrheitsgesellschaft –, getragen von einer Vielzahl überzeugter Verfechter der egalitären Idee. Demokratie ist jene Staatsform, die Minderheiten vor der Diktatur der Mehrheit schützt, in diesem Sinn ist das Vertrauen in den deutschen Rechtsstaat eine Erfolgsgeschichte auch für den Bereich Einwanderung. Das Vertrauen – gerade jener Einwanderer, die vor repressiven Regimen flohen – basiert oftmals auf dem Vertrauen in den deutschen Rechtsstaat. Das Argument, dem Verfassungspatriotismus fehle die emotionale Komponente, gilt sicher nicht für jene, die das Tun von Unrechtsregimen am eigenen Leib erfahren haben.

Gerade für Einwanderer ist das Thema Staatsbürgerschaft zentral. Man muss erst einmal dazu kommen, Bürger sein zu dürfen. Derzeit leben zehn Millionen Ausländer in Deutschland. Wie diese in die demokratischen Prozesse einbezogen werden, müsste noch ausgehandelt werden. Doch mit seinem mühevollen, aber gewagten Abschied vom alten Abstammungsprinzip des *ius sanguinis* ist Deutschland einen entscheidenden Schritt gegangen, die kommenden, hier geborenen Generationen als Deutsche zu verstehen – und somit sein nationales Selbstverständnis zu reformieren.

Die Jahrzehnte der Einwanderung haben Deutschland verändert. Derzeit ist es eines der mächtigsten, wohlhabendsten Länder der Welt. Das ist es nicht trotz der Einwanderung, sondern auch wegen ihr. Deutschland lässt das Narrativ vom eigenen Erfolg in dieser Hinsicht nicht zu. Vielleicht aus Sorge, mit diesem Narrativ einen »Pull-Faktor« zu erzeugen. Zu sagen: »Deutschland kann Einwanderung«, könnte womöglich noch mehr Menschen dazu verführen, ihre Zukunft in Deutschland zu sehen. Vor 2015 war dies sogar ein Ziel der deutschen Politik und Wirtschaft – versehen mit dem Slogan »Im Wettbewerb um die klügsten Köpfe weltweit müssen wir Standortvorteile entwickeln«. Aus dieser Haltung entwickelte sich die Willkommenskultur – ein Begriff, der jedoch erst durch die Ereignisse im Herbst 2015 in der Breite der Bevölkerung ankam. Zu diesem Zeitpunkt hatte er nichts mehr mit Standortvorteilen zu tun, sondern mit Humanität. Und mit einer neuen Facette der deutschen Bevölkerung, die weltweit Begeisterung auslöste: »Can-Do-Germany« titelte damals die *New York Times*. Es sind Fehler gemacht worden bei der Aufnahme, aus diesen Fehlern haben die Gegner der offenen Gesellschaft politisches Kapital geschlagen. Ein über die Jahrzehnte hinweg nachweisbarer radikalerer Teil der deutschen Gesellschaft fand sich in der bestehenden Parteienlandschaft nicht wieder.

Die Angstmaschinerie, die seither in Gang gekommen ist, stellt erneut die tatsächlichen Erfolgsgeschichten der Einwanderer in den Schatten. Zu viele Erfolgsgeschichten – und man müsste sich eingestehen, sogar im Bereich Einwanderung Weltmeister zu sein. Deutschland bezahlt einen hohen Preis für die Angst vor dem eigenen Erfolg und seinen Verzicht, darüber lautstark zu erzählen. Die deutsche Gesellschaft verzichtet auf den verbindenden Effekt, den gemeinsamer Erfolg erzeugt. Sie erzählt nicht von den Opfern, die Einwanderer bringen, um bislang ungelöste Probleme in dieser Gesellschaft aufzufangen, wie zum Beispiel die Pflege alter Menschen. Sie erzählt nicht die Geschichten der Eingewanderten, die ihre Familien zurücklassen, um hier die alten Menschen zu pflegen und dadurch junge Familien zu entlasten. Sie erzählt nicht von den Jungen auf den Straßen, die mehr können als Hip-Hop und keine Integrationsprobleme haben, aber trotzdem bei jedem Attentat mit großen Augen Nachrichten verfolgen, weil sie vielleicht ihr »südländisches Aussehen« künftig markieren wird – ganz gleich, wie gut sie sich als Schwabe, Hesse oder Berliner integriert haben.

Weil die Einwanderer kaum vorkommen, ist deren Verhältnis zur deutschen Geschichte oft geprägt von Ambivalenz. Es gab eine Zeit, da wuchs unter Deutschen die Ablehnung von Gastarbeitern, die anfänglich bei etwa 40 Prozent lag, auf knapp 80 Prozent. Knapp 80 Prozent der Deutschen waren nach einigen Jahren Anwerbeabkommen der Meinung, die Gastarbeiter sollten »in ihre Heimat« zurückkehren. Für eine Mehrheit hat Bundeskanzler Helmut Kohl mit seinem Leitspruch »Deutschland ist kein Einwanderungsland« die zentrale Schneise für den Diskurs zu diesem Thema gelegt. Bis heute ist die Sicht auf Einwanderer davon geprägt.

Der Diversität mit einem strategischen Ansatz begegnen: Aus Vielfalt das neue Gemeinsame entwickeln

Ein Einwanderungsland zu sein, das bedeutet vor allem eines: Man begegnet der Diversität in der Bevölkerung mit einem politischen Ansatz. Dieser Ansatz ermöglicht es, Diversität zunächst auszumachen, um sie im nächsten Schritt konstruktiv zu gestalten. Ressourcen werden – soweit dies Bereiche sind, für die der Staat zuständig ist – so organisiert, dass es dem gesellschaftlichen Zusammenleben zugutekommt. Konzepte wie »das Eigene« und »das Fremde« werden dadurch nicht aufgeweicht, es wird jedoch die Organisation, das Vorhaben, es verbindlich und einvernehmlich zu regeln, zum »neuen Gemeinsamen«.

In Deutschland kommen wir nicht an diesen Punkt, weil die Diskussionen um das Fremde und Eigene spalten und polarisieren. Das neue Gemeinsame, ein hybrider oder gar fließender Identitätsbegriff scheint vielen eine kulturelle Bedrohung darzustellen – obgleich diese Veränderung vielerorts gelebte Realität ist. Sie wollen von einem sich historisch wandelnden Kulturbegriff nichts wissen. »Das Andere« wird abgelehnt, es ruft Abwehr hervor, Sorge um die eigenen Chancen. Der deutsche Mainstream-Integrationsdiskurs bleibt gefangen in der Krankheitsmetapher.

Aus dieser Metapher ist die deutsche Selbstwahrnehmung, sind die Geschichten, die Deutschland über sich selbst erzählt, nur zu befreien, wenn die inzwischen neuen Generationen von Einwanderern ihre Stimmen erheben und die Narrative, die von der Illusion der deutschen Homogenität berichten, konsequent stören – um sie dann zu ergänzen. Es geht hier nicht um Hegemonie, sondern um die Fähigkeit, parallele Erzählstränge wahrzunehmen, diskursiv gewissermaßen. Das Narrativ, die 1,5 Millionen Menschen, die seit 2015 nach Deutschland gekommen sind, seien eine nie da gewesene Herausforderung, muss gestört werden durch die konsequente Erzählung davon, dass über das Anwerbeabkommen von 1961 in kurzer Zeit 14 Millionen Einwanderer nach Deutschland kamen. Unter ihnen damals schon zahlreiche Menschen anderer religiöser Weltanschauungen.

Eine mehrstimmige Geschichte der Bundesrepublik zu erzählen, das wäre die Alternative zum derzeitigen Blockdenken. Es ginge darum, Erzählstränge neu zu erzählen, insbesondere ausgehend von der Frage, welche Teile der deutschen Geschichte aus Sicht der Einwanderer relevant sind: Spielen die 68er für sie eine Rolle? Wie erlebten sie den Fall der Mauer? Gab es je einen Kanzler, der auch »ihr« Kanzler war? Helmut Schmidt und Helmut Kohl vermutlich nicht,

Willy Brandt dagegen genoss durchaus Respekt – auch und nicht zuletzt wegen des Kniefalls. Eine Geste, die hierzulande eher schwerfällt.

Eine alternative Geschichte der Bundesrepublik, die auch die Perspektiven und Erlebnisse der Eingewanderten und Menschen mit Migrationsgeschichte miteinbezieht, müsste populäre neue Erzählstränge hervorbringen, auch solche, die unangenehm für die Mehrheitsgesellschaft wären, wie zum Beispiel die strukturelle und reale Gewalt gegen Migranten über alle Jahrzehnte und eingewanderten Gruppen hinweg (einschließlich des Umgangs mit Ostdeutschen). Die Erzählung von dieser Gewalt spielt in migrantischen Milieus eine zentrale Rolle. Nach dem Bekanntwerden der NSU-Morde war es kaum möglich, mit türkeistämmigen Menschen über Deutschland zu sprechen, ohne tiefstes Misstrauen und ein Gefühl des Ausgeliefertseins gegenüber diesem zerstörerischen Hass vermittelt zu bekommen. Die Machtlosigkeit gegenüber Verbrechern in diesem Land, die eine solche Mordserie ausüben konnten, die Hilflosigkeit gegenüber Vertretern eines Staatsapparats, der, bevor es zur Aufklärung kam, sämtliche Opfer mit Ausländerfeindlichkeit im umfassendsten Sinne konfrontiert hat – das Narrativ von dieser Gewalt gegen integrierte Einwanderer wird nahezu systematisch ausgeblendet. Es muss also auch vom Scheitern dieses Landes im Integrationsbereich gesprochen werden. Mit diesem Scheitern sind jedoch nicht fehlende Sprachkurse gemeint – sondern Gewalt gewordener Hass.

Während in den Medien die von Einwanderern ausgeübte Kriminalität ein zentrales Motiv ist, trübt sich die Erinnerung dort, wo es um Gewaltdelikte gegen Eingewanderte geht. Vertreter linker deutscher Politik scheiterten schon Anfang der 90er-Jahre gegen diese durch rechte Rhetorik gesteuerte Manipulation. Als es um eine Verschärfung der Asylgesetzgebung ging, setzte sich die rechte Rhetorik, wonach der gesamte bedürftige Teil des Erdballs nach Deutschland wollte, politisch durch. Die große Mehrheit der Deutschen verurteilte nach den Straftaten in Mölln und Solingen die Gewalt gegen Ausländer, immerhin 13 Prozent sahen darin jedoch einen »berechtig-ten Ausdruck des Volkszorns«. Dass gerade in jenem Deutschland, das international angesichts der Aufarbeitung der Verbrechen des Zweiten Weltkrieges eine moralische Vorreiterrolle spielt, solche Auffassungen vorzufinden waren und sind, ist nur schwer in die große deutsche Erzählung einzuweben. Entsprechende Narrative werden mit dem Vorwurf der Opferrolle, die Migranten angeblich einnehmen, ausgehebelt.

Weisen Migranten auf Schwachpunkte Deutschlands hin, wird sogleich die Rede von Undankbarkeit laut. Doch bleibt die Position von Migranten gegenüber Deutschland so lange unverständlich, so-lange nicht die zentralen Motive von Ablehnung und Gewalt gegen-über Einwanderern im nationalen Narrativ verankert werden. Die kaltblütige Gewalt, die hierzulande – in einem friedlichen Wohl-standsland – gegen Migranten ausgeübt wurde. Teilweise auf offener Straße. Jahrelang ungeahndet. Das Selbstbild muss um die eigenen Schattenseiten erweitert werden.

Die alternative Geschichte der BRD brächte jedoch – neben den dargelegten Schattenseiten – auch und vor allem ihre Erfolge in Sachen Einwanderung ans Licht. Neben den individuellen und öko-nomischen Erfolgsgeschichten ginge es um die menschlich-atmo-sphärische Entwicklung, die Öffnung der Haltungen, die Festigung von Freizügigkeit und den Wandel von Toleranz zu Akzeptanz. Deutschland wird von Einwanderern geschätzt für seine demokra-tische Staatsform und Rechtsstaatlichkeit und genießt auch inter-national hier hohes Ansehen.

Schließlich, mit der Neuerung des Staatsbürgerschaftsrechts pas-sierte Deutschland – relativ geräuschlos – die größte Schwelle seiner Entwicklung in Richtung Einwanderungsland. Die neuen Gesetze gaben Einwanderern die Chance, Teil der deutschen Demokratie zu werden. Selbstbewusste Eigenbezeichnungen der jüngeren Genera-tion wie »wir neuen Deutschen« wären ohne diese Gesetzgebung schwerer denkbar. Einbürgerungsfeiern auf allen staatlichen Ebenen fanden statt. Die Tatsache wurde anerkannt, dass die deutsche Staatsbürgerschaft eine integrative Wirkung entfaltet und nicht die umgekehrte Wirkung hat, die überspitzt formuliert heißen könnte: Mit der Einbürgerung bliebe keine Handhabe mehr, einem Ausländer Integrationsleistungen abzuverlangen.

Warum wir ein »Ellis Island« brauchen

Der nächste Erzählstrang, der diesem Land fehlt, beinhaltet all das, was die USA auf Ellis Island mit einem Vorzeigemuseum leisten. Gemeint ist das Interesse an Fragen wie: Wie ist die (auch außer) europäische Migration nach Deutschland beschaffen? Welche Einzelschicksale sind überliefert und was erzählen sie über die individuellen und kollektiven Erfahrungen der Ankommenden? Wenig überraschend: Deutschland hat ein eindrucksvolles Auswanderermuseum, aber kein Einwanderermuseum. Deutschland geht mit der eigenen Emigration nach gänzlich anderen Regeln um als mit der Immigration. Die deutsche Geschichte ließe sich leicht neu schreiben, würden der eingespielte Umgang mit und die gezeigte Faszination über deutsche Minderheiten zum Beispiel in den USA auf die Minderheiten im eigenen Land übertragen und entsprechend gezeigt.

Als ich das erste Mal auf Ellis Island war, besuchten wir zunächst die vorgelagerte Kaserne, den Ort, an den die Einwanderer nach ihrer langen Schiffsreise gebracht wurden. Das Museum als Erfahrungsort für die Generationen danach. Als Ort, der die Träume, Schrecken, Geschichten und Erfolge der Einwanderer erzählt. Der sie nicht unterkomplex verbucht unter »unerträgliche Armut und Leid«, sondern unter »Respekt einflößendem Mut«. Strapazen, die Menschen auf sich nahmen, als noch nicht in jedem Hochhaus zehn Psychologen über Büchern zu den Themen Resilienz und Trauma saßen. Ich erfuhr hier mehr über die griechische Migration als in irgendeinem Museum in Deutschland. Nur weil ich auf Ellis Island war, kam ich darauf, mir nahestehende Menschen aus meiner Kindheit nach ihrer Anreise zu fragen, danach, wie sie in den Siebzigern als junge Menschen nach Deutschland kamen. Zum ersten Mal hörte ich von ärztlichen Untersuchungen in Münchner Kellern. Ich hörte von der Angst vor den Deutschen (wieso wollte man gerade in dem Land, das für den Holocaust verantwortlich war, ein neues Leben suchen und diesen Menschen dort vertrauen?), dass jeder zu fürchten schien, dass die Mühe des Versuchs, von Deutschen gemocht zu werden, nicht lohne, Deutsche einen nur benutzen wollten – ein Eindruck, den auch Max Frisch mit seinem berühmten gewordenen Zitat zur deutschen Arbeitsmigration wiedergab. Das Bild des Deutschen war geprägt vom Zweiten Weltkrieg – und dennoch kamen sie. In Anbetracht dieses Misstrauens ist es auch eine deutsche Erfolgsgeschichte, dass die Einwanderer diesem Land dann doch trauen konnten – oder ihm zu trauen gelernt haben.

Auf Ellis Island hängen Bilder, die die Lebensbedingungen zeigen, sind Briefe von Liebenden zu sehen, die einander entrissen wurden. Die knallharte Selektion, die damals schon stattfand, wird vermittelt, das Aussieben der Kranken und Schwachen. New York durften Kranke nicht betreten – und das nach den Strapazen dieser Schiffsreisen! Bis heute ist mir die Geschichte eines südeuropäischen Mädchens im Gedächtnis. Wer zugelassen werden wollte, musste einen Intelligenztest passieren, Fragen, die Ärzte stellten, logisch beantworten. Von manchen dieser Gespräche gibt es Originalaufnahmen. Die Aufnahme mit diesem Mädchen wurde transkribiert, der Text ist auf einem Plakat zu lesen. Eine Frage des Inspektors lautete: »Wenn Sie eine Treppe reinigen müssen, würden sie diese Treppe von oben nach unten oder von unten nach oben reinigen?« Das Mädchen antwortete: »I didn't come here to wash stairs, Sir!« – Ich bin nicht hierhergekommen, um Treppen zu reinigen, Sir! So viel Selbstwert in einem Kind, das diesem Menschen ausgeliefert war. So viel Intelligenz. Die USA transportieren mit der Geschichte dieses Mädchens auch die Träume der Menschen, die damals gekommen sind. Natürlich, Träume sind die Soft Power, auf die dieses Land und zahlreiche seiner Industrien aufgebaut sind. Doch es hat auch etwas mit Würde zu tun, davon zu erzählen, dass Einwanderer sich aus der Rolle der Bediensteten befreien möchten. Dass ihre Kinder andere Träume haben.

Wenn ich an all die wohlwollenden Bildungsbürger auf Buchmessen und in deutschen Kulturhäusern denke, die im Anschluss an jede meiner Buchpräsentationen, die wohlgemerkt nicht von Reinigungskräften handeln, von ihren ex-jugoslawischen Putzfrauen erzählen müssen, dann denke ich an dieses Mädchen. *I didn't come this far to listen to your story, ladies and gentlemen.* Es wäre wohl auch zu viel verlangt, echte Neugier für das andere Narrativ aufzubringen – zu groß die Versuchung, wieder die alte Weltordnung herzustellen (hier die Hausherrin, dort die Migranten, die billigen Bediensteten). Wo wird davon erzählt, dass auch viele nach Deutschland gekommene Einwanderer sich nicht auf den langen Weg gemacht haben, um Putzkraft zu bleiben? Wenn deutsche Bildungsbürger selbst gegenüber den erfolgreichen Kindern von Einwanderern nur ihre alten Klischees auszupacken wissen, so ist das ein Armutszeugnis in Anbetracht der Integrationsleistung, die diese Generationen erbracht haben. Es negiert gleich zwei Narrative der Einwanderung: jenes von den erfolgreichen Einwandererfamilien und jenes des erfolgreichen Einwanderungslandes, das diesen Einwandererfamilien zum Ausgangspunkt ihres Erfolgs geworden ist.

Vom Erfolg der eigenen Einwanderer zu erzählen, macht zugleich einen Aspekt stark, der zu wenig wahrgenommen wird: Ein mehrdimensionales Bild von Einwanderern zu zeichnen hieße, aus ihnen Pioniere und Persönlichkeiten zu machen, den Pioniergeist der Einwanderer zu zeigen, die sich in Deutschland eingebracht haben und deren Kinder heute international anerkannte Regisseure sind wie Fatih Akin, oder Bundesligatrainer wie Niko Kovač, um nur zwei Beispiele zu nennen. Noch die Erfolgsgeschichten der zweiten und dritten Generation werden mit eindimensionalen Stereotypen überlagert statt sich daran zu erfreuen. An die Erfolgsgeschichten »ihrer« Einwanderer müssen Deutsche sich immer noch gewöhnen. Ein Einwanderungsland, das Deutschland *auch* ist und historisch zu fast allen Zeiten war, schuldet sich selbst die Vielfalt der eigenen Geschichten.

Der Mythos vom homogenen Deutschland – ausgehebelt durch den Hinweis auf das Toleranzedikt

Die Homogenität der deutschen Gesellschaft lässt sich dabei spielend leicht infrage stellen. Schon der Hinweis auf das Toleranzedikt aus dem Jahr 1685 kann noch heute so manch bequemen Mythos zerstören. Es soll tatsächlich Menschen geben, die allabendlich vor ihren Fernsehern, Laptops oder Radios sitzen und glauben, diese »Massen« von Menschen, die sich zu uns bewegen, seien eine Erfindung der Globalisierung. Davor sei alles eins und gleich gewesen. Amen. Wenn man denen erzählt, dass das Blutrecht erst 1913 eingeführt worden ist, man bis dahin lieber »Fremde« bei sich im Land haben wollte statt ein kleineres Reich, dann erntet man nur ungläubiges Staunen. Als sei das Blutrecht ein Erbrecht oder Bibelrecht, etwas, dessen Entstehung lange vor der Steinzeit liegt und in die DNA der menschlichen Zelle eingeschrieben ist. Doch gegen die kunstvoll konstruierte Homogenität steht die Geschichte: In ihr liest man nach und lernt zum Beispiel über die Preußen, dass sie, nachdem sie schon vertriebene Juden aus Österreich aufgenommen hatten, auch noch Hugenotten aus Frankreich zu sich holten. In jener Zeit kamen Familiennamen wie Sarrazin in unsere Gegend.

Kurfürst Friedrich Wilhelm von Brandenburg wollte nicht zuletzt die Wirtschaft stärken – ist das so anders als heutzutage die Strategie, Einwanderer zu holen, um den Fachkräftemangel zu bekämpfen? Nur war der alte Preuße um einiges klüger, weltoffener und furchtloser als wir heute: Die Flüchtlinge bei uns dürfen nicht arbeiten, selbst wenn sie wollen – und viele wollen. Nein, Friedrich Wilhelm von Brandenburg war da klüger: Er befreite seine Flüchtlinge von Steuern und Zöllen, gab ihnen Subventionen für ihre Unternehmen und zahlte ihnen die Pfarrer. Die Preußen verschrieben ihren Flüchtlingen keine Sprachkurse auf Staatskosten, stattdessen wurde in Berlin das französische Gymnasium eröffnet; neben dem wirtschaftlichen kam auch der geistige Aufschwung mit den Zuwanderern. Berlin entwickelte sich, im Bereich der schönen Literatur wurde es eine der wichtigsten Städte, weit über die Landesgrenzen hinaus. Man könnte nun sagen, das alles ging, weil die Migrationsströme eher kleine Bäche waren und nicht – wie heute – tosende Flüchtlingsströme, tatsächlich aber, man halte sich fest, wuchs Berlin durch den Zuzug der Hugenotten um ein Drittel an. Käme heute ein Drittel Berlins hinzu, die Stadt müsste 1,3 Millionen Menschen zusätzlich aufnehmen. Nur in dieser Größenordnung versteht man den Einfluss, den die französischen Flüchtlinge auf die damalige Sprache und Kultur hatten. Berlin ist an seinem zusätzlichen Drittel Franzosen nicht untergegangen. Im Gegenteil, Berlin wurde Hauptstadt und ist bis heute eine der aufregendsten Städte Europas. Es scheint historisch nicht das Schlechteste zu sein, den Einwanderern die Steuern zu erlassen. Wir kämpfen derzeit mit viel restriktiveren Ansätzen, doch die urbane Vielfalt ist nicht mehr zu leugnen. Aber im Diskurs über die sei 2015 eingewanderten 1,5 Millionen Menschen werden die Narrative wieder in alte Denk- und Sprechmuster zurückgepresst – und das wirkt sich auch auf die knapp 20 Millionen Menschen mit Migrationsgeschichte aus.

Neue Narrative kreieren und popularisieren

In Barcelona zeigt derzeit das Museum für Design eine bemerkenswerte kleine Ausstellung unter dem Titel »Design Does«. Design stellt sich darin gesellschaftlichen Fragen, ist also nicht nur die Kunst der Gestaltung, sondern auch die Kunst der Gestaltung des Zusammenlebens. Nach wenigen Minuten als Fremde vor dieser Disziplin verwandelt die Ausstellung mich in eine Bewundernde, eine Skeptikerin, eine Involvierte. Die Trennlinie zwischen den Designern und mir verschwindet. Da arbeiten Menschen daran, diese Welt zu verändern. Sie vermischen vermeintliches Selbstzweckwissen mit Praktiken, die man bei Intellektuellen »engagierte Kunst« oder »engagiertes Denken« nennen würde. Engagiertes Design heißt es jedoch nicht, sondern »Design Does«! Design als Akteur, der Wirkung erzielt. Mit einem Größenwahn und Absolutheitsanspruch eines jeden Schöpfers – dessen Größenwahn jedoch in sich zusammenbricht, sobald er sein Wirken am Können einer Seidenraupe misst.

Die jungen Designer strotzen vor Selbstbewusstsein: Nie sei die Forschungssituation so gut gewesen, die Perspektiven für die nächsten zehn Jahre seien gar nicht abzumessen, weil vieles aufgrund der technischen Möglichkeiten erstmals realisierbar sei. Sie hegen Zweifel an ihrer Arbeit, lassen sich aber in ihrem Tatendrang dadurch nicht bremsen. Ich gebe zu, ich erblasse vor Neid. Wenn ich in meinem bescheidenen Feld die Debattenlinien sehe, dann kann ich weite Teile des Diskurses auf die nächsten zehn Jahre hochrechnen. Wieder geht es um Heimat. Wieder geht es um Deutsche und Ausländer und das Recht, Deutscher zu sein. Dieser Diskurs ist ein Wiedergänger. Gegenüber dynamischeren Bereichen der Gesellschaft werden weniger mutige Protagonisten der Diskurse zunehmend selbst zu einer weniger wahrgenommenen Parallelgesellschaft.

Genau genommen sind die zentralen gesellschaftlichen Debatten des Einwanderungslandes Deutschland eine einzige Wiederholungsschleife seit Jahrzehnten. Einzig der Grad der Abgestumpftheit bei der Rezipientin wechselt. Es gab Zeiten, da taten diese Debatten weh. Doch man gewöhnt sich an sie. Vermutlich ist das genau der Punkt, an den man nicht gelangen sollte, weil Gewohnheit nicht der Zustand ist, aus dem Enthusiasmus erwächst. Ein Einwanderungsland braucht jedoch Enthusiasmus. Es braucht die Fähigkeit, Erfolg zu antizipieren. Darin sind Einwanderer stark.

Die alles erhellende Frage, um die ich plötzlich die Designer zu beneiden anfing: Was könnte in zehn Jahren Großartiges gedacht, erfunden, gemacht worden sein, womit wir in Fragen des Zusammenlebens nicht gerechnet haben? Neugier. Erwartung. Warum sind gerade Geisteswissenschaftler, also jene Menschen, die den Geist haben könnten, nicht in der Lage, eine Zukunft – oder auch nur Gegenwart – zu denken, die eine Alternative zur derzeitigen Situation ist? War das geschichtlich nicht einmal anders? Den freien Menschen zu denken war eine Revolution. Allen Revolutionen ging ein radikales Denken voraus, das den Menschen Gedanken- und Sprechfiguren an die Hand gab, wie sie für eine neue Lebensrealität kämpfen könnten.

Narrative sind nichts anderes als designte Sprech- und Denkfiguren, in denen wir uns diskursiv bewegen. Doch viel zu selten erzählen die Narrative über Einwanderung und das gesellschaftliche Zusammenleben von der Hoffnung auf Zukunft und Gestaltung, so wie es Designer derzeit in ihrem Arbeitsbereich leisten. Die Probleme werden nicht angegangen, sondern höchstens aufgeblasen. Immer stärker werden die Stimmen von Intellektuellen und Künstlern übertönt von denen der Politiker. Auf der Suche nach Mehrheiten designen sie jene Figuren, von denen sie sich Zustimmung versprechen, und erhalten Gehör, weil der Typus Politpromi günstig Sendezeit füllt und Hallen. Nicht die besten von ihnen verschaffen sich am meisten Gehör, im Gegenteil. Im Ranking der Reichweite in den sozialen Medien – so eine der letzten Studien – belegen die ersten 16 Plätze Politiker, die reaktionäre Weltbilder verbreiten. Die Popmusik, einst ein möglicher Kanal für junge Menschen, sich ein neues Lebensgefühl zu schaffen, bietet keine solchen Figuren mehr, Musik ist nicht länger der Soundtrack zu gesellschaftlichem Wandel.

Der Diskurs im Bereich Einwanderung stagniert, ein Stillleben. Liest man Betroffenheitsartikel aus den 80er-Jahren, könnte man sie für Texte von heute halten. Es ändern sich höchstens die Gruppen und marginale Bezeichnungen: Aus Ausländern sind nun Migranten geworden, das Schicksal der türkeistämmig Minderheiten ereilt nun eher außereuropäische Einwanderer. Sing me a song – und es ist das Lied von gestern.

Der konkretisierte Tiefpunkt dieser betonierten Diskurse ist ein Kabinett, das keinen Menschen mit Migrationsgeschichte kennt. Nicht einmal in der zweiten Reihe der Staatssekretäre. Die Superintegrierten sagen, ist doch fein, ich fühle mich durch Deutsche ohne Migrationsgeschichte bestens repräsentiert. Wenn Geschichten nicht erzählt werden, fällt auch nicht auf, wenn jemand nicht repräsentiert wird. Es geht hier jedoch nicht um Multikulti, darum, woher jemand kommt und was er mitgebracht hat. Es geht um die verschiedenen Arten, sich dieses Land anzueignen. Um die Möglichkeiten, die es bietet, Teil dieses Landes zu werden. Was ist die große Geschichte des Einwanderungslandes Deutschland? An welcher Stelle hat für die Biografien der Einwanderer Deutschland und seine Geschichte überhaupt eine Rolle gespielt? Was geschah mit den Familien, die immer auf ein »Zurück« hingelebt hatten, in dem Moment, in dem klar wurde, ein »Zurück« würde es nicht geben – allein weil die zweite und dritte Generation im Hier und Jetzt lebt. Was war der Lebensstoff jenseits der sozialen Härte? Welche Musik spielte, welche Gerüche, Stoffe, Möbel fand man in ihren Wohnungen? Warum zieht es manche Kinder in der zweiten Generation ins Land der Eltern, obwohl sie nie dort waren – und die Eltern bleiben alleine hier?

Als der Deutsche Herbst durch alle Medien ging, habe ich bei einem Fest einige aus der ersten Einwanderergeneration gefragt, ob sie damals etwas von der RAF mitbekommen hätten. Die Einwanderer, mit denen ich sprach, waren aus Süddeutschland, also einer Region, die für diese Zeit eine wichtige Rolle spielte. Ich erntete ratlose Blicke: »Noch nie etwas gehört!« Was von dem Deutschland, das man aus Geschichtsbüchern oder zeitgenössischen Diskursen kennt, hatte etwas mit dem Deutschland zu tun, das diese Einwanderergeneration erlebt hat? Hanns Martin Schleyer, immerhin das Stadion in Stuttgart ist nach ihm benannt. Niemand wusste davon.

Ich brauchte einen Moment, um zu verstehen, wie, abgesehen vom Bildungsstand und der damals noch nicht vorhandenen Dauerbeschallung durch Medien, diese Abkapselung von der deutschen Geschichte möglich gewesen war. In einer Welt, in der man zwölf bis 14 Stunden auf Baustellen und in Gärtnereien arbeitete, spielte die *Tagesschau* vermutlich keine Rolle. Erst als die Fabriken den Einwanderern die gleichen Verträge gaben wie den Einheimischen und sie unter den Schutz der Gewerkschaften fielen, begann so etwas wie das kleinbürgerliche Leben. Wenn man nicht gerade Spätschicht hatte, sah man abends die *Tagesschau*. Deutschland war das Land, das über die Nachrichten ins Wohnzimmer kam. Willi Brandt war dann schon ein Begriff.

Deutschland war für Einwanderer lange das Land, das über Duldung mit dem eigenen Leben zu spielen wusste. Die Eingewanderten verfolgten trotz der mangelnden Sprachkenntnisse jene Beschlüsse genau, die ihr Bleiberecht betrafen. Ich weiß bis heute nicht, wie sie an ihre Informationen kamen. Wie man in einem Land, dessen Sprache man nicht versteht, weiß, wohin man zu kommen und was man mitzubringen hat. Die Phase der Abschreckung in den Ausländerbehörden, zu deren Räumen es meist die Treppen hinunterging. Der Gang dorthin war nicht minder unangenehm, als an der ehemaligen jugoslawischen Grenze zu stehen und den Zollbeamten die Pässe auszuhändigen. Auf keiner Seite der geografischen Grenzen eines Einwandererlebens war dem Staat zu trauen. Aus diesem Grund wollte man auch keine Bürgerrechte; das bestmögliche Recht schien zu sein, dass einen dieser Staat in Ruhe ließ. Er sollte ein Erwerbsleben ermöglichen, in dem der soziale Aufstieg denkbar war, mehr nicht. Eine ganze Generation Demokraten ging so verloren. Ihre Kinder eifern oftmals dem sozialen Aufstieg weiter nach. Die politische Teilhabe hingegen ist für viele kein erstrebenswertes Ziel.

Viele Jahre später, auch das ist eine deutsche Erfolgsgeschichte, modernisiert sich dieses Land und versteht sich als Dienstleister. Das betrifft auch die Ausländerbehörden. Den Umgang mit jenen, die kommen, und jenen, die hier geboren werden. Das moderne Staatsverständnis, jenes, das sich in der Entwicklung von Bürgerämtern zu Serviceämtern zeigen sollte, setzt ein anderes, neues Verhältnis des Staats zu seinen Bürgern voraus. Dieses Land weiß mit Wandel umzugehen. Es ist vielschichtiger, widersprüchlicher, löst mehr Abwehrreflexe aus als manch anderes Land, das einen solchen Lebensstandard zu bieten hat. Es ist lebendiger und komplexer, als es die Gespräche derzeit erahnen lassen. Viele aus der Generation von Einwanderern, die hier aufgewachsen ist, sehen Deutschland inzwischen als ihr Land an. Obwohl dies von sehr vielen, die Macht hatten, nie so gedacht oder gewollt war. Es geschah trotzdem. Einwanderer rechnen das diesem Land hoch an. Obwohl jahrzehntelang gegen Einwanderung angeredet wurde, hat sie stattgefunden. Es ist Zeit, für die Zukunft Narrative zu finden, die vom Gelingen erzählen, jenseits von »trotzdem«. Vom Nebeneinander, vom Miteinander und von Neuem. Designing Narratives eben.

Gesetzt aus der Clavo, Antiqua mit Serifen und subtilen Details, entworfen 2013.

Astrid Séville

There Is No Alternative (TINA)
Über den faden Sound der Alternativlosigkeit

Der alte Florentiner Niccolò Machiavelli ist für seine politischen Ratschläge berühmt-berüchtigt. Zwischen Anleitungen zur notwendigen Skrupellosigkeit eines Herrschers hinterließ uns dieser Denker zu Beginn des 16. Jahrhunderts einen Tipp:»Kluge Männer machen sich immer ein Verdienst aus ihren Handlungen, auch wenn sie allein die Notwendigkeit dazu zwingt.«[1] Was würde Machiavelli wohl zu Politikerinnen und Politikern sagen, die sich in öffentlichen Statements offensiv auf Notwendigkeit, Alternativlosigkeit oder Sachzwänge berufen, statt sich verdienstvoll ihrer politischen Taten zu rühmen?

Diese Frage scheint heute aktueller denn je, denn das viel diskutierte Mantra der Alternativlosigkeit diente unlängst der deutschen Dauerbundeskanzlerin Angela Merkel als eine rhetorische Allzweckwaffe, um zum Beispiel den *Bailout* Griechenlands zu rechtfertigen.[2] Ihr und Wolfgang Schäuble, dem ehemaligen Finanzminister, Schuldenstaatendompteur und Meister der »schwarzen Null«, galten zahlreiche Entscheidungen der europäischen Krisenpolitik als »alternativlos«. Angela Merkel wiederum rechtfertigte mit dem Slogan noch so manch andere Entscheidung, sodass »alternativlos« gar zum »Unwort des Jahres 2010« gewählt wurde. Die Jury und mit ihr zahlreiche Journalisten, Intellektuelle und Publizisten kritisierten damals jene Phrase als undemokratische, technokratische Unsprache. Freilich handelt es sich bei der Rede von Alternativlosigkeit um kein deutsches Phänomen: Auch der damalige EU-Währungskommissar Olli Rehn verteidigte im Januar 2014 das Krisenmanagement mit den Worten:»Es war nicht alles perfekt, aber es gab nun mal keine Alternative«,[3] während die Chefdirektorin des Internationalen Währungsfonds Christine Lagarde ebenfalls beglaubigte, es habe keine Alternative zur Austeritätspolitik gegeben.[4] Überhaupt zitierten in den letzten Jahren reihenweise europäische Premierminister Margaret Thatchers berühmten Slogan »There is no alternative«, für den sich die Abkürzung TINA etabliert hat.[5] Nun leben wir glücklicherweise nicht mehr in Machiavellis florentinischem Stadtstaat – die einstige Fürstenwillkür ist demokratischem Parlamentarismus und Rechtsstaatlichkeit gewichen. In westlichen Demokratien stellen sich Parteien mit einem politischen Programm zur Wahl; ihre Vertreter fungieren als verantwortliche Amtsträger, die ihre Entscheidungen öffentlich rechtfertigen müssen. Demokratie bedeutet auch Herrschaft auf Zeit – Regierungen müssen sich am Ende einer Legislaturperiode einer Wahl stellen und können abgewählt werden. In parlamentarischen Systemen begreifen wir den Moment des Regierungswechsels sowie die Funktion der Regierung und der Opposition gleichermaßen als notwendig und legitim. Demokratie funktioniert schließlich als ein politischer Prozess, in dem Entscheidungen debattiert, in ergebnisoffenen Verfahren getroffen und gegebenenfalls überarbeitet oder rückgängig gemacht werden können. Man könnte also aus guten Gründen annehmen, dass Politiker aller Parteien ein intrinsisches Interesse daran haben dürften, ihren (partei)politischen Standort, ihre Kompetenz sowie Entscheidungsfähigkeit im Angesicht politischer Alternativen zu unterstreichen – eben ihre Verdienste zu benennen. Es geht ja darum, das eigene politische Profil zwecks Wiederwahl zu schärfen und nicht durch eine Beschwörung von Sachzwängen die eigene Profillosigkeit zu riskieren. Gerade das macht die häufige Rede von fehlenden Alternativen bemerkenswert – und erregt zu Recht die politischen Gemüter.

Nicht zufällig versteht sich die Partei Alternative für Deutschland (AfD) ihrem kongenialen Namen nach als notwendige Opposition gegen die vorgebliche Alternativlosigkeit der etablierten Parteien und mithin gegen das System. Schnell hat sie sich gewandelt von der 2013 gegründeten liberalkonservativen Anti-Euro-Partei mit ihrem programmatischen Steuerzahlernationalismus hin zur rechtsnationalen Opposition gegen Weltoffenheit und Kosmopolitismus, die ein völkisches und nativistisches Denken als legitimen Patriotismus nobilitieren will. Die Partei geriert sich dabei stets als wahre Opposition der zuvor schweigenden, übergangenen Mehrheit und reklamiert für sich das Verdienst, sich mutig gegen politische Korrektheit, Denkverbote, Systempresse und Mainstream zu stellen. In ihrem Grundsatzprogramm steht zu lesen: »Die auf vielen Politikfeldern durch die etablierten Parteien propagierte Alternativlosigkeit vermeintlicher Sachzwänge halten wir für in hohem Maße demokratie- und rechtsstaatsgefährdend. Rechtsstaatsprinzip und Vertragstreue sowie demokratische Legitimation haben für uns Vorrang vor kurzfristigem Aktionismus und wahlwirksamer Effekthascherei.«[6] Die AfD setze dagegen »auf das politische Urteilsvermögen und die Verantwortungsbereitschaft der mündigen Bürger«.[7]

Machen wir uns nichts vor: Mit dieser Kritik trifft die Partei den Nerv der Zeit. Ihrer zitierten Belehrung würden sowohl politisch interessierte Bürger als auch die Politikwissenschaftlerin im Elfenbeinturm mit Verve zustimmen. Aber was bedeutet es, dass uns heute die populistische, rechtsnationale und wohlfahrtschauvinistische AfD über die liberale Demokratie aufklären zu müssen glaubt? Handelt es sich ausgerechnet bei dem polternden, pöbelnden und polarisierenden Sound heutiger Rechtspopulisten um eine demokratische Antwort auf die undemokratische Alternativlosigkeitsrhetorik? Erkennen wir nun bei AfD-Funktionären Anzeichen von Machiavellis »politischer Klugheit«, weil sie gegen die Konjunktur politischer Profillosigkeit und gegen die Flucht vor politischen Kontroversen ankämpfen und eben nicht Notwendigkeit, sondern Tatendrang und politische Verdienste herausstellen? Schließlich deklamiert die AfD lauthals einen »Mut zur Wahrheit«. Schon jene Fragen aufzuwerfen, bereitet Unbehagen. Doch sollten wir gerade angesichts der heute offensichtlichen Anfechtungen liberaler Demokratie diskutieren, warum politische Akteure bisweilen Alternativen verschleiern und welche Wirkung der toxische Sound der Alternativlosigkeit entfalten kann.

Postdemokratische Zustände?

Auf den ersten Blick scheint der TINA-Slogan die Diagnose vom Wandel liberaler Demokratien hin zu Beteiligung und Transparenz abwehrenden Postdemokratien zu bestätigen. Politische Akteure erwecken den Eindruck, keine Gelegenheit zu einem freien, streitbaren und institutionell entschleunigten Willensbildungsprozess zu haben. Regierungsoptionen wirken eingeschränkt und demokratische Gestaltungs- und Handlungsspielräume immer kleiner. Die Aufgabe der Opposition, andere politische Möglichkeiten und Wege aufzuzeigen, erscheint angesichts »alternativloser« Entscheidungen illusorisch oder obsolet. So verfestigen sich Erzählungen, »die da oben« könnten eh nichts mehr bestimmen, geschweige denn wirklich ändern.

Wenn nun noch zum dritten Mal eine Große Koalition unter Angela Merkel regiert, können wir in Echtzeit die alte These überprüfen, Regierungen der »ideologischen Zentrumslage« wie die der Berliner GroKo seien »schädlich«, weil sie politische Ränder stärkten und gesellschaftliche Polarisierung förderten.[8] Während also in Berlin »Maß und Mitte« – so der Wahlkampfspruch der Union – regieren, erschallen andernorts erst recht Unkenrufe, wir seien längst in eine Phase der Postdemokratie eingetreten, in der nur noch eine maßlose und radikale Opposition am Rande des Parteienspektrums echte Oppositions- und Aufklärungsarbeit zu leisten vermag. Das politische Establishment und die Systempresse repräsentierten nicht länger die Interessen der Bürger; statt Alternativen zu bieten, seien Politiker wie Journalisten und Kulturschaffende allesamt Teil des »links-rot-grün-versifften 68er-Deutschland«.[9]

Es ist ein Paradox, dass ausgerechnet die Populisten und Antipluralisten der AfD das politische Spektrum der »lethargokratischen« Bundesrepublik (Peter Sloterdijk) erweitern und uns zu einer kontroversen Selbstverständigung über die Werte und Gepflogenheiten liberaler Demokratie nötigen. Braun macht wohl bestenfalls bunter. Und paradoxerweise verschafft sich die AfD mit jedem ihrer Wahlerfolge einen neuen Diskursvorteil: Je größer ihr eigener Stimmenanteil, desto schwieriger die Regierungsbildung, desto wahrscheinlicher eine Neuauflage ungeliebter Koalitionen wie die der GroKo, desto höher die Frustration der Wähler über die Ununterscheidbarkeit der ehemaligen Volksparteien und ihrer »alternativlosen« Politik. Diese Konstellation mag bei einigen jene seltsame Sehnsucht nach Krawall bestärken. Vorbei die Zeit einer Wahl zwischen klaren Lagern – wer heute wählt, weiß nicht, zu welcher Mehrheit seine Stimme führen kann. Da fühlen sich manche Koalitionspartner am Wahlabend abgewählt, während andere aus der rechnerischen Mehrheit einen Regierungsauftrag ableiten. Wieder andere wollen gar nicht regieren, sondern nur in Sondierungsgesprächen den Geruch von Macht schnuppern, um sich dann wie Wolfgang Kubicki anderthalb Stunden zu duschen. Mittlerweile hören wir auch auf Parteitagen der AfD den zeitdiagnostischen Schlachtruf der Postdemokratie.[10] Es gelte, Alexander Gauland zufolge, sich »unser Land und Volk zurückzuholen«.[11] Doch nicht nur AfDlern, auch vielen unbesorgten Bürgern erscheint die These einer postdemokratischen Ära plausibel, wenngleich das prä-postdemokratische Arkadien demokratischer Mitbestimmung und Gleichheit längst als retrospektive Illusion entlarvt worden ist. Um die allgemein populäre und populistische Aneignung dieser von Colin Crouch eigenhändig überspitzten Diagnose zu verstehen, müssen wir uns vor allem die gleich doppelt riskante Konstellation der Eurozonenkrise als Geburtsstunde der AfD noch einmal vor Augen führen.

Das Krisenmanagement verschärfte die Wahrnehmung, Demokratie und mit ihr Ansprüche auf soziale Gerechtigkeit würden »durch Märkte domestiziert«[12] und dabei auch noch den (ungewählten) Technokraten geopfert. Schwierige Entscheidungen wurden in technokratische Gremien wie die Troika, heute bekannt unter dem Namen »the institutions«, ausgelagert; politische Akteure versuchten langwierige Verfahren und parlamentarische Debatten zu verhindern.[13] Die Strukturen und Regeln des internationalen Wirtschafts- und Finanzsystems erschienen als »Zwangsjacke«, in der nationalen Regierungen angeblich keine andere Wahl als ein Beharren auf Austeritätspolitik blieb. Europa war einer Regierungsweise unterworfen, die legitime Interessenkonflikte an den Rand drängte; Regierungsvertreter trafen sich zu nächtlichen Sondertreffen und Krisengipfeln und deklarierten danach die Alternativlosigkeit ihrer schlaflosen Entscheidungen. Jürgen Habermas brachte es auf die Formel eines europäischen »Exekutivföderalismus im Sog der Technokratie«.[14]

Dagegen mach(t)en linke wie rechte Kritiker mobil. Während die Technokraten von gestern auf Zwänge, Strukturen und Vorgaben pochen, mobilisieren Radikaldemokraten und Populisten heute das Volk als handlungsfähigen Akteur. Heutigen Populisten geht es nicht nur um den Konflikt zwischen der Innen- und Außenseite ihres Volksbegriffs, um eine Entscheidung zwischen Integration oder Demarkation,[15] sondern auch um das Spannungsverhältnis von Struktur und Akteur. Die dauerbemühte Chiffre »Volk« steht mitunter für eine Wiederaneignung von verloren geglaubter Handlungsmacht über Strukturen und Einschränkungen demokratischer Selbstbestimmung.

Dabei lehrt auch die politikwissenschaftliche Forschung, die immer wieder schnell bemühte These einer strukturbedingten Ohnmacht von »denen da oben« ebenso wie die Behauptung mangelnder politischer Alternativen zu hinterfragen. Auch inmitten zunehmender wirtschaftlicher Verflechtung, internationaler wie völkerrechtlicher Einbettung und Globalisierung behält der Nationalstaat seine Kapazität als Ort politischer Problemlösung; er ist heute kein »Herrschaftsmonopolist«, sondern moderner »Herrschaftsmanager«.[16] In ihm sind politische Handlungsräume selbst Objekt politikwissenschaftlicher und politischer Debatten – Sach- und Handlungszwänge sind Gegenstand politischer Gestaltung und Deutung. Wenn wir also über politische Alternativen und Alternativlosigkeit diskutieren, müssen wir fragen, wie politische Akteure mit den ihnen gegebenen Möglichkeiten umgehen, welche Handlungs- und Gestaltungsoptionen sie wahrnehmen und welche einschränkenden Handlungskorridore sie bekräftigen. Hinter jeder Rede von Alternativlosigkeit stecken schließlich politische Interessen und Strategien. Frei nach Marx kolportiert auch eine inszenierte Ideologielosigkeit eine Ideologie. Diese muss eine echte politische Debatte aufdecken.

Politische Funktion und demokratisches Problem

Welche Vorteile birgt nun die Beschwörung von Alternativlosigkeit? Politiker versuchen, den Rechtfertigungs- und Legitimationsballast von unliebsamen Entscheidungen zu verringern oder delikate normative Fragen zu umgehen. Die TINA-Phrase kann (zu) hohe Erwartungen von Wählern an demokratische Repräsentanten schmälern. Die Rede von fehlenden Alternativen dient auch dazu, politische Verantwortung zu verschleiern, indem zum Beispiel auf nationaler Ebene auf europäische Handlungsvorgaben, auf europäischer Ebene wiederum auf nationale Anforderungen verwiesen wird. Der Hinweis etwa, dass man eine europäische Entscheidung auf keinen Fall den nationalen Wählern vermitteln könne, kann paradoxerweise die Verhandlungsposition einer Regierung auf EU-Ebene stärken – alle anderen Verhandlungspartner sollen sich bitte schön mehr bewegen.

Indem von Beginn an Alternativen ausgeschlossen oder diskreditiert werden, können Politiker zugleich versuchen, langsame Verfahren zu beschleunigen, langwierige Debatten zu beenden und resolute, autoritär getroffene Entscheidungen zu rechtfertigen. Die Rhetorik kann folglich auch einem Eindruck politischer Machtlosigkeit entgegenwirken: Indem der eigene Standpunkt als schlicht alternativlos kommuniziert wird, sollen Autorität, Entschlossenheit, Rationalität, Handlungsfähigkeit und Durchsetzungsfähigkeit markiert werden.

Gerade in Krisenzeiten können Verweise auf Alternativlosigkeit oder Notwendigkeit politische Sicherheit suggerieren, wenngleich Akteure – wie etwa in der Krise der Eurozone – unter Bedingungen von Unsicherheit und angesichts umstrittener Folgeabschätzungen oder unklarer Konsequenzen entscheiden müssen. Wolfgang Schäuble brachte es seinerzeit auf den Punkt: Politik betrieb in der Krise ein »Fahren auf Sicht«.[17] Mit der Rhetorik, es handele sich aber dennoch um alternativlose Entscheidungen, können deren Kosten verschleiert, Interessenkonflikte umgangen und gesellschaftliche Konsensressourcen geschont werden. So können politische Akteure, will man es also positiv formulieren, den Druck aus einer Situation herausnehmen, denn mit einer solchen Krisenrhetorik lässt sich deeskalieren und die Politisierung einer Entscheidung verringern. Und Politiker können klare Signale etwa an Marktakteure wie Ratingagenturen, Investoren oder Banker aussenden: TINA-Rhetorik managt Erwartungen.

Auch wenn die Rede von Alternativlosigkeit also durchaus Vorteile birgt, liegt in ihr doch ein Problem für demokratische Verfahren und Kommunikation: Sofern Politiker auf Sach- oder Handlungszwänge wie Markterwartungen verweisen, riskieren sie, in den Augen der Bürger machtlos zu erscheinen. Die politische Debatte im Sinne einer gemeinsamen Konsenssuche oder rationalen Verhandlung wirkt überflüssig. Indem bestimmte Optionen offensiv ausgeschlossen und diskreditiert werden, wird die Durchsetzung bestimmter Entscheidungen vielleicht erleichtert, aber diskussionsintensive, deliberative und ergebnisoffene Verfahren werden auch behindert. Die TINA-Phrase verleiht eine Aura des Unumgänglichen und des demokratischen Prozesses Entrückten.

Politische Akteure können schließlich selbst den Eindruck verfestigen, dass sie für hohe Wählererwartungen nicht länger die richtigen Adressaten seien; sie riskieren den Eindruck, Teil einer Elitenverflechtung zwischen Staat und Wirtschaft oder Geiseln der (wirtschaftlichen) Umstände oder Mächte zu sein. Politiker untergraben zuweilen selbst die Annahme politischer Steuerungs-kapazitäten.

Das Gespenst der einen Lösung: Eine kurze Geschichte der TINA-Floskel

Doch nicht immer erübrigen sich Alternativen angeblich aufgrund wirtschaft-licher Zwänge – ganz allgemein werden Entscheidungen mit Blick auf vermeint-lich objektiv erkennbare Erfordernisse oder Evidenzen legitimiert. Gerne wird Expertenwissen angeführt, das für alle erkennbare und alternativlose Hand-lungsimperative an die Politik formuliere. So weicht demokratische Legitimität einer »epistemokratischen« Rechtfertigung.[18] Nicht umsonst heißt der naive und fortschrittsoptimistische Slogan: »science speaking truth to power«.[19]

Der in der Politikwissenschaft zu Unrecht vernachlässigte Nachkriegsso-ziologe Helmut Schelsky formulierte einmal das Modell eines Staates, in dem die schiere Evidenz und Kraft von »Sachgesetzlichkeiten« politische Erwä-gungen überflüssig machten. Mit seiner These eines »technischen Staats« brachte Schelsky 1961 technokratische Diskurse auf geradezu modellhafte, prototypische Weise auf den Punkt. Die arbeitsteilige Struktur der industriel-len Gesellschaft führe dazu, dass Bürger nicht länger über ihren Horizont hi-naus objektiv, interessenlos urteilen, geschweige denn politisch entscheiden könnten. Nur Experten könnten Sachgesetzlichkeiten und sachlich-rational das Gemeinwohl erkennen. Politik müsse in der wissenschaftlichen Zivilisation praktische und technische Zwänge anerkennen und umsetzen. Die bisherigen Wahlmöglichkeiten der Politik seien nur ein wissenschaftsinternes Problem: »Je besser die Technik und Wissenschaft, umso geringer der Spielraum po-litischer Entscheidung.«[20] Schließlich herrsche nicht Habermas' zwangloser Zwang des besseren Arguments, sondern der Sachzwang wissenschaftlicher Evidenz, technischer Funktionalität und Machbarkeit. Am Ende gebe es einen einzigen sachlich richtigen, rational und objektiv besten Weg: den »one best way«.[21] Sachlichkeit wurde beim akademischen Ziehvater Niklas Luhmanns nach und nach zu einem demokratiekritischen Begriff.

Während sich Schelskys Abgesang noch als kritische Zuspitzung vom Ende der Politik lesen lässt, finden wir in der jüngeren Geschichte drei aussagekräftige Beispiele für eine politisch motivierte Rede von Alternativlosigkeit, die sichtbar machen, was im politischen Diskurs schieflaufen kann. Schon Margaret Thatcher bemühte bekanntlich den Slogan von »There is no alternative« für ihren aggressiven Politikstil, während New Labour unter Tony Blair und die SPD unter Gerhard Schröder als »Dritter Weg« oder »Neue Mitte« die schiere Notwendigkeit ihrer Reformen vorschoben. Zuletzt führte die schon angesprochene Rhetorik im Zuge der Eurokrise zu einer Skandalisierung der ewigen Rede von Alternativlosigkeit.

Diese drei Beispiele einer politischen TINA-Strategie unterscheiden sich nicht nur von Schelskys unpolitischem Modell eines »one best way« – sie unterscheiden sich auch untereinander. Thatcher wollte nicht zugunsten wissenschaftlicher Expertise entpolitisieren, sondern stellte ihre Überzeugung zur Schau, dass ihre zugleich wirtschaftsliberale und gesellschaftspolitisch konservative Politik die einzig vernünftige Agenda sei. Thatcher gebrauchte Metaphern alltäglicher Normen, Ansichten und Werte. Sie erklärte etwa, dass ihre Regierung haushalte, wie ein jeder Haushalt haushalten müsse. Das Bild einer vernünftigen und anständigen Premierministerin, die das schlichtweg moralisch und logisch Gebotene umsetze, spiegelte sich in steten Verweisen auf den gesunden Menschenverstand, auf den *common sense*. Die behauptete Alternativlosigkeit basierte auf der Prämisse geteilter Moralvorstellungen.

Indem Thatcher die politische und normative Richtigkeit ihrer Politik ausstellte und die Alternative, nämlich den Sozialismus der Labour-Partei, als empirisch gescheitert bezeichnete, bediente sich ihre Politik der Kategorien von Richtig/Falsch und Freund/Feind. Sie ließ ein durchaus problematisches Verständnis parlamentarischer Verfahren und demokratischer Opposition erkennen. Doch im Gegenteil zu heutigen Beschwörungen von Sachzwängen artikulierte ihre Rede von Alternativlosigkeit einen klaren politischen Steuerungsanspruch. Dieser wurde im Laufe der Zeit zurückgeschraubt: Angesichts der Herausforderungen für die Sozialdemokratie am Ende des 20. Jahrhunderts modernisierte sich in Großbritannien die Labour-Partei als New Labour, während sich hierzulande die SPD unter Schröder zur »Neuen Mitte« reformierte. Beide Schwesterparteien rechtfertigten ihre veränderten politischen Positionen als rationale, strukturelle Anpassung an Zwänge. Ihre Rhetorik war dabei in einen Diskurs von Sachzwängen des globalen Finanzmarktkapitalismus und der Wissensökonomie eingebettet. Globalisierung wurde zur greifbaren Bedrohung; politisch-ökonomische Reformen schienen unumgänglich. Premierminister Tony Blair und Gordon Brown in London, aber auch Gerhard Schröder in Deutschland erklärten, dass wirtschaftliche Liberalisierung und Deregulierung alternativlose »hard choices«[22] seien. Der Sinn für Notwendigkeiten galt nun als verdienstvoll. Die reformfreudigen Sozialdemokraten meinten so, eine politisch-ideologische Synthese zu artikulieren, die jenseits alter ideologischer Gräben inklusiv wirken sollte und dazu auch wissenschaftliche Expertise wie die von Herrn Hartz und Herrn Rürup mobilisierte. Sie wollten und mussten vor allem parteiinterne Kritiker ihrer politischen Neujustierung kaltstellen.

Bis heute liegt ein »Elend der Sozialdemokratie« (so Ralf Dahrendorf und jüngst Peer Steinbrück) in einem emphatischen Pragmatismus, das heißt im Schwanken zwischen einer emphatischen Identifikation mit der eigens verfolgten Politik und einer demonstrativen Darstellung eines sich an Notwendigkeit festhaltenden Pragmatismus. Die Sozialdemokratie bleibt ein halbherziger Sparringspartner des Kapitalismus. Auch daher kann sie bis heute ihre Wählerklientel nicht mehr richtig überzeugen – zumal auch noch »linke« Politiker den Finanzmarkt weiter deregulierten und günstige Bedingungen für den Crash zu Beginn des neuen Jahrtausends mitschufen.

Kommen wir also noch einmal zurück zum Management der Eurozonenkrise: Politiker verstrickten sich in den Fallstricken europäischer, inter- sowie suprastaatlicher Strukturen. Zugleich gab es die berechtigte Vorstellung einer tief greifenden Krise, die keine Alternative zu Bankenrettungen und Sparpolitik ließe. Die Rede von Alternativlosigkeit diente als Strategie von Verantwortungsdiffusion und als Chiffre des Ausnahmezustands. Akteure mussten Entscheidungen erklären, die sie angesichts unbekannter Krisenverläufe und Entscheidungskonsequenzen sowie unter Unsicherheit und Zeitdruck treffen mussten. Letztlich standen sich zwei Strategien gegenüber: eine politische Rhetorik des Notwendigen und eine Rhetorik des Möglichen jenseits enger, orthodoxer Handlungsrahmen. Mario Draghi, Chef der EZB, deklarierte in seiner legendären Pressekonferenz, dass er zur Kriseneindämmung täte,»whatever it takes«.[23] Diese bloße Ankündigung beruhigte die Märkte, und doch überdehnte die EZB als eine »Notstandsregierung« für zahlreiche Kritiker ihr Mandat.

Die Lösungsversuche der Eurozone reizten den institutionellen Handlungsrahmen der EU-Verträge maximal aus. Maßnahmen wie die Rettungsschirme oder die Verschärfung des Fiskalpakts usw. überstiegen einfache Sach- oder Handlungszwänge und etablierten neue Handlungspfade. So waren die Krisenmaßnahmen und Reformen durchaus auch Experimente, wenngleich Angela Merkel noch im September 2013 Konrad Adenauers Slogan »Keine Experimente« als nüchtern-trivialen Wahlkampfspruch nutzte. Und dieser Slogan bringt uns zurück zu unserem Ausgangsproblem und zur AfD.

Krawall gegen den fahlen Sound von gestern

Angela Merkels Rhetorik der Alternativlosigkeit war und ist ein Symptom einer technokratischen Unsprache. Zu dieser gehört auch, dass die Bundeskanzlerin ihre eigenen Wahlkampfveranstaltungen mit den Worten kommentiert, sie könne sich »nicht beklagen, dass niemand kommt zu meinen Darlegungen«.[24] Darlegungen meinen wohlgemerkt keine streitbaren und kontroversen Positionierungen oder Dialoge, sondern eine betont leidenschaftslose, nüchterne Schilderung von Sachverhalten.

Der Publizist Roger Willemsen formulierte einst, Merkel *chloroformiere* das Land.[25] Gegen das Chloroform musste der in jeglicher Hinsicht gescheiterte Kanzlerkandidat Martin Schulz ankämpfen. Er verstieg sich im Juni 2017 zu der Formulierung, Merkel würde durch ihren Politikstil einen »Anschlag auf die Demokratie« verüben. Unter Politikern, Journalisten, Intellektuellen ebenso wie Politikwissenschaftlern grassiert gegenwärtig das »Merkel-Bashing«; werden ihr Politikverständnis, ihre politischen Versäumnisse und ihre sedierende, verklausulierte Rhetorik kritisiert. Entpolitisierung ist selbst zu einem Thema der politischen Debatte geworden – und wird *merkelisiert*.

Merkels Stil hat zwar lange für politische und wirtschaftliche Stabilität und Ruhe gesorgt, doch spätestens seit der Flüchtlingskrise werden trotz bester Konjunkturlage Krisendiagnosen und Rufe nach personellen und politischen Neuanfängen immer lauter. Die Versprechen der Politik, seien es Aussichten auf Wohlstand durch kontinuierliches Wirtschaftswachstum inmitten blühender Landschaften, auf Sicherheit in einer »Welt aus den Fugen« oder auf Beständigkeit in einer globalisierten Welt – diese Versprechen verfangen nur noch bei wenigen. Die vermeintlich unstrittige Wirtschaftskompetenz der »schwäbischen Hausfrau«, die Glorifizierung der »schwarzen Null« und die Politpädagogik eines Wolfgang Schäuble oder Olaf Scholz mit ihrer Beschwörung von »Hausaufgaben« klingen wie der fahle Sound von gestern. Auch die Rede von der Alternativlosigkeit ist als stumpfe politische Strategie enttarnt. Diese Sprachbilder und Floskeln verschleiern die realen Probleme der politischen Willensbildung und Entscheidungsfindung, statt sie offen zu benennen.

Dagegen erschallt der längst vergessen geglaubte, vulgärdemokratische Sound des eindeutigen, unmittelbaren und wahren Volkswillens. Die AfD und ihre Anhänger inszenieren sich als »Partei des gesunden Menschenverstandes«[26] und propagieren so ebenfalls einen einzigen, richtigen Weg jenseits fauler Kompromisse und eine angeblich mutig ausgesprochene Wahrheit fernab politischer Aushandlungen. Die repräsentativ-parlamentarische Verhandlungsdemokratie wird als volksfern diskreditiert, ökonomischer und politischer Komplexität ein vermeintlich evidenter und direkt umsetzbarer Volkswillen entgegengesetzt. Die Verweise auf den »gesunden Menschenverstand« und eine politische »Wahrheit« beruhen letztlich auf dem gleichen Argumentationsmuster wie die Alternativlosigkeitsrhetorik: Beide karikieren die Handlungslogik parlamentarischer Aushandlungsprozesse und Kompromissfindung. Beide verzerren das Bild von Demokratie in unserer Gesellschaft. Aber während uns glücklicherweise Merkel und Co. durch die ringsherum tosenden Gewässer in den sicheren Hafen liberaler Demokratie schiffen, in dem wir noch lange friedlich dösend vor Anker liegen wollten, arbeiten die Pöbler vom Dienst längst an deren Abschaffung. Die Funktionäre der AfD sind keineswegs kluge Demokraten, sie bluffen und belügen ihre Wähler nur dreister.[27]

Ihr Gerede vom Volkswillen belebt das antipluralistische Phantasma völkischer Reinheit und nationaler Abgrenzung wieder, während bürgerliche Politiker und TINA-Rhetoriker wohl zu lange auf die Rationalität und vernünftige Einsicht ihrer Wähler in die Notwendigkeiten und in die angeblich bestechende Logik ihrer Politik gesetzt haben. So oft haben wir in den letzten Jahren von der Ideologielosigkeit moderner Politik gehört, dass wir irgendwann selbst an den Sound der alternativlosen Politik geglaubt haben. Genau das macht uns und unsere Politiker heute hilflos gegenüber der aggressiven populistischen Anfechtung der liberalen Demokratie. Die Ideologie ist zurück, und die mutmaßliche Unvernunft inszeniert sich als politischer Protest und wird zum neuen Machtfaktor.

Doch in Machiavellis Florenz des 16. Jahrhunderts will keiner gerne Untertan sein. Gegen seinen zitierten Ratschlag, dass sich »kluge Männer immer ein Verdienst aus ihren Handlungen machen, auch wenn sie allein die Notwendigkeit dazu zwingt«, würden manche Technokraten und Bürokraten vielleicht immer noch einwenden, dass sie lieber von Notwendigkeit sprechen. Kluge politische Akteure sollten aber wählbare Alternativen formulieren, die Verfahren der parlamentarischen Entscheidungsfindung bejahen, die hohe Kunst des politischen Kompromisses herausstellen und fatale Fantasien gesellschaftlicher Gesamtsteuerung zerstreuen. So lässt sich die Demokratie gegen ihre Anfeindungen und populistischen Gefährdungen verteidigen.

Gesetzt aus der Prometo, serifenlose, rundlich-abstrakte Antiqua, entworfen 2014.

Anmerkungen

1 Niccolò Machiavelli: *Discorsi. Gedanken über Politik und Staatsführung.* Deutsche Gesamtausgabe, übers., eingel. u. erläutert v. Rudolf Zorn, Stuttgart 1977 (1517).
2 Vgl. Angela Merkel: Regierungserklärung der Bundeskanzlerin zu den Euro-Stabilisierungsmaßnahmen, gehalten im Deutschen Bundestag am Mittwoch, 19.05.2010, online abrufbar unter http://www.bundesregierung.de/Content/DE/Regierungserklaerung/2010/2010-05-19-merkel-erklaerung-eu-stabilisierungsmassnahmen.html
3 Eric Bonse:»Nicht schuld an der Eurokrise«, in: *taz* vom 14.01.2014, online abrufbar unter http://www.taz.de/!130998/

4 Vgl. *Le Monde*: »Selon Christine Lagarde, ›il n'y a pas d'alternative à l'austérité‹«, 02.05.2013, online abrufbar unter http://www.lemonde.fr/economie/article/2013/05/02/selon-christine-lagarde-il-n-y-a-pas-d-alternative-a-l-austerite_3170174_3234.html

5 Nur zwei Beispiele: James Chapman: »›There is no alternative‹: Cameron echoes Maggie to defy calls for increased borrowing and tax cuts«, in: *Daily Mail*, 08.03.2013, online abrufbar unter dailymail.co.uk/news/article-2289989/There-alternative-David-Cameron-echoes-Margaret-Thatcher-defy-calls-increased-borrowing-tax-cuts.html; *Le Monde*: »En pleine tempête, le PS veut éviter que son conseil national ›ne tourne à la crise‹«, 13.04.2013, online abrufbar unter www.lemonde.fr/politique/article/2013/04/13/en-pleine-tempete-le-ps-veut-eviter-que-son-conseil-national-ne-tourne-a-la-crise_3159231_823448.html

6 Grundsatzprogramm der AfD, S. 4 f.; zitiert nach dem Leitantrag der Bundesprogrammkommission und des Bundesvorstandes. Vorlage zum Bundesparteitag am 30.04.2016/01.05.2016.

7 Ebd.

8 Simon Franzmann, Johannes Schmitt: »Wie schädlich sind große Koalitionen? Zum Zusammenhang von Regierungs-Oppositionskonstellation und ideologischer Polarisierung«, in: Uwe Jun, Oskar Niedermayer, Sebastian Bukow (Hrsg.): *Parteien unter Wettbewerbsdruck*. Wiesbaden 2017, S. 89–120, hier S. 113.

9 So der AfD-Vorsitzende Jörg Meuthen über die Bundesrepublik auf dem Parteitag der rechten Alternativen im Frühjahr 2016.

10 Der ehemalige tschechische Präsident Václav Klaus sprach bei einer Veranstaltung der AfD von der deutschen Postdemokratie; vgl. Alexandra Mostyn: »Václav Klaus kuschelt mit Frauke Petry«, in: *taz* vom 21.03.2016.

11 Vgl. Bernd Ulrich: »Nicht sein Land«, in: *Zeit* vom 27.09.2017, online abrufbar unter http://www.zeit.de/2017/40/alternative-fuer-deutschland-alexander-gauland-bundestagswahl

12 Wolfgang Streeck: *Gekaufte Zeit. Die vertagte Krise des demokratischen Kapitalismus*. Berlin 2013, S. 163.

13 Henrik Enderlein: »Das erste Opfer der Krise ist die Demokratie: Wirtschaftspolitik und ihre Legitimation in der Finanzmarktkrise 2008–2013«, in: *Politische Vierteljahreszeitschrift* 54 (4) 2013, S. 714–739.

14 Jürgen Habermas: *Im Sog der Technokratie. Kleine Politische Schriften XII*. Berlin 2013, S. 93.

15 Vgl. Hanspeter Kriesi et al.: *Restructuring Political Conflict in Western Europe*. Cambridge 2012.

16 Philipp Genschel, Bernhard Zangl: »Metamorphosen des Staates. Vom Herrschaftsmonopolisten zum Herrschaftsmanager«, in: *Leviathan* 36 (3) 2008, S. 430–453.

17 So Wolfgang Schäuble, zitiert nach Christian Geyer: »Der Nebel reißt auf«, in: *FAZ* vom 30.11.2012, online abrufbar unter http://www.faz.net/aktuell/feuilleton/medien/tv-kritik/faz-net-fruehkritik-schaeuble-bei-beckmann-der-nebel-reisst-auf-11977046.html

18 Pierre Bourdieu:»Die unsichtbare Hand der Mächtigen«, in: ders.: *Gegenfeuer*. Konstanz 2004, S. 166–175, hier S. 173.
19 Vgl. Aaron B. Wildavsky: *Speaking Truth to Power. The Art and Craft of Policy Analysis*. With a new introduction by the author, New Brunswick u. a. 2002.
20 Helmut Schelsky:»Der Mensch in der wissenschaftlichen Zivilisation« (1961), in: ders.: *Auf der Suche nach Wirklichkeit. Gesammelte Aufsätze zur Soziologie der Bundesrepublik*. Düsseldorf, Köln 1965, S. 439–480, hier S. 58.
21 Ebd.
22 Vgl. Tony Blair, Gerhard Schröder:»Europe: The Third Way/Die Neue Mitte«, online abrufbar unter http://library.fes.de/pdf-files/bueros/suedafrika/02828.pdf
23 Mario Draghi: Rede auf der Global Investment Conference in London, 26.07.2012, online abrufbar unter http://www.ecb.europa.eu/press/key/date/2012/html/sp120726.en.html
24 So Angela Merkel auf ihrer Sommerpressekonferenz in Berlin im August 2017 auf die Frage, ob sie ihren Wahlkampf nicht auch langweilig finde.
25 Roger Willemsen: *Das Hohe Haus. Ein Jahr im Parlament*. Frankfurt am Main 2014.
26 Der ehemalige Parteivorsitzende Bernd Lucke verordnet diesen Slogan seiner Partei; Lucke wiederholte ihn hundertfach. Vgl. Lenz Jacobsen:»Ein Kommentar: Alle dumm, außer uns«, in: *Zeit* vom 24.03.2014.
27 Matthias Hansl:»Lüge, Bluff & Co. Über das Ende tugenddemokratischer Selbstbeherrschung«, in: *Kursbuch 189. Lauter Lügen*. Hamburg 2017, S. 9–25.

Stephan Rammler

Neonomaden, Shuttles, Cybertouristen
Die Zukunft des Wohnens in der digitalen
Zivilisation

1. Einleitung: Megatrends und Wohnwandel

Die Megatrends des demografischen Wandels, der Urbanisierung und
der Digitalisierung schaffen eine neue und zunehmend extreme Knapp-
heit an Lebensraum und Lebensqualität, insbesondere in den urbanen
Regionen. Sie eröffnen aber womöglich auch Chancen für die Entwicklung neuer, nachhaltigerer Lebensstile und Wohnformen. An idealtypi-
schen Szenarien – »Alles! Immer! Sofort! – Das Schlaraffenideal neo-
nomadischer Just-in-time-Lebensstile« und »Rasender Stillstand – Die
neue digitale Sesshaftigkeit in Stadt und Land« – soll in diesem Beitrag über mögliche Entwicklungen spekuliert werden, die beide stark
durch die Digitalisierung getrieben werden *könnten,* jedoch auf völlig
unterschiedliche Art und Weise. Insofern können sie – je nach eigener
Haltung und Einstellung – auch als Prototypen einer aus gesamtgesellschaftlicher Sicht wohl eher zu befürchtenden weiteren Mobilisierung, Beschleunigung und Flexibilisierung des Lebens einerseits und
der womöglich eher als wünschenswert empfundenen möglichen Ent-
kopplung von Wohnen, Arbeit und Mobilität andererseits interpretiert
werden.

Doch diese Entwicklungen treffen nicht auf die *Tabula rasa* einer
unformatierten Welt, sondern auf die Wirtschafts-, Raum-, Verkehrs-
und Siedlungsstrukturen hochinterdependenter Gesellschaften, die
eine lange Geschichte hinter sich haben. Diese auch als »Pfadabhängigkeit« interpretierbare »Macht der Anfänge über die Zukunft« definiert
die Spielräume und Wahrscheinlichkeit des Eintretens unterschiedlicher Zukunftserwartungen und damit auch die Frage der Gestaltbar-

keit und Gestaltungsnotwendigkeit durch Politik, Unternehmen und Zivilgesellschaft.

2. Wo ist zu Hause? Wohnwandel zwischen Kulturkritik und Apologie

Das ganze Elend kommt daher, dass die Menschen nicht zu Hause bleiben.[1] Wenn die Menschen zu Hause blieben, so sinngemäß der französische Philosoph Blaise Pascal, müssten sie ihre Körper nicht unmäßigen Strapazen aussetzen, und die Seele hätte die Muße, derer sie bedarf, um zum Frieden zu finden. Wo ist zu Hause? Diese Frage konnte Pascal für sich gut beantworten, heute aber ist sie für viele Menschen prekär geworden. Versteht man »zu Hause sein« oder »sich heimisch zu fühlen« psychologisch, als subjektives Empfinden für »gelungenes Wohnen« mit Gefühlen von Stabilität, physischer Sicherheit und Wohlbefinden, mit sozialer Zugehörigkeit und Eingebundenheit, so kann man diesbezüglich ein wachsendes Unbehagen in der wissenschaftlichen und öffentlichen Diskussion darüber feststellen, dass »gelungenes Wohnen« sich offenbar immer weniger einstellt.

Durch politische und ökonomische Internationalisierung, die rasante digitaltechnologische Innovation und kulturellen Wandel werden starke Schübe der Mobilisierung, Flexibilisierung und Beschleunigung in allen Nischen des modernen Lebens ausgelöst, insbesondere aber in den eng verknüpften Bereichen der Mobilität, des Arbeitens und Wohnens. Die Folgen sind häufige Umzüge, neue flexible Wohnformen, in bestimmten Berufsgruppen ein regelrechtes Nomadendasein, unterstützt von den sogenannten »choses nomadique«[2] neuester digitaler Verkehrs- und Kommunikationstechnologien. Das Wohnen gerät also immer mehr in Bewegung, und das in einem Tempo, dass dieser für zunehmend viele Menschen oft nur schwer zu verarbeitende soziale Wandel Empfindungen der Entwurzelung, des Sinnverlustes und der Verlassenheit verursacht. Für die kritische Fachöffentlichkeit stellt sich das Problem noch einmal anders dar: Man macht sich Sorgen um die erodierenden Fundamente gesellschaftlicher Solidarität und des sozialen Zusammenhalts.[3]

Doch Kulturkritik allein würde der Sache nicht gerecht werden. Wie viele andere soziale Phänomene organisiert sich das Wohnen innerhalb einer dialektischen Ordnung von Freiheit und Zwang, von Selbstbestimmung und Fremdbestimmung. Wohnen – insbesondere in seinen spezifischen mobilen und flexiblen Ausprägungen – ist immer schon auch ein Medium und eine Ausdrucksform von Individualität, Identität, Freiheit und Selbstverwirklichung gewesen. So wäre zum Beispiel auch der besonders mobile, aufbruchsbereite und freiheitsliebende Charakter der nordamerikanischen Lebensweise nicht verständlich ohne einen Blick auf seine historischen Ursprünge im Mythos des »going west«. Für Generationen war diese immer weiter nach Westen rückende »inner frontier« zwischen vermeintlicher Wildnis und vermeintlicher Zivilisation Herausforderung und Chance für ein besseres Leben. Oft jahrelang kämpften sich die Wagentrecks durch die Wildnis, endeten nicht selten im menschlichen Desaster. Die Eisenbahn und die Highways verbanden entlegenste Gebiete. All die Geschichten und Sagen darüber verbinden sich heute zur großen Erzählung des modernen nordamerikanischen Arbeitsnomaden.[4] Mobilität und Aufbruchsbereitschaft verbinden sich seit dieser Zeit aufs Engste mit dem Aufstiegs- und Leistungsethos des berühmten »Tellerwäschers«. Und auch die »zweite Entdeckung« Amerikas durch das touristische Nomadentum in der Welle der Picknick-, Urlaubs- und Reisebewegungen seit Beginn des 20. Jahrhunderts schließt eng an diesen Mythos an.[5] Vor diesem Hintergrund könnte der Kontrast zu den oben beschriebenen Problemen kaum deutlicher zum Ausdruck kommen als in der Behauptung, Wanderung sei »Leben und Fortschritt« – Sesshaftigkeit »Stagnation«.[6]

Aus dieser Sicht ist »Wohn…« – zunächst mit Stabilität und Geborgenheit assoziiert – » …wandel« also nur scheinbar eine paradoxe Formulierung. Stattdessen entfaltet sie einen Spannungsbogen, unter dem sich die Variabilität und Spannbreite der historisch vorfindbaren Lebens- und Wohnweisen ebenso gut einsortieren lässt wie die aktuellen Entwicklungen. Ist mobiles und flexibles Wohnen ein neues oder altes Phänomen, ist es positiv oder negativ zu bewerten? Beides trifft zu, und der Blick in die Kultur- und Sozialgeschichte des Wohnens wird zeigen, dass die Frage eigentlich zu schlicht gestellt ist. Ob wir mit den aktuellen Flexibilisierungs- und Beschleunigungsschüben auf eine historisch bislang unbekannte Qualität gesellschaftlicher Entwicklung zustreben, ist hingegen eine offene Frage. Die Kenntnis der gegenwärtigen sozialen Trends kann dabei helfen, Maßstäbe für eine kritische Annäherung zu entwickeln und einen abschließenden und bewertenden Blick in die Zukunft des Wohnens zu werfen.

3. Was hat bewegtes Wohnen mit Soziologie zu tun?

»Wer jetzt kein Haus hat, baut sich keines mehr, wer jetzt allein ist, wird es lange bleiben«, schreibt Rainer Maria Rilke.[7] Seit Martin Luther preisen die Protestanten ihren Gott als eine »feste Burg«. Und die Etymologie des Wortes »Wohnen« verweist auf einen Ursprung in Wortbedeutungen wie zufrieden sein, lieben oder schätzen.[8] Dies alles unterstreicht die tiefe zivilisatorische Verankerung des Wohnens als ein menschliches Grundbedürfnis. Wohnen, ein Zuhause haben, bevor der Winter beginnt, sich und seine Lieben im Schutze einer festen Burg zu wähnen, ist von ebenso existenzieller Bedeutung wie die Bedürfnisse etwa nach Nahrung und Fortpflanzung, ja es ist sogar Voraussetzung für die Verwirklichung der anderen Grundfunktionen und damit ein ganz fundamentaler Lebenszweck. Aus Sicht des Sozialanthropologen Arnold Gehlen ist Wohnen eine Form der Existenzbewältigung des Menschen, eine Herausforderung und Notwendigkeit aufgrund seiner physiologischen Unspezialisiertheit und Weltoffenheit. Nun sind Menschen keine Monaden, sondern leben in Gemeinschaften und Gesellschaften. Sie sind in ihren Handlungsweisen stets aufeinander bezogene soziale Wesen und auch nur so in allen ihren Zielen und Leidenschaften gänzlich zu verstehen.

Das Verständnis über diese Zusammenhänge herzustellen ist die Aufgabe der Soziologie. Sie ist die Wissenschaft vom Zusammenleben der Menschen und dessen Strukturen und Prozessen, sie ist auch für die Erklärung von den unterschiedlichen Verhältnissen in verschiedenen Epochen und geografischen Räumen zuständig. Während sich die allgemeine Soziologie mit abstrakten Phänomenen wie zum Beispiel der Entwicklung der modernen Gesellschaft beschäftigt, setzen sich soziologische Spezialdisziplinen mit besonderen Ausschnitten des gesellschaftlichen Lebens auseinander. So gibt es etwa neben der Industrie-, der Wirtschafts- oder der Familiensoziologie auch eine Wohnsoziologie. Für sie handelt es sich beim Wohnen um »einen sozialen Prozess«, um Verhaltensweisen, die sich täglich vor uns abspielen, die wir selbst übernehmen und im Alltag beobachten können. Die Wohnsoziologie stellt Fragen wie: »Warum wohnen die Menschen so, wie sie wohnen, und welche Auswirkung hat es?«[9]

In der Soziologie geht man davon aus, dass Wohnstrukturen allgemeine gesellschaftliche Strukturen darstellen. In diesem Sinne hat Norbert Elias Wohnweisen als räumlich organisierte Lebensweisen interpretiert: »Nicht alle sozialen Einheiten oder Integrationsformen der Menschen sind zugleich Wohn- oder Behausungseinheiten. Aber sie alle sind durch bestimmte Typen der Raumgestaltung charakterisierbar. Sie sind ja immer Einheiten aufeinander bezogener, ineinander verflochtener Menschen.«[10] Wohnwandel verweist auf gesellschaftliche Veränderungen wie den Wandel von Ehe und Familie, sozialer Arbeitsteilung und Herrschaftsausübung, von Geschlechterverhältnis und Charakterstrukturen, schließlich auf die Technikentwicklung.[11] Wir gehen davon aus, dass Gesellschaftswandel und Wohnwandel faktisch wie interpretativ eng zusammengehören. Deshalb versuchen wir, aus dem Verständnis gesellschaftlicher Entwicklungstrends wie Pluralisierung und Flexibilisierung Schlüsse auf zukünftige Wohnanforderungen zu prognostizieren.[12] Damit kommt eine weitere Spezialdisziplin der Soziologie ins Spiel: Die Soziologie der Mobilität beschäftigt sich unter anderem mit der sogenannten residenziellen Mobilität – auch »Wohn-

oder Umzugsmobilität« genannt. Seit den Beiträgen des amerikanischen Soziologen Sorokin über *Social and Cultural Mobility*[13] gehört Mobilität zu den wichtigsten Begriffen zur Beschreibung gesellschaftlicher Dynamik. Dabei ist die vertikale soziale Mobilität der Gegenstand der soziologischen Sozialstrukturanalyse. Hier werden die Bewegungen von Personen oder ganzen Personengruppen aus einer sozialen Position in eine andere untersucht – zum Beispiel also der Aufstieg eines Arbeiterkindes ins akademische Milieu. Ausbildung und Beruf spielen für diesen Aufstieg eine zentrale Rolle und bringen häufig auch hohe Anforderungen an die räumliche Mobilitätsbereitschaft mit sich.

Die horizontale beziehungsweise geografisch-residenzielle Mobilität ist der Gegenstand der soziologischen Migrationsforschung. Ihr Gegenstand sind die Wanderungen und Bewegungen von Individuen, Gruppen oder sogar Teilen von ganzen Gesellschaften – etwa kriegs- oder katastrophenbedingte Migration. Diese Mobilität ist mit einem ständigen oder vorübergehenden Wechsel des Wohnsitzes verbunden.[14, 15] Auch Wohn- und Berufsmobilität sind Gegenstand der soziologischen Untersuchungen. Diese beiden sind in der Regel, obwohl soziale und räumliche Teilbereiche formal unabhängig voneinander gewechselt werden können, eng miteinander und mit dem Arbeitsplatz verknüpft.[16]

Vor dem Hintergrund dieser unterschiedlichen Zugänge lassen sich zwei verschiedene Sichtweisen des Themas entwickeln. Zum einen erfordert das Verständnis von »Wohnwandlungen« den Blick auf die Dimensionen der *räumlichen* Mobilität, die mit dem Wohnen immer verbunden ist, ganz gleich ob diese erzwungen ist oder freiwillig erfolgt. Das Nomadentum ist hier ein klassisches Beispiel, ebenso wie Flucht, Arbeitsmigration oder die Erscheinung des modernen Arbeitsnomaden, der einen festen Wohnsitz vielleicht noch hat, dort aber höchst selten anzutreffen ist. Zum anderen bedeutet »Wohnwandel«, dass sich Wohnweisen heute sichtbar pluralisieren, sich also von bisherigen Vorbildern »fortbewegen« – sozusagen eine *inhaltlich-gestalterische* Mobilität. In dem Maße, wie das klassische Modell der Kernfamilie erodiert, halten mit neuen flexiblen Lebensweisen auch neue Wohnformen Einzug in die Gesellschaft. Natürlich ist die Unterscheidung der zwei Sichtweisen eine analytische Trennung. In der Realität ergeben sich vielfältige Schnittmengen der beiden Interpretationslinien: dort etwa, wo neue Lebens- und Wohnweisen nur mit einem hohen Maß an räumlicher Mobilität zu verwirklichen sind – Beispiele hierfür finden wir heute bei beruflich erzwungenen »living together apart«-Lebensmodellen.

4. Wohnweisen gestern und heute – Treiber, Typen, Trends

Die Sozialwissenschaften wissen Epochen in der Entwicklung der menschlichen Zivilisation zu unterscheiden. Je nach Erkenntnisinteresse und theoretischer Orientierung variieren diese Phaseneinteilungen. Als kleinster gemeinsamer Nenner kann die grobe Unterscheidung zwischen vormodernen und modernen Gesellschaften gelten, die von den meisten Autoren mitgetragen wird. Der Prozess der Modernisierung, der zur Herausbildung der Moderne aus ihren vormodernen Wurzeln und Urgründen führte, begann ungefähr im Spätmittelalter und setzte sich im Laufe des vorletzten und letzten Jahrhunderts bis ins aktuelle, noch junge Jahrhundert beschleunigt fort. Die Entwicklungsbeschleunigung kann folgendermaßen illustriert werden:»Wenn wir uns die gesamte Menschheitsgeschichte als einen Vierundzwanzigstundentag vorstellen, dann sehen wir, dass über 23 Stunden dieses Tages auf Jäger- und Sammlergesellschaften entfallen; Ackerbau und Viehzucht setzen vier Minuten vor Mitternacht ein; von urbanen Zivilisationen lässt sich erst drei Minuten vor Mitternacht sprechen und die Geburt der modernen Gesellschaft tritt erst 30 Sekunden vor Mitternacht ein.«[17] Die Frage nach den besonderen Charakteristika der modernen Gesellschaft wird unterschiedlich beantwortet. Als kleinster gemeinsamer Nenner kann hier gelten, dass sie mit der Entstehung der kapitalistischen und industriellen Wirtschaftsweise auf der Grundlage fossiler Energieträger, den nationalen Territorialstaaten und der rationalen Wissenschaft in Verbindung gebracht wird. Das iterative und sich wechselseitig fördernde Zusammenwirken dieser Faktoren brachte schließlich Diskontinuitäten zu den sozialen Ordnungen und Institutionen der Vormoderne in einer qualitativen Dimension hervor, dass die Rede von einer neuen Epoche gerechtfertigt erscheint. Zentrale Unterschiede zur Vormoderne sind insbesondere die schiere Geschwindigkeit des sozialen Wandels und dessen globale Reichweite.[18] In der Umkehrung bedeutet dies, dass vormoderne Gesellschaften als stabil und wenig, keinesfalls aber systematisch innovativ gelten können. Obwohl die Vormoderne also gleichsam auf Stabilität programmiert war, brachte auch sie sozialen Wandel hervor: einen langsamen Wandel von Lebensformen und damit auch einen Wandel der mit ihnen korrespondierenden Wohnweisen.

Jäger und Sammler

Mit den Jäger-, Fischer- und Sammlergesellschaften beginnt die große Erzählung der menschlichen Zivilisations- und Wohngeschichte. Die Menschen verfolgten eine »aneignende Wirtschaftsform«, sie lebten von dem, was die Natur von sich aus hervorbrachte. Vorratswirtschaft war nicht oder kaum entwickelt. Es war ein Leben von der Hand in den Mund und führte die Stämme stets dorthin, wo sich eine ausreichende Nahrungsgrundlage bot. Dementsprechend brachten diese frühen Gesellschaften keine dauerhaften Wohn- und Behausungsformen hervor; ihre Mobilität erforderte nur vorübergehende Vorrichtungen. Nur dort, wo die Gunst der Natur es anbot, etwa in Form reicher Fischgründe, entwickelten sich dauerhaftere Gesellschaften mit punktuell hohem kulturellem Reichtum. Ansätze von Kultur und Wohnkultur entstehen in dieser zivilisatorischen Entwicklungsstufe also nur dort, wo günstige Reproduktionsverhältnisse genügend »Freizeit« lassen, sich mit anderen Dingen als der Nahrungssuche zu beschäftigen. Teile der nordamerikanischen Indianer haben diese Lebensweise bis weit ins 18. und 19. Jahrhundert beibehalten. Rahmenschneeschuh, Tobogganschlitten, Boote, Kochkisten oder die Tipis der den Büffelherden folgenden Prärieindianer sind die frühen »choses nomadique« dieser Gesellschaften.

Sesshaftigkeit, Ackerbau und Viehtreibernomaden

»Die Menschen nahmen von nun an nicht nur, was die Natur ihnen gab. Sie begannen in die Umwelt einzugreifen, sie legten Lichtungen an, pflügten und säten. Dann blieb ihnen nichts anderes übrig, als neben den Feldern auszuharren. Sie mussten sich hinsetzen.«[19] Die erste große zivilisatorische Zäsur brachte in der Jungsteinzeit die Sesshaftigkeit mit sich. Sie machte es erst sinnvoll, sich »häuslich einzurichten«, dauerhafte und schwere Werkzeuge und Gegenstände zu erfinden und feste Häuser für lange Zeiträume zu bauen. Städtische Lebens- und Wohnformen wurden zu Trägern der ersten Hochkulturen, die sämtlich im Gebiet des fruchtbaren, heutigen arabisch-islamischen Halbmondes an großen Flussläufen entstanden, die nicht nur der Bewässerung der Äcker, sondern auch als Verkehrswege dienten. »Denn paradoxerweise wurde mit der Sesshaftigkeit auch die Mobilität neu erfunden, und das gleich zweifach: Zum einen mussten die Dörfler und später Städter die bislang naturwüchsige Mobilität der Jäger und Sammler organisieren, sonst wären sie im Schatten ihrer Stadtmauern verhungert. Mobilität gehörte plötzlich nicht mehr als urwüchsiger Bestandteil zum Leben aller, sondern wurde an einige Spezialisten delegiert. Karawanenführer und Kapitäne, Fuhrknechte und Flößer, Händler und Handelsdiener sorgten fortan für Versorgung, reitende Boten hielten die Städter auf dem Laufenden, Krieger unternahmen Feldzüge.«[20]

Zum anderen brachte die Sesshaftigkeit das Nomadentum, wie wir es heute kennen, erst hervor: als Viehtreibernomadentum. Es folgt nicht evolutionär auf das Umherstreifen der Sammler und Jäger, sondern auf Ackerbau und Viehzucht. Mobile Tierhaltung konnte sich erst herausbilden, nachdem das Wissen zur Zähmung und Züchtung entstanden war. Fortan existieren Sesshaftigkeit und Nomadentum parallel. Das Nomadenleben bot sich nun immer dann als Alternative an, wenn Ackerbau aus klimatischen oder anderen Gründen plötzlich nicht mehr möglich war (auch Abraham verlässt die Stadt Ur, um in die Wüste zu ziehen). In heutiger Zeit finden wir auch diese Entwicklung: Nach dem Zusammenbruch der Sowjetunion haben die südsibirischen Tuwiner aus Not und Mangel ihre ursprünglich nomadische Lebensweise wieder aufgenommen. Nomadentum ist eine höchst effiziente Methode, aus wenigen Ressourcen, aber dafür großflächig dauerhaft ausreichende Lebensgrundlagen zu produzieren. Übersetzer zwischen Mensch und Natur sind die Tiere, sie verbinden Hirten mit Steppe und Wüste und produzieren aus Kargheit Fülle. Die nomadische Lebensweise ist schließlich deswegen auch ökologisch hoch verträglich, weil der stete Wechsel der Weiden eine Übernutzung und Zerstörung verhindert. Michael Gleich formuliert es so: »Migration ist Moral. Von ihrer Lebensgrundlage, den Herden, schöpfen Nomaden nur den Überschuss ab.«[21] Es liegt auf der Hand, dass Nomaden sich in ihrer sparsamen, aber keinesfalls ärmlichen Wohnweise den Bedingungen der steten Wanderung angepasst haben. Alles, was sie benötigen, tragen sie mit sich oder wird von ihren Herden stets nachgeliefert: Hütten, Zelte, Jurten, Werkzeuge, Möbel und Geschirr sind leicht, flexibel und vielseitig verwendbar.

Pilger, Bauern, Handwerker, Kleriker und Wanderkönige
Machen wir einen Zeitsprung ins europäische Mittelalter: Auch hier war man erstaunlich viel unterwegs. Zwar ist die bäuerliche ortsbeständige Lebensweise die dominante Lebensform und Grundlage der mittelalterlichen Kultur, doch waren vor allem die »Funktionseliten« dieser Gesellschaft, die Kleriker und Adligen, viel auf Reisen. Auch für Handwerker war es normal, zu wandern, denn die Städte sind noch klein, und wenn die Arbeit nicht reichte, ein sesshaftes Auskommen zu garantieren, dann ging man eben zu ihr. Junge Männer waren unterwegs als wandernde Gesellen, Flößer, Fuhrleute, Bewachungsmannschaften im Dienst von Kaufleuten, als Marketender, Söldner, wandernde Scholaren oder stellungslose Geistliche. Sogar Kaiser und Könige führten in dieser Zeit ein ausgesprochenes Migrantendasein, wie die Kaiserpfalzen bezeugen. Ab einer bestimmten Größe ihres Reiches war es für die

Herrscher aufgrund der noch unterentwickelten Transport- und Kommunikationstechnik notwendig, sich periodisch zu den Vasallen zu begeben, um stets auf dem Laufenden zu sein. Man hat berechnet, dass Karl der Große während der viereinhalb Jahrzehnte seiner Herrschaft Entfernungen zurücklegte (auf dem Pferderücken), die zusammen dem mehrfachen Erdumfang entsprechen.[22] Abgesehen von diesen strukturellen Gründen wäre ein einziger Standort gar nicht in der Lage gewesen, einen ganzen Hofstaat dauerhaft zu ernähren. Man lebte in einer Zeit, in der die Transportkosten nach 50 oder noch weniger Meilen bereits so hoch waren, dass die gesamte Ladung oder deren Wert auf der Hin- und Rückreise von den Pferden und den dabei angestellten Menschen aufgezehrt wurde.

Die Mobilität aus religiösen Gründen spielte im Mittelalter eine besonders große Rolle. Neben den periodischen Kreuzzügen der adligen Eliten und den Vertretern des Ordensklerus waren es vor allem die breiten Massen der Pilger und Wallfahrer, die – auf dem Weg nach Canterbury, Fulda oder Santiago de Compostela – die Straßen bevölkerten. Auch die predigenden Bettelmönche der Armutsorden, die seit dem 13. Jahrhundert in großen Scharen auf Wanderschaft gingen, waren aus vielfachen religiösen Gründen unterwegs, sei es zu den Universitäten, den oft weit verstreuten Stätten des Ordensstudiums, sei es, um Almosen einzusammeln. Als Folge dieser regen Reisetätigkeit entstanden bald Herbergen, und die klösterliche Gastfreundschaft kam zur Blüte. Anders als die Nomaden, die ihre Lebensgrundlage stets mit sich führen, lebte man nun von dem, was einem vor Ort angeboten wurde – natürlich nur gegen Bezahlung oder Arbeit.

Proletarier, Bürger, Eigenheimler und Touristen

Wieder ein Zeitsprung: Es ist jetzt 30 Sekunden vor Mitternacht, die Moderne wird geboren. Mit den politischen und technologischen Revolutionen des 18. und 19. Jahrhunderts und dem Durchbruch der industriell-kapitalistischen Wirtschaftsweise werden die in Bewegung geratenen sozialen und räumlichen Ordnungen der Vormoderne endgültig überwunden. Auch die Werthorizonte beginnen sich zu ändern. War räumliche Mobilität in der Vormoderne mit Unsicherheit und Gefahren verbunden, soziale Mobilität schlichtweg undenkbar, so wurde sie nun zu einem Anspruch von Gleichen unter Gleichen. Die neue Zeit ist gekennzeichnet durch ein starkes Bevölkerungswachstum, Befreiung aus den traditionellen Lehnsbindungen, massive Landflucht, rapide Urbanisierung und großräumige Wanderungen. Existieren in einem Land kolonialisierbare Gebiete, so wandern Teile der Bevölkerung dahin ab oder emigrieren ins Ausland: Mit Erscheinen des in Marx' Worten charakterisierten »doppelt freien Arbeiters« auf der Weltbühne – frei von Schollenbindung, aber auch frei von Besitz und Erwerbsgrundlagen – beginnt auch die Zeit der großen internationalen Arbeitsmigrationen in die anschwellenden Großstädte, insbesondere aber in Richtung des boomenden Nordamerika.

Mit der industriellen Revolution wird das moderne Großstadtleben erfunden, besonders gilt dies hinsichtlich neuer Wohnformen: Während das Bürgertum die alten feudalistischen Hebel der Macht übernimmt und sich auch in seiner Wohnweise mit den Insignien der neuen Macht schmückt – große alleinstehende städtische Villen, bürgerliche Stadtwohnungen, Sommerwohnsitze und Apartments für die Geliebte –, ist höherer Wohnstandard für die meisten Stadtbewohner zunächst noch ein unerreichbarer Luxus:»1893 wohnten 28 % der Bergarbeiter im nördlichen Ruhrgebiet als Untermieter oder hatten als sogenannte Schlafgänger nur ein Bett gemietet, das sie sich umschichtig mit anderen teilen mussten. Kurz vor dem Ersten Weltkrieg verfügten 58 % der Mitglieder von Arbeiterhaushalten in Wien nicht über ein eigenes Bett für sich alleine. Hinzu kam eine heute unvorstellbare Mobilität: Die Hälfte aller Arbeiter war 1897 im Durchschnitt nicht länger als 11 Tage auf einem Arbeitsplatz beschäftigt. Diese extreme Unsicherheit des Arbeitsplatzes hatte zwangsläufig häufige Wohnungswechsel zur Folge. Es ist unmittelbar einsichtig, dass unter solchen Bedingungen sich Intimität, Emotionalität und Familienleben kaum entfalten konnten.«[23, 24, 25]

Erst in der Weimarer Republik etablierten sich schließlich auch in Deutschland die kleinfamiliäre Lebensform und der Massenmietwohnungsbau vollständig. Beides hat trotz der gegenwärtigen Erosions- und Pluralisierungstendenzen bis heute Leitbildcharakter für das moderne städtische Wohnen. Dessen Merkmale sind die Zweigenerationenfamilie als soziale Grundeinheit, die Trennung von Wohnen und beruflicher Arbeit, die Polarität von Privatem und Öffentlichkeit und die individuelle Aneignung durch Kauf oder Miete.[26]

Seit Ende der 1960er-Jahre kommt es allerdings zu partiellen Erosionen und Modifikationen dieses Leitbildes, wobei vor allem drei Entwicklungen anzusprechen sind. Erstens bringt der wachsende Anteil von Einwanderern aus anderen Kulturen veränderte Wohnwünsche mit sich. Insbesondere seit dem Übergang von einer reinen»Arbeitsbevölkerung«junger, alleinstehender Migranten zu einer»Wohnbevölkerung« durch den Nachzug der Familie ändert sich der Stellenwert der Wohnung in ausländischen Haushalten. Da zum Beispiel selbst die Stadtbewohner in der Türkei oft noch eine wenig urbanisierte Lebensweise pflegten – weil sie oft selbst erst vor Kurzem vom Land in die Städte gezogen waren –, brachten sie diese Anforderungen auch in den neuen Lebensmittelpunkt in Deutschland mit. Die Haushalte haben noch vergleichsweise starke Selbstversorgerfunktionen, sind stärker in nachbarschaftliche Netze eingebunden, mehrere Generationen leben zusammen, und die Trennung von öffentlicher und privater Sphäre ist noch weniger stark ausgeprägt (stattdessen wird kulturell bedingt stärker zwischen männlichen und weiblichen Räumen unterschieden, was eine entsprechende Differenzierung innerhalb der Wohnung zwischen öffentlich zugänglichen und unzugänglichen Räumen verlangt). Außerdem wünschen sich Migranten häufiger getrennte Wohnungen im selben Haus, um ein Mehrgenerationenwohnen zu ermöglichen.[27]

Zur partiellen Erosion des Leitbildes kommt es zweitens durch die seit den späten 1960er-Jahren massiv einsetzenden Stadtfluchttendenzen. Sie mündeten in eine ausufernde Eigenheim-Suburbanisierung, die bis heute anhält. Der Traum vom Eigenheim wird in Deutschland unvermindert geträumt, die Hälfte aller Deutschen im Alter zwischen 25 und 35 will ihn sich so bald wie möglich erfüllen.[28] Undenkbar ist das Eigenheim am Stadtrand allerdings ohne das Automobil, sodass man besser von der Eigenheim-Automobil-Kultur sprechen sollte. Diese Entwicklung führt zu einem dauerhaften Anstieg der automobilen Verkehrsleistungen, die städtische Lebensqualität nimmt ab. Ist das Eigenheim erst einmal im Familienbesitz, so determiniert es über Generationen hinweg eine automobilorientierte Verkehrsmittelwahl.

Es ist paradoxerweise zu beobachten, dass im deutschen Kulturkreis kaum etwas die residenzielle Mobilität so sehr hemmt wie der Eigenheimbesitz. In Zeiten einer immer stärkeren Flexibilisierung des Arbeitsmarktes mit häufigen Wechseln auch auf räumlich entferntere Stellen folgt daraus ein Anstieg der beruflich bedingten Fahrleistungen, um das Eigenheim halten zu können. Einfache Strecken von bis zu zwei Stunden Fahrzeit werden dabei nicht selten in Kauf genommen. Ebenso kommt es zu den neuen, bereits angesprochenen Wochenend-Fernpendlermodellen, für die der Regierungsumzug Bonn–Berlin höchst anschauliches Beispielmaterial liefert.

Drittens ist auf die Pluralisierung von Lebensformen und Lebensstilen hinzuweisen. In grober Annäherung markieren die Studentenbewegung und die mit ihr Einzug haltenden gemeinschaftlichen Wohnformen[29] den Beginn dieser Pluralisierung, die heute zu einer so großen Vielfalt von Lebensmodellen geführt hat, dass man sagen kann, das Modell der »Normalfamilie« sei auf dem Rückzug: Die klassischen Familienhaushalte mit zwei Erwachsenen und mindestens einem Kind stellen mittlerweile weniger als ein Drittel der Haushalte.[30] Hinzu kommt der demografische Wandel: Im Jahr 2030 werden nicht nur knapp 20 Prozent der Bevölkerung ausländische Mitbürger sein, auch wird sich dann mehr als ein Drittel der Bevölkerung im Rentenalter befinden.[31] Obwohl sich also die Ansprüche an Wohnungen und Wohnumfeld bereits entscheidend gewandelt haben und sich noch radikaler wandeln werden, orientiert sich das Angebot am Wohnungsmarkt nach wie vor am dominierenden Leitbild des familiengerechten Wohnens.

Hier werden zukünftig große Anstrengungen der Wohnungswirtschaft notwendig werden, um sich auf neue Lebensstilgruppen und Patchwork-Biografien einzustellen:»Die Differenzierung der Haushalte und Lebensstile legt es zusammenfassend nahe, weniger spezialisierte Wohnungsgrundrisse für bestimmte, vielleicht sogar abnehmende Gruppen zu bauen, als flexibel nutzbare Wohnungen und reversible Infrastruktureinrichtungen, damit reibungslosere Wechsel der Bewohner möglich werden.«[32] Die Assoziation zu den flexiblen und multifunktional nutzbaren Wohn- und Möblierungsweisen der Nomaden liegt hier nahe.

Die Tour d´Horizon durch die soziale Vielfalt moderner und mobiler Lebens- und Wohnweisen wäre unvollständig, ohne einen Blick auf den Urlauber zu werfen. Er scheint heute überall und nirgends zu Hause zu sein und trägt mit seiner Reiselust weltweit dazu bei, dass die Tourismusindustrie zu den Giganten der Weltwirtschaft gehört – nach Schätzungen der Welttourismusorganisation sind jährlich etwa 800 Millionen Menschen auf Reisen.[33] Der Ursprung des Tourismus liegt im England des 19. Jahrhunderts. Aber erst das 20. Jahrhundert brachte auch für den Massentourismus den kulturüberschreitenden Aufbruch in die weite Ferne mit sich. Die Voraussetzungen dafür liegen in den seit der Nachkriegszeit sich radikal erweiternden»touristischen Möglichkeitsräumen«[34], das heißt vor allem in größerem Wohlstand, mehr Freizeit und verbesserten und verbilligten Verkehrsangeboten. Die Motive der Reisenden sind weniger eindeutig zu benennen. Herrschten im 19. Jahrhundert bildungsbürgerliche und naturromantische Reiseanlässe vor, so schob sich für die arbeitenden Massen später vor allem der Kontrastcharakter zu den entfremdenden Zwängen der industriellen Wohn- und Arbeitsbedingungen in den Vordergrund.[35] Das Erleben der Natur ist dementsprechend ein wichtiges, sich insbesondere in einer ausgesprochenen Campingtradition realisierendes Reisemotiv, das sich bis heute nirgendwo besser als in der Mobile-Home- und Offroad-Kultur in den USA studieren lässt.

Allgemein kann das Reisen als ein kollektives Ritual zur Bereitstellung außeralltäglicher Kontrasterfahrungen verstanden werden: weg von der immer gleichen Wohnung, den immer gleichen Möbeln, den Nachbarn und Kollegen, den routinierten Alltagsabläufen insgesamt. Reisen übernimmt damit die Funktion eines sozialen Ventils und einer Ressource der Inspiration und Innovation zugleich.[36] Für diese Interpretation spricht, dass die nomadischen Kulturen im Vergleich zu den Sesshaften eine auffällige Ritualabstinenz aufzeigen. Lange wunderten sich die Anthropologen darüber, bis sie verstanden, dass das Reisen an sich für Nomaden genügend quasi außeralltägliche Kontrasterfahrungen bereithält. Heute äußert sich die Kontrastsuche in den aktuellen Trends der Abenteuer-, Fun-, Erlebnis- und zunehmend auch Wellnessurlaube. Auch im Freizeitverhalten ist der Trend zur Lebensstilpluralisierung erkennbar. Eine besondere Rolle werden in diesem Zusammenhang wiederum demografische Veränderungen haben, denn die heutigen Senioren (»junge Alte«) sind räumlich mobiler als die 45- bis 55-Jährigen – sie kaufen Wohnmobile, unternehmen Langzeitreisen in den Süden oder ziehen vollständig in die Feriengebiete. So wird zum Beispiel in den USA die immer lückenlose Besiedelung der ausgedehnten Küstenstreifen an Atlantik, Pazifik und Karibik vor allem von Senioren vorangetrieben, die im Alter das berufsbedingt erzwungene Leben in den industriellen Ballungsräumen hinter sich lassen wollen. Eine weitere typische Entwicklung in diesem Zusammenhang sind temporäre »Seniorenstädte« in den sonnenreichen Steppen von Arizona, Nevada und Utah. In der Nähe eindrucksvoller Naturdenkmäler bilden sich hier vor allem während der Wintermonate ganze Millionenstädte aus Mobile Homes, Vans und Campingmobilen. Diese Senioren leben wie die Singvögel. Ähnlich komplementär angelegte Strategien des temporären Residenzwechsels finden sich auch bei uns. Insbesondere die Balearen haben sich zum bedeutendsten Überwinterungsparadies für deutsche Senioren entwickelt.[37]

5. Flexibler Mensch, flexibles Wohnen – Zwischenfazit

Der Parforceritt durch die Sozialgeschichte des Wohnens zeigte, dass »Wohnwandel« mitnichten ein neues Phänomen ist. Zu allen Zeiten und in allen zivilisatorischen Epochen waren Menschen mobil und mit ihnen ihre Wohnweisen. Immer schon haben Menschen sich in Zeiten besonderer Nöte, angesichts Herausforderungen und Chancen auf den Weg gemacht. Sesshaftigkeit und Nomadentum erscheinen eher wie zwei Seiten ein und derselben Medaille, und angesichts der gegenwärtigen ökologischen Situation und einer in absehbarer Zeit drastisch eintretenden Ressourcenverknappung sollte man sich vielleicht viel stärker darauf zurückbesinnen, dass und wie nomadische Traditionen in der Lage sind, mit einem Minimum an materiellem Aufwand ein Maximum an Funktionalität und Flexibilität zu erzeugen.[38]

Fasst man die gegenwärtig und zukünftig einflussreichen gesellschaftlichen Trends zusammen, so zeigt sich, dass neben der Pluralisierung von Lebensformen und Lebensstilen und einem sehr deutlichen demografischen Wandel hinsichtlich Altersstruktur und ethnischer Mischung unserer Gesellschaft vor allem arbeitsmarktbedingte Flexibilisierungsprozesse starken Einfluss auf zukünftiges Wohnen haben werden. In Zukunft wird eine wachsende Unstetigkeit die Lebensläufe und Erwerbskarrieren der Menschen kennzeichnen: Rascher technologischer, ökonomischer und sozialer Wandel und wechselnde Konkurrenzsituationen werden die Arbeitenden immer mehr zum Unternehmer ihrer selbst werden lassen. Sie werden zu höheren Graden für sich selbst verantwortlich sein, für die Vermarktung ihrer Qualifikation, die Planung ihres beruflichen Fortkommens, für soziale Sicherung und das jeweilige Arrangement von Erwerbstätigkeit und privater Lebensform. Keine Rede wird mehr davon sein, dass die Einzelnen noch dem Geleise eines Normalarbeitsverhältnisses folgen können, das sie – flankiert und stabilisiert von einer Normalfamilie – auf die Reise einer lebenslangen Standardbiografie schicken wird.[39]

Während die ersten beiden Trends vor allem dazu beitragen werden, das Wohnen von seinen klassischen starren und ausschließlichen

Leitbildern »fortzubewegen«, also eher einen qualitativen Wandel mit sich bringen, wird der dritte Trend im Rahmen neuer Distanz-Wohnmodelle auch zur weiteren räumlichen (Wohn-)Mobilisierung von Arbeitskräften beitragen. Beispiele dafür sind die sogenannten »Shuttles«, also Wochenendpendler, oder auch die immer häufiger vorkommenden »Fernbeziehungen«. Im Fall der ersten Lebensform entscheiden sich Paare dafür, aufgrund eines Wechsels zu einem weit entfernten Arbeitsplatz einen Zweithaushalt am neuen Arbeitsort eines Partners zu gründen, der von diesem arbeitsbezogen genutzt wird, während der Haupthaushalt erhalten bleibt und nur am Wochenende von beiden Partnern gemeinsam genutzt wird. Im zweiten Fall werden zwei getrennte Haushalte aufrechterhalten, einen Haupthaushalt gibt es nicht, und beide Partner pendeln je nach Maßgabe der jeweiligen beruflichen Anforderungen im Wechsel.[40] Es liegt auf der Hand, dass beruflich erzwungene Mobilität und Flexibilität vielfältige individuelle Belastungen erzeugt und das körperliche und seelische Wohlbefinden negativ beeinflussen kann. Das »gelingende Wohnen« stellt sich hier in der Tat immer weniger von selbst ein, und man wird die weitere Entwicklung kritisch beobachten müssen. Der Autor einer der wenigen aktuellen Studien, die sich mit den sozialen und psychischen Folgen neuer mobiler und flexibler Lebensformen beschäftigt, kommt dementsprechend zu folgender abschließender Bewertung: »Den Menschen wird heute ein großes Maß an Mobilität und Flexibilität abverlangt und viele sind bereit, sich auf diese Erfordernisse einzustellen. Allerdings sind Menschen nicht unbegrenzt belastbar und spätestens dort, wo physische und psychische Gesundheit beeinträchtigt und das Privatleben belastet und unstet wird, sind die Grenzen erreicht.«[41] Möglicherweise liegen die Grenzen weiterer Modernisierung also gar nicht so sehr bei den ökologischen Verträglichkeitslimits unserer äußeren Umwelt als vielmehr in unserer Innenwelt – bei den seelischen Verarbeitungskapazitäten des zunehmend mobilen und beschleunigten Subjekts.

6. Zukunftsbilder digitalen Wohnwandels

Ausgehend von einer starken Dominanz und Prägekraft der neuen digitalen Technologien und Medien sollen vor diesem Hintergrund nun in einem gedanklichen Experiment *Zukunftsbilder des kommenden Wohnwandels in unterschiedlichen Zusammenhängen (Stadt, Land, Berufsarbeit, Freizeit und Tourismus)* entworfen werden – verfasst im Stile kurzer Features beziehungsweise imaginärer Wikipedia-Beiträge. Sowohl der Mobilitäts- und Logistiksektor als auch Wohn- und Bauweisen gehören heute unter den Stichworten »Smart Mobility« oder »Smart City« zu den besonders dynamischen Reallaboren der digitalen Transformation. Im Zusammenspiel von neuen digitalen Wirkprinzipien (Vernetzung, Automatisierung, Virtualisierung, Smart-Data-basierter Effizienzsteigerung), Lebensstilveränderungen (Individualisierung, Flexibilisierung, Sharing-Economy-Konsumkultur), politischer Regulierung, Unternehmens- und Branchenstrategien, neuen Branchenzuschnitten und innovativer branchenübergreifender Kooperation (Mobilitäts- und Immobilienwirtschaft) können solche Szenarien mit unterschiedlicher Wahrscheinlichkeit Wirklichkeit werden.

Für den Augenblick sind sie allerdings nichts anderes als prospektive Spekulationen über Chancen und Risiken – perspektivische Fixpunkte im Möglichkeitshorizont des Zukünftigen, die rudimentäre Vergleichbarkeit zwischen Entwicklungsrichtungen ermöglichen und damit einen Diskurs über Unterscheidungen und Bewertungen dessen, was mehr oder weniger wünschenswert ist. Solche Szenarien sind also nicht mehr als Denk- und Vergleichsinstrumente, sie werden in reiner Form so niemals entstehen. Mischformen und Gleichzeitigkeit unterschiedlicher Ausprägungen, je nach betrachteter Ausgangssituation, sind in der Realität eher zu erwarten. Die vorangehende Einbettung des Wohnens in einen sozialhistorischen Zusammenhang kann nun dazu dienen, diese neuen Entwicklungsvarianten hinsichtlich ihrer Plausibilität, Wünschbarkeit und Wahrscheinlichkeit auf der Folie gegebener Strukturen, Milieus, Entwicklungen und eben etablierter Pfadabhängigkeiten einzuschätzen.

»Alles! Immer! Sofort! – Das Schlaraffenideal neonomadischer Just-in-time-Lebensstile«

Einmal wollte Amazon-Chef Bezos ein Feuer anzünden. Nur fehlte das Holz. Da kam ihm die Idee für den Amazon-Blitzversand. Keine Lieferung soll länger als eine Stunde auf sich warten lassen. Gedacht, getan: Bezos fackelte nicht lange. Heute schickt sich Amazon an, den Logistikmarkt mit einem sofortigen Lieferversprechen zu revolutionieren. »Just in time« nannte man das früher in der Autoindustrie. Die Idee war, die Lagerhaltungskosten zu reduzieren, indem man die Bauteile zum richtigen Zeitpunkt ans Fließband liefern lässt. Die Folge war mehr Lkw-Verkehr. Die Lagerkosten wurden über die Straßenerhaltungskosten und wachsenden Stauzeiten der Allgemeinheit aufgebürdet.

Könnte das auch beim privaten Konsum blühen und als virtuelles Lager digitalisierter Just-in-time-Lebensstile die Straßen kolonialisieren? Ja! Es ist sogar wahrscheinlich: Je perfekter Amazon und Co. die Lieferketten des E-Commerce beherrschen, desto mehr Kunden aus den gestressten Eliten werden sich die Annehmlichkeiten eines Just-in-time-Konsums eine Menge Geld kosten lassen. Am Nachmittag aus München, Frankfurt oder New York zurückkommen, am Abend spontan ein paar Freunde einladen? Kein Problem: Amazon liefert Nahrungsmittel und fehlendes Küchengerät. Je mehr Kunden sich darauf einlassen, desto günstiger werden sich die Dienste in Zukunft entwickeln und für einen immer größeren Kundenstamm attraktiv werden.

Doch denkt man bei Amazon schon weiter: Ziel ist der »vorausschauende Versand«, also das Verschicken, bevor der Kunde den Bestell-Button gedrückt hat. Amazon weiß also bereits vor dem Kunden, welchen Wunsch dieser bald haben wird. Dahinter steckt die »predictive« Analyse von Kundendaten, die Amazon kontinuierlich sammelt und zu kundenspezifischen Datenprofilen veredelt. Alle Bestellungen, alle im Netz hinterlassenen Spuren von Vorlieben und Wünschen werden so zu immer perfekteren Kundenprofilen, die sich für immer neue Dienstleistungen nutzen lassen.

Der Gipfel der Bemühungen um den gläsernen Kunden ist aber bislang Amazon Echo, ein vasengroßes Gerät als ständige Verbindung zum Dienstleister. Man könnte Echo auch als Spion im Wohnzimmer bezeichnen, denn das Gerät kann nicht nur Rollläden, die Heizungs- oder Musikanlage des Smart Home steuern, sondern es hört auch alle Gespräche zu möglichen Konsumwünschen mit und startet die Lieferkette schon einmal: Klagt der Gatte über Kopfschmerzen, wird ihm eine Tablettenlieferung vorgeschlagen. Wünscht sich die Gattin das neue Buch von Margaret Atwood, so markiert Echo den wahrscheinlichen Lieferwunsch und schickt das Buch nach Erscheinen direkt in ein regionales Zwischenlager in der Nähe der Kundin. Sollte sie dann das Buch bestellen, kann Amazon dem Lieferwunsch innerhalb einer halben Stunde entsprechen, was in der zunehmend umkämpften Lieferbranche einen riesigen Wettbewerbsvorteil ausmacht.

Kurz gesagt: Das Entstehen von Just-in-time-Lebensstilen ist aus der Logik des aktuellen Trends zur Sharing Economy heraus ziemlich wahrscheinlich. In Reinform führte dieser Lebensstil zum völligen Verzicht auf Besitz. Der Nutzen aller Güter des täglichen Lebens würde anteilig bezahlt und konsumiert, zeitgerecht angeliefert und wieder entsorgt – mit weitreichenden Folgen:

- gigantische finanzielle und zeitliche Technologierenditen, ausgelöst durch den Verzicht auf Besitz, die wahrscheinlich in noch mehr Konsum investiert werden würden,
- massiv wachsende Verkehrsaufwendungen in der urbanen Lieferbranche,
- schließlich: der vollkommen »gläserne Konsument«.

Wenn Jeff Bezos in Zukunft der Wunsch nach einem Feuer befällt, so werden ihm die digitalen Spürnasen der Zukunft diesen Gedanken wahrscheinlich bereits direkt an den Synapsen ablesen können. Und zwar bevor er ihn überhaupt gedacht hat. Ich persönlich gehe lieber mit der äußerst analogen Axt in den Wald.

»Rasender Stillstand – die neue digitale Sesshaftigkeit in Stadt und Land«

New H
Bezeichnung für die Stadtfluchtbewegung kreativer Digital Natives, die eine moderne Form des Landlebens propagiert. Das Wunschbild vom idyllischen Landleben – in Hochglanzmagazinen, TV-Sendungen und der Werbung für Landprodukte aufwendig medial inszeniert – war lange kaum zu vereinen mit der tatsächlichen Entwicklung. Jahrzehntelang waren der Verfall ländlicher Gemeinden und eine massive Landflucht zu beobachten. Erst mit Beginn der 2020er-Jahre wandelt sich das Bild. Baugemeinschaften und Avantgardisten erobern brachliegende Dörfer zurück, aber auch professionelle Projektentwickler spekulieren auf das gerade in vielen akademischen Schichten prinzipiell positive Bild vom Landleben und konzipieren auf dieser Grundlage unter dem Schlagwort *Dorf 2.0* ein neues Modell ländlicher Siedlungen. Zum großen Teil nutzen die Stadtauswanderer ressourcenschonend alte Bausubstanz, teilweise werden auch günstige neue Standorte mit zeitgenössischen Architekturentwürfen entwickelt, weshalb die ruralen Projekte in Anlehnung an das Berliner Hansaviertel in Planerkreisen auch Hansadörfer genannt werden. Diese Ansiedlungen liegen meist in 60 bis 90 Minuten Schnellzugdistanz in der erweiterten Peripherie großer Städte.

Vorreiter und Namensgeber der *New-H*-Bewegung sind New Yorker Hipster, die Anfang der 2010er-Jahre von Manhattan in die Kleinstadt Hastings am Hudson River zogen. Die kreativen Pioniere suchten zunächst vor allem eine Alternative zu den überhitzten innerstädtischen Immobilienpreisen. Was als temporäre Stadtflucht für den Feierabend und zugunsten größerer Wohnflächen begann, mündete schließlich in funktionierenden suburbanen Lebensräumen, die sich immer stärker vom nächstgelegenen Metropolraum abnabelten, ohne dass dieser als Möglichkeitsraum für Einkauf, Freizeit oder allgemeines Kontrastprogramm an Bedeutung für das Gesamtkonzept verlor.

Anders als die zuvor bekannten Schlafstädte und Retortendörfer setzt sich die Bevölkerung nicht aus einem Heer von Arbeitsnomaden zusammen, das faktisch nur am Wochenende und nachts in voller Besetzung anzutreffen ist. Stattdessen zielt das Modell auf die Digital Natives, die sich aus ihrem Arbeitszimmer oder der Büro-WG nebenan in den weltweit stattfindenden Arbeitsalltag einklinken, aber einer exzessiven physischen Mobilität eine Absage erteilen; die für einige Jahre oder dauerhaft eine Auszeit vom Großstadtleben suchen, ohne komplett aussteigen zu müssen. Es ist die Neuentdeckung von intensiv genutzten Versorgungs-, Begegnungs- und Erholungsstrukturen im unmittelbaren, unmotorisiert erlebbaren Umfeld. Der Lebensentwurf basiert auf einer großen Naturnähe, einem hohen Grad an Selbstversorgung mit Nahrungsmitteln und Energie und einer starken virtuellen Nabelschnur, die den Anschluss an die Welt sichert. Die physische Anbindung an die weite Welt allerdings wird bewusst erschwert, um das rastlose Hopping zwischen Landleben, Großstadt und Flughafen bereits im Ansatz zu unterbinden.

Telecommuting mit Avatar-Mobility-Systemen
In Anlehnung an den ersten groß angelegten Versuch, virtuelle Welten als *Dritte Orte* geschäftlicher Treffen und interaktiver Arbeit zu nutzen, wird die Avatar Mobility auch als *Third Life* bezeichnet. Die Zugangsbedingungen sind dabei ähnlich dem Vorgänger *Second Life* extrem niedrig, qualitativ hochwertigere Hardware kann die räumliche Illusion allerdings beliebig weit erhöhen. Anders als bei den bis vor wenigen Jahren üblichen Videokonferenzsystemen sehen sich die Besprechungsteilnehmer nicht mehr persönlich gegenseitig auf dem eigenen Monitor, sondern befinden sich gemeinsam in einem virtuellen Raum, in dem sie jeweils durch ihren persönlichen Avatar vertreten werden. Per Videobrille, Maus und Internetverbindung steuert man sein Double durch Raumwelten, die nicht selten anlassspezifisch gestaltet sind und deren Atmosphäre die Produktivität und Kreativität des Treffens positiv beeinflussen sollen. Für einen Bruchteil der Investitions- und Betriebs-

kosten betonierter Unternehmenskomplexe entstehen auf gemieteten Serverfarmen allzeit saubere und nicht selten räumlich beeindruckende Arbeits- und Präsentationsumgebungen im Cyberspace. Diese sind leicht in der Größe skalier- und modernisierbar, müssen nicht beheizt werden und sind aus jedem Winkel der Welt mit der entsprechenden Zugangsberechtigung innerhalb von Sekunden klimaschonend erreichbar. Insofern heißt das Motto nicht mehr nur infrastrukturbezogen »from bricks to clicks«, sondern vor allem auch verkehrssparsam »from vehicle to virtual«.

Aufbauend auf Fortschritten der Computerspielindustrie taucht der Nutzer innerhalb kürzester Zeit vollständig in die künstliche Welt ein. Er bewegt sich mit seinem Avatar durch Avatar-Gruppen und kommuniziert über ihn mit einzelnen oder 20 Mitarbeitern wie im traditionellen Büroalltag. Neben den schnell einzurichtenden Heimarbeitsplätzen sind riesige sogenannte Avatar Mobility Center gegründet worden. In diesen verkehrlich sehr gut angebundenen Gemeinschaftsbüros können Einzelplätze oder ganze Etagen für die Avatar-Arbeit gemietet werden.

Vorreiter bei der Erstellung und Implementierung der Avatar-Mobility-Systeme waren renommierte Universitäten, die in ihren Heimatmärkten mit geburtenschwachen Jahrgängen konfrontiert wurden und zugleich bei ihren ersten Online-Experimenten eine gewaltige Nachfrage aus den wirtschaftlich aufholenden Weltregionen verzeichneten. Die Avatar-Arbeit bewährte sich als hervorragendes Instrument zur Ergänzung der individuell abrufbaren Vortragsvideos um Tutorien, Lerngruppen und interkulturell zusammengesetzte Seminare. Mussten sich große amerikanische Universitäten zuvor um die Bereitstellung und den Unterhalt Zehntausender Parkplätze kümmern, fließen die frei gewordenen Mittel nun in zusätzliche Gastprofessuren. Während weite Parkplatzflächen wieder ergrünen, wird der Campus überwiegend alternierend für Blockwochen einzelner Fakultäten genutzt, um den weiterhin gewünschten physisch-persönlichen Kontakt zeitlich komprimiert zu ermöglichen.

90 Prozent der europäischen Unternehmen haben Avatar-Arbeit inzwischen fest in den Arbeitsalltag integriert. Überwiegend können die Mitarbeiter selbst bestimmen, zu welchem Anteil sie zu Hause, in einem Avatar Mobility Center oder am ursprünglichen Firmenstandort arbeiten möchten. Aufgrund der positiven Erfahrungen mit den Arbeitsergebnissen haben sich Avatar-Meetings aber zum Standard in vielen Wissensarbeitsbranchen entwickelt. Vereinzelt existieren noch Mischsysteme, bei denen die Mitarbeiter beispielsweise über Telepräsenzroboter an physisch durchgeführten Sitzungen teilnehmen. Verkehrsseitig hat dies zu einer erheblichen Reduzierung des Verkehrsaufkommens in den ehemaligen Spitzenstunden des Berufsverkehrs geführt. Viele geplante Ausbaumaßnahmen, die auf den zusätzlich prognostizierten Kapazitätsbedarf in den werktäglichen Morgenstunden ausgelegt waren, können zum Vorteil der öffentlichen Haushalte gestrichen werden. Die Befürchtungen, die Avatar-Arbeiter würden die gewonnene Zeit verstärkt in verkehrsintensive Freizeitaktivitäten investieren, bewahrheiten sich nicht.

Quartiere innovativen Lebens – Sustainable Communities
Bezeichnung für innerstädtische Stadtgebiete, die sich durch ein hohes Maß an ökologischer Selbstregulierung und die Erstanwendung innovativer Technologien auszeichnen. In den 2020er-Jahren etabliert sich eine neue Spielart der Gated Communities. Anders als der Ursprung dieser Privatstadtteile, die ihre Bewohner vor der restlichen Stadt und ihrer Armut abschotten und private Eigentumsverhältnisse schützen wollen, verpflichten sich die Bewohner der Sustainable Communities, als ökologisches Vorbild und experimentelle Vorreiter zu leben. Ihre Stadtgebiete sind Labore klimaneutralen Lebens, in denen Beta-Produkte in einem frühen Entwicklungsstadium unter Alltagsbedingungen getestet werden. Natürlich geht dabei regelmäßig etwas schief, bricht die Stromversorgung für Stunden zusammen oder werden ganze Häuser nach kurzer Zeit wieder umgebaut. Dies passiert allerdings mit dem Einverständnis der Bewohner, denn alles ist darauf

ausgerichtet, möglichst schnell Erfahrungen mit der Zukunft zu sammeln und flexibel auf die gesammelten Erkenntnisse zu reagieren. Insbesondere Deutschland hat für diese Pionierstadtkieze gezielte steuerliche Rahmenbedingungen geschaffen. Die Politik sieht die Chance, für eine sich immer stärker nach den großen Absatzmärkten in China und Afrika richtende Konsumgüterkultur das Land als technologischen Test- und Leitmarkt zu positionieren.

Den Anstoß für die Errichtung von Quartieren innovativen Lebens gab 2015 ausgerechnet eine Dokusoap des damals vollkommen zu Recht viel gescholtenen öffentlich-rechtlichen Fernsehens. Nachdem zuvor zahlreiche Dokusoap-Formate eine Anzahl Freiwilliger für mehrere Wochen in verschiedene Epochen (zum Beispiel ins Mittelalter) zurückversetzt hatten, wagt der aus dem Zusammenschluss von ARD und ZDF hervorgegangene Sender DIF das Experiment, eine Reisegruppe in die Zukunft zu schicken. Die Erlebnisse der Zukunftstester begeisterten so viele, dass diesem Tele-Quartier »Neue Heimat« weitere Reallabore folgen.

Community-Modell: Die Idee der örtlichen Bündelung ist es, durch stärkere gegenseitige Motivation eine höhere Sichtbarkeit der Innovationen zu erzielen. Die gegenseitige Stärkung und Unterstützung der Gleichgesinnten ist das entscheidende Momentum für eine spürbar positive Veränderung der Lebensqualität. Die *green early adopter* sollen nicht mehr das Gefühl haben, nur die dumme Allianz der Willigen zu sein, die aus ihrem aufwendigeren nachhaltigen Lebensstil keine entsprechende Rendite ziehen kann, weil die ignorante Masse in der direkten Nachbarschaft fröhlich weiter Verkehrslärm produziert, Abgase emittiert und Parkplatzflächen verbraucht. Stattdessen wird die Gestaltungskraft der eigenen Veränderung in dieser räumlich abgegrenzten Keimzelle tatsächlich sichtbar. Was für Europäer zunächst befremdlich wirkte, erscheint indischen Akteuren als vollkommen normal. So existieren in Mumbai seit Langem ganze Stadtquartiere, in denen – insbesondere geprägt durch die Jains-Minderheit – Wohnungen nur an Vegetarier vermietet werden.

Mobilitätskonzept: Ein wesentlicher Baustein der Sustainable Communities ist eine klimaschonende und wertegebundene Mobilitätsversorgung. Die von einer privaten Initiative mit privatem Kapital errichteten Communitys gehen dabei weit über die schon seit Jahrzehnten autofreien Wohnanlagen hinaus. Sie sind nicht nur als Wohngebiete angelegt, sondern inkludieren auch Gewerbe- und Versorgungseinrichtungen. Den Wissensarbeitern werden wohnungsnahe Satellitenbüros, lokale Handwerks- und Dienstleistungsbetriebe, die sich auf Community-intern genutzte Lastenräder und E-Lkw-Anlieferung einlassen, Gewerbe- und Wohnräume offeriert. Alles ist auf die nutzernahe Produktion und Selbstversorgung des neuen Laborkiezes ausgerichtet. Was die Community von außen bezieht, wie beispielsweise Lebensmittel, Großgeräte etc., unterliegt strengen Anforderungen. Grundsätzlich zählen »weniger ist mehr« und die kollaborative Nutzung möglichst vieler Artefakte zum gewünschten Lifestyle, ohne dass die Gemeinschaft in diktatorische Sektiererei verfällt. Die interne Verwaltung ist eine Gratwanderung, doch unter dem Motto des Experimentierens sollen möglichst viele kreative Freiräume erhalten werden. Der Spieltrieb wurde geweckt, und die Bewohner nutzen intensiv die Möglichkeiten, den eigenen Footprint zu messen und mit Nachbarn, anderen Communitys und weltweiten Benchmarks zu vergleichen.

Cybertourismus – Reisen im virtuellen Raum – Essayskizze

Das ganze Unglück des Menschen, so der französische Physiker und Philosoph Blaise Pascal, entspringe seiner Unfähigkeit, ruhig in seinem Zimmer zu sitzen. Hat er wirklich recht? Ich befinde mich jetzt seit drei Tagen allein in meinem Apartment an Bord der *Rhodos* und bin nicht so glücklich, wie ich es Pascals Meinung nach sein sollte. Ich kommuniziere im touristischen Cyberspace unausgesetzt mit Avataren, und es fehlen mir die Menschen.

Es sind zwei Formen von Cybertourismus zu unterscheiden: eine, bei der man als eine Art Ersatzreise für eine unterlassene echte Reise, die man, aus welchen Gründen auch immer – Geldmangel, körperliche

Einschränkungen oder Zeitnot – nicht machen kann, durch die Datenkanäle von Internet und Satellitenkommunikation zu wirklichen Orten reist. Mit Datenbrille oder vor der Videoleinwand und mit Kopfhörern auf den Ohren kann man sich heute fast jeden prominenten Ort der Welt in Echtzeit anschauen und auch anhören. Während ich also auf der *Rhodos* in Richtung Süden schippere, kann ich mir zum Beispiel den Nordpol ansehen und dabei zuhören, wie die Eisschollen beim Schmelzen bersten. Ein geostationärer Ballon macht es möglich. Wenn mir dann danach ist, kann ich gleich darauf auf einen Gipfel des Himalaja springen, mich in die Außenbordkamera eines Luftschiffes über der Sahara einloggen oder aus der Perspektive der Helmkamera eines Kanuten durch den Grand Canyon paddeln. Solche Spezialangebote sind natürlich nicht immer online, werden aber rechtzeitig angekündigt, sodass man seine virtuelle Reise planen kann.

Oder man reist eben spontan. Der Kanute bekommt im Gegenzug für seine eingeschränkte Privatheit eine Entschädigung von der Cybertourist-Agentur, die die Angebote organisiert und verkauft. Immer mehr Echtzeitreisende sind aber auch bereit, spannende Erlebnisse unentgeltlich mit denen zu teilen, die nicht unterwegs sein können.

Seit der Erfindung der modernen Datenbrille, die eigentlich vor allem eine Schnittstelle in den virtuellen Raum sein sollte, ist heute jeder Nutzer zugleich eine potenzielle auf die Welt gerichtete Kamera. So bewegen sich Millionen von Menschen als nebenberufliche Cyberdestinatoren mit Brillenkameras an besonderen Orten des Planeten oder einfach durch ihre Heimatstadt und bieten den Cyberreisenden an, dabei zu sein. Tatsächlich versetzen sich gleichzeitig Millionen von Menschen an andere Orte, während sie mit der S-Bahn von der Arbeit nach Hause fahren oder in einem Wartezimmer herumsitzen. Es bleibt nicht aus, dass es dabei auch zu Missbrauch kommt und äußerst fragwürdige Angebote wie Pornografie, Echtzeit-Kriegsszenen, Raubzüge, Entführungen und sogar Auftragsmorde auf den grauen Markt geraten. Die touristische Netzgemeinschaft sucht intensiv nach Wegen, damit umzugehen. In der gezielten Übernutzung, die zum Zusammenbruch bestimmter Server führt, scheint eine wirksame Methode gefunden zu sein.

Eine zweite Form des Cybertourismus führt in imaginäre synthetische Welten, in denen die Naturgesetze von Physik und Biologie und die üblichen sozialen und kulturellen Standards vollständig außer Kraft gesetzt sein können. Hier gibt es ganze Baukästen virtueller Realitäten, aus denen mit neuen, erfundenen Varianten von Vegetation, unbekannten architektonischen Formen und fantastischen Kreaturen, die als Avatare realer Personen den Cyberspace bevölkern, ganz neue Welten kreiert werden. Meistens entstehen diese digitalen touristischen Erlebniswelten in Selbstorganisation auf der Basis von Open-Source-Softwares. Menschen überall auf der Welt arbeiten gemeinsam am Aufbau von Kunstwelten. Daneben existieren aber auch die High-End-Angebote kommerzieller Studios, die mit teils tagelangen Reisen durch perfekt inszenierte Surrogatwelten die totale Immersion anbieten. In eng am Körper anliegenden und ihn völlig einhüllenden Multisense-Anzügen wirken orchestrierte Lichteffekte, Temperaturschwankungen, Geräusche, Gerüche, Bewegungen und Berührungen unmittelbar auf alle zugänglichen Körpersinne ein. Bei längeren Reisen ist nur die Nahrungsaufnahme eine Herausforderung, der man mit Infusionen beizukommen versucht.

Tauche selbst gerade aus so einer Surrogatwelt auf und muss sagen – was für ein Trip! Hatte eine virtuelle Reise auf den Mars gebucht und war ganze zwei Tage unterwegs. Da Raumfahrer sich sowieso von Pasten und Pastillen mit hoch konzentrierten Nährstoffen ernähren, gehörte das Problem der Nahrungsaufnahme sozusagen zur Inszenierung. Sogar die fehlende Schwerkraft haben sie irgendwie imitieren können. Ich bin noch ganz wackelig auf den Beinen. Aber die perfekte Inszenierung hat meine Neugierde geweckt.

7. Digitale Stadt und Dorf 4.0 – Wohnwandel zwischen smarter und kluger Zukunftspolitik

»Städte sind die Staaten von morgen. Immer mehr Menschen leben weltweit in Städten und machen sie zu den mächtigsten Akteuren und wichtigsten Problemlösern einer globalisierten Welt. Doch Städte sind mehr als Orte. Durch neue Formen der Vernetzung und Mobilität wird Urbanität vor allem zu einer neuen Lebens- und Denkweise.« [42]

Dieses Zitat unterstreicht erneut: Wir leben in einer urbanen Zivilisation. Die Stadt ist heute prominentester Ort der Problementstehung und Problemaushandlung gleichermaßen, ist Opfer und Täter zugleich. Hier werden die ökologischen, ökonomischen und sozialen Probleme verursacht, hier werden sie in der Lebenswirklichkeit manifest und schlagen sich sozial ungleich verteilt in einer häufig frappierend verminderten »Daseinsqualität« nieder, und hier ist der Ort ihrer politischen Bewältigung. Die Suche nach Möglichkeiten zur Integration der ökonomischen, ökologischen und sozialen Zieldimensionen einer zukunftsfähigen Gesellschaftsentwicklung spielt sich dementsprechend vor allem im Spannungsfeld der Neujustierung kommunaler Grundfunktionen ab: In der Vision einer »Sustainable City« würden Mobilität, Energiesicherheit, gesundes Wohnen und Essen, Sicherheit, soziale und kulturelle Teilhabe mit möglichst wenig negativen externen Effekten für Umwelt und Gesellschaft bereitgestellt.

Doch jede Stadt hat auch ein Land. Und in den aktuellen gesellschaftspolitischen Debatten spielt die Zukunft des Siedelns und Wohnens in ländlichen Räumen berechtigterweise eine zunehmend wichtige Rolle. Dafür gibt es drei mindestens Gründe:

■ Erstens gehören die ländlichen Regionen in den meisten Fällen bislang zu den Verlierern des demografischen Wandels und der Urbanisierung mit allen denkbaren Folgen für Lebensqualität und Daseinsvorsorge der Landbewohner. Die aktuellen rechtsnationalen Protestbewegungen können damit ebenso in Verbindung gebracht werden wie der Versuch der Union, auf Landes- wie nun auch auf Bundesebene mit einem Heimatministerium Antworten auf diese Gefühlslagen zu finden.

■ Zweitens ist Urbanisierung nicht nur ein siedlungsstruktureller und ökonomischer Prozess, sondern eben auch ein kultureller, der heute aufgrund zunehmender Vernetzung in ländliche Regionen ausgreift oder von neuen oder früheren Landbewohnern, die einmal Städter waren, in die Provinz zurückgetragen wird. Man könnte hier von einer kulturellen Urbanisierung von Denkweisen, Werten und Lebensstilen ländlicher Bewohner sprechen, die als Basis einer Wiederbelebung der Provinz zukünftig eine wichtige Rolle spielen könnte. Sehr treffend formuliert das Zukunftsinstitut in einer neuen Studie, die das womöglich sich gerade neu konstituierende Verhältnis von Stadt und Land genauer betrachtet: »In Städten finden sich Räume der Sehnsucht nach Zusammenhalt, Nähe, Beteiligung und Zugehörigkeit, und in ländlichen Regionen und Kommunen hält ein urbanes Mindset durch Rückkehrer und Landliebhaber Einzug. Wir erkennen, dass die rein physische Trennung von Stadt und Land in heterogen und homogen nicht aufrechtzuerhalten ist, sondern dass wir es mit hybriden Lebensräumen zu tun haben, in denen Strukturen, die Geisteshaltung und das soziale Gefüge mal einheitlich und mal vielfältig, mal starr und mal fluide sein können – in jedem Fall aber veränderbar. Die Zukunft ist also keineswegs so eintönig in Sachen Gewinner und Verlierer, wie sie manchen erscheint. Die kulturelle Urbanisierung ist entscheidend – und sie ist losgelöst von der Einwohnerzahl eines Ortes; ganz im Gegenteil: sie liegt im Denken und Handeln der Menschen – und somit in unser aller Hand.«[43]

■ Drittens schließlich birgt die Digitalisierung sehr neue, bislang kaum ausdenkbare Gestaltungsmöglichkeiten für das Leben in urbanen *wie* ländlichen Regionen gleichermaßen. In beiden Welten gibt es wie bereits angesprochen anwachsende Probleme. Während die Städte unter Dichtestress und den damit verbundenen Zumutungen leiden, geht es auf dem Land um den Erhalt einer finanzierbaren Daseinsvorsorge überhaupt. In beiden Welten könnten nun die digitalen Optionen und Marktformen im Verbund mit zuvor angesprochenen neuen Lebensstilen und Mindsets der kulturellen Urbanisierung einen enormen Beitrag zur nachhaltigen Zukunftssicherung leisten.

Die Miniszenarien digital basierten Wohnwandels sollten mögliche Entwicklungsvarianten ganz im Sinne eines neuen Zusammenspiels von kultureller Urbanisierung und digitaler Transformation illustrieren und ein wenig Licht und Perspektive in eine noch weitgehend unklare Entwicklung bringen. Denn tatsächlich liegen Möglichkeiten und Risiken, Anspruch und Wirklichkeit der Digitalisierung oft noch weit auseinander. Nicht jedes Smart-City-Konzept ist, das sollte das erste Szenario einer Beschleunigungs- und Just-in-time-Lebensphilosophie aufzeigen, bei aller technologischen Intelligenz ein auch aus gesamtgesellschaftlicher Sicht tatsächlich kluges Lösungsangebot.

Die Kulturgeschichte des Siedelns und Wohnens hat gezeigt, wie wechselhaft die Entwicklung von Siedlungs- und Wohnformen gewesen ist und auch in Zukunft sein könnte. Sie verweist andererseits auch darauf, wie sehr diese Entwicklung im Wechselspiel mit technischen, verkehrsinfrastrukturellen, politischen, ökonomischen und kulturellen Modernisierungs- und Festsetzungsprozessen einhergeht, und – bei aller Wechselhaftigkeit in der langen Perspektive – mittelfristig sehr stabil und veränderungsresistent war und ist.

Veränderbarkeit und kulturelle Urbanisierung, das ist die gute Nachricht, Pfadabhängigkeit und eben die Verstärkung negativer Externalitäten unserer bisherigen Wohn- und Wirtschaftsweisen in der Logik einer beschleunigten, weniger resilienten und noch ressourcenhungrigeren Fortführung unserer etablierten Wirtschafts- und Lebensweise, das ist die schlechte Nachricht, sind beides reale Entwicklungen. Welche Richtung die Zukunft nehmen wird, ist prinzipiell offen, doch wahrscheinlicher ist die strukturfunktionale Einbettung und Nutzung der neuen digitaltechnischen Optionen für die Fortführung des Alten. Sie wird automatisch stattfinden.

Das Neue hingegen braucht den politischen Diskurs, die Wiederbelebung der Zivilgesellschaft, Branchen und Unternehmen, die sich ihrer Verantwortung für die Lebensqualität der von ihnen konzipierten und gebauten Wohnwelten bewusst sind und schließlich auch eine sehr viel mutigere Politik. Diese Debatte gilt es zu führen und in infrastruktur- und ordnungspolitische Konzepte zur Zukunftssicherung unserer Städte und Regionen einmünden zu lassen.

Versucht man diese Anforderungen in ihren spezifischen Details zu durchdenken, wird deutlich, was sich hinter der Schlichtheit verbirgt. Was sie eigentlich impliziert, ist ein revolutionärer Sprung in einen neuen Qualitätszustand, ein System- oder Paradigmenwechsel, eine möglichst schnell zu vollziehende, völlig veränderte Herangehensweise an die urbane Lebensform, denn eine evolutionäre Entwicklung reicht aus Gründen der Risikominimierung zeitlich schon nicht mehr aus. Wir müssen mithin die urbane Mobilität neu erfinden. Nun gibt es sicher viele gute Gründe und Einwände, warum ein Qualitätssprung nicht machbar sein wird, warum die Forderung danach unausgegoren und unrealistisch klingt, welche Interessen tangiert werden etc. Der Übergang zu einem postfossilen Energie- und Mobilitätszeitalter in der urbanen Entwicklung ist nur zum geringsten Teil eine Frage der beherrschbaren technischen Machbarkeit, Technik folgt dem gesellschaftlichen Wollen. Der große Wandel ist zuallererst eine zutiefst kulturelle und gesellschaftspolitische Frage nach den Entwicklungsbarrieren und -potenzialen einer sich urbanisierenden Gesellschaft in einem Geflecht der Interessen von mächtigen Akteuren, etablierten Bedürfnissen, Anspruchsniveaus, Nöten, Hoffnungen und eingeschliffenen kulturellen Praktiken von großen Menschengruppen. Nicht die Technologie, sondern die Gesellschaft zeigt die größten Beharrungspotenziale. Demgegenüber muss heute deutlich werden, dass viele unserer großen gesellschaftlichen Probleme – sowohl in ihrem Entstehen wie in ihrer bislang dauerhaft aufgeschobenen Bearbeitung – etwas mit dem Fehlen eines Möglichkeitssinnes zu tun haben. Wie kommt es, dass eine Gesellschaft Gefahren nicht sieht, die uns im Rückblick so auf der Hand zu liegen scheinen?, fragt Jared Diamond in seinem umfassenden Werk *Kollaps* über die große Frage, warum Gesellschaften überleben oder untergehen.[44] Eine der wichtigen Schlussfolgerungen, die man mit Diamond ziehen kann, ist, dass Gesellschaften umso wahrscheinlicher dauerhaft überleben, je größer ihre Bereitschaft und Fähigkeit ist, Zukunft zu antizipieren beziehungsweise aus vergangenen Erfahrungen im Hinblick auf mögliche zukünftige Entwicklungen und Gefahren zu lernen – je größer also ihr Möglichkeitssinn ist. Die Aufgabe, in großen Alternativen zu denken, erscheint gigantisch, man traut sich eine radikal andere Zukunft kaum auszumalen angesichts der Gefahr, sogleich in die Ecke der Träumer und spinnenden Auguren verbannt zu werden. Das Denken in Möglichkeitskategorien ist schwierig, durchsetzt von Hoffnungen, Visionen und Postulaten. Es ist immer angreifbar als unwissenschaftlich, realitätsvergessen, als naiv, populistisch oder sogar als ideologisch. Und genau in dieser Gefahr kommt der mangelnde Möglichkeitssinn unserer Gegenwartsgesellschaft zum Ausdruck. Ja es fällt uns schwer, in alternativen Zukünften zu denken, dennoch wird uns nichts anderes übrig bleiben, wollen wir uns dem Mahlstrom nicht von vornherein resigniert ergeben. Am Anfang jeder rettenden Veränderung muss die verbindende Kraft der Vision stehen, die Fähigkeit oder auch nur der Versuch, »ganz einfach das Ganze sich vorzustellen als etwas, das völlig anders sein könnte« (Adorno). Wir brauchen heute wieder den Mut zum gedanklichen Wurf. Ein Kopf oder auch zwei allein reichen nicht aus, um ein solches gesellschaftliches Großvorhaben auszumalen. Viele müssen mittun, um Ideen zu entwickeln und voranzubringen. Deswegen steht am Ende zunächst ganz einfach die schlichte und altmodische Aufforderung, mitzumachen und sich zu besinnen auf eine heute weithin vergessene Eigenschaft: den Mut, sich zu exponieren und etwas zu riskieren, den Mut, eine Position zu beziehen und damit falschzuliegen, den Mut, eine These zu wagen und damit in die Diskussion zu treten.

Gesetzt aus der Palatino, klassische Antiqua mit Serifen, entworfen 1950.

Anmerkungen

1 Blaise Pascal, 1650.
2 Jacques Attali: *Millennium*. München 1992.
3 Vgl. Richard Sennett: *Der flexible Mensch. Die Kultur des neuen Kapitalismus*. Berlin 2000.
4 Vgl. Arthur King Peters: *Seven Trails West*. New York, London, Paris 1996.
5 Heinz J. Stammel: *Off Road durch die USA*. Stuttgart 1982, S. 75 ff.
6 Ernest George Ravenstein:»Die Gesetze der Wanderung I und II«, in: György Széll (Hrsg.): *Regionale Mobilität*. München 1972, S. 93.
7 Rainer Maria Rilke: *Herbsttag, Buch der Bilder*. 1902.
8 Friedrich Kluge: *Etymologisches Wörterbuch der deutschen Sprache*. Berlin, New York 1989, S. 797.
9 Alphons Silbermann: *Neues vom Wohnen der Deutschen (West)*. Köln 1991, S. 13.
10 Norbert Elias: *Die höfische Gesellschaft*. Frankfurt am Main 1983, S. 70.
11 Hartmut Häußermann, Walter Siebel: *Soziologie des Wohnens*. Weinheim, München 1996, S. 12.
12 Vgl. Schader-Stiftung: *wohn:wandel. Szenarien, Prognosen, Optionen zur Zukunft des Wohnens*. Darmstadt 2001.
13 Pitirim A. Sorokin: *Social Mobility*. New York 1927; ders.: *Social and Cultural Mobility*. London 1964.
14 Vgl. Kurt Horstmann:»Zur Soziologie der Wanderungen«, in: René König (Hrsg.): *Soziale Schichtung und Mobilität. Handbuch der empirischen Sozialforschung*, Bd. 5. Stuttgart 1976, S. 104–174.
15 Vgl. Annette Treibel: *Migration in modernen Gesellschaften*. Weinheim, München 1990.
16 Christian Zeller: *Mobilität für alle*. Basel, Boston, Berlin 1992, S. 25.
17 Hans van der Loo, Willem van Reijen: *Modernisierung. Projekt und Paradox*. München 1992, S. 12.
18 Vgl. Anthony Giddens: *Konsequenzen der Moderne*. Frankfurt am Main 1995, S. 9 ff.
19 Michael Gleich: *Mobilität. Warum sich alle Welt bewegt*. Hamburg 1998, S. 54.
20 Ebd., S. 54.
21 Ebd., S. 51.
22 Norbert Ohler: *Reisen im Mittelalter*. München, Zürich 1986, S. 209.
23 Häußermann, Siebel 1996, S. 19.
24 Vgl. Josef Ehmer:»Wohnen ohne eigene Wohnung«, in: Lutz Niethammer (Hrsg.): *Wohnen im Wandel*. Wuppertal 1979, S. 132–149.
25 Vgl. Dieter Langewiesche:»Mobilität in deutschen Mittel- und Großstädten«, in: Werner Conze et al. (Hrsg.): *Arbeiter im Industrialisierungsprozeß. Herkunft, Lage und Verhalten*. Stuttgart 1979, S. 70–92.
26 Häußermann, Siebel 1996, S. 19 ff.
27 Volker Eichener: *Ausländer im Wohnbereich*. Regensburg 1988, S. 100 ff.

28 Pierre Bourdieu: *Der Einzige und sein Eigenheim*. Hamburg 1998, S. 7 ff.

29 Vgl. Lothar Bertels: *Gemeinschaftsformen in der modernen Stadt*. Opladen 1990, S. 75.

30 Statistisches Bundesamt (Hrsg.): *Datenreport 1999*. Bonn 2000, S. 38.

31 Stefan Hradil: »wohn:wandel – Strukturwandel«, in: Schader-Stiftung 2001, S. 15.

32 Annette Spellerberg: »Lebensstile und Wohnprofile: Trends«, in: Schader-Stiftung 2001, S. 276.

33 Christoph Hennig: *Reiselust. Touristen, Tourismus und Urlaubskultur*. Frankfurt am Main, Leipzig 1997, S. 149.

34 Meinolf Dierkes, Stephan Rammler: »›Die weite Ferne nebenan?‹ Freizeitmobilität und Tourismus im Spannungsfeld zwischen globalem Wachstum und Nachhaltigkeit. Überlegungen für ein neues Forschungs- und Politikfeld«, in: ifmo-Institut für Mobilitätsforschung (Hrsg.): *Freizeitverkehr. Aktuelle und künftige Herausforderungen*. Berlin, Heidelberg, New York 2000, S. 192 ff.

35 Vgl. Hans Magnus Enzensberger: »Vergebliche Brandung in der Ferne – eine Theorie des Tourismus«, in: *Merkur* XII, August 1958.

36 Hennig 1997, S. 72 ff.

37 Stephan Rammler, Hans-Liudger Dienel: »›Zwischen Butterbrot und Wellness‹ – Zur Entwicklung des Reisens im Alter«, in: Antje Flade et al. (Hrsg.): *Mobilität älterer Menschen*. Opladen 2001, S. 199.

38 Vgl. Gleich 1998, S. 69.

39 Hradil 2001, S. 14.

40 Norbert F. Schneider, Ruth Limmer, Kerstin Hartmann: *Berufsmobilität und Lebensform. Sind berufliche Mobilitätserfordernisse in Zeiten der Globalisierung noch mit Familie vereinbar?* Mainz, Bamberg 2001, S. 15.

41 Ebd.

42 Zukunftsinstitut (Hrsg.): *Futopolis*. Frankfurt am Main 2018, S. 7.

43 Ebd., S. 11.

44 Jared Diamond: *Kollaps. Warum Gesellschaften überleben oder untergehen*. Frankfurt am Main 2005.

Karl Bruckmaier

Wahre Arbeit, wahrer Lohn

Pop als Illusionsmaschine der Individualität

für Till Obermaier-Kotzschmar,
Christian Burchard und Achim Bergmann

Egal, ob man das erste Kapitel im Buche Pop 1877 in der Werkstatt von Thomas Alva Edison beginnen lässt oder 1927 in einer mit alten Teppichen verhangenen Fabrikhalle, wo die Carter Family erstmals in ein Mikrofon singt, oder doch 1954, als ein Lastwagenfahrer aus Tupelo den blauen Mond über Kentucky anbalzt – schlägt man dieses natürlich imaginäre und ständig fortzuschreibende Werk genau in seiner Mitte auf, steht da in quietschbunten Lettern geschrieben: »Geldverdienen ist Kunst. Ein gutes Geschäft ist die höchste Form von Kunst.« Der Mann, der dies um 1975 seinem Adlaten Bob Colacello diktiert hat, trägt eine Perücke von Silber und gilt als der größte Pop-Künstler überhaupt: Andy Warhol. Er überwacht gerade mit vorgeblich schläfrigem Blick seine Adepten, die den Siebdruckrahmen für ein Dollarzeichen anfertigen, als sich die Aufzugtüre öffnet und Lou Reed singt, dass Valerie Solanas mit einer Pistole herumfuchtelt. Und schießt. Den Song habe ich mal für ein Hörspiel geplündert, das man heutzutage in Zeiten des Internets nicht mehr ausstrahlen kann, weil so ziemlich jedes Urheberrechtsgesetz darin verletzt worden ist. Was nur beweist, dass mein Warhol-Hörspiel keine große Kunst war, weil ich wegen dieser Sache mit dem geistigen Eigentum nicht besonders viel Geld damit verdient habe. Und Bob Colacello hat mich mal in einem Wäldchen auf Long Island um eine Zigarette gebeten, während ich mit ihm smalltalkte, dass ich seine Arbeit bei Warhols Zeitschrift *Interview* sehr geschätzt hätte, was insofern falsch und verlogen war, als die einzig nützliche Information, die ich je aus diesem Quasselmagazin ziehen konnte, die Anweisung war, dass man eine Saftpresse nach Gebrauch sofort und auf der Stelle mit heißem Wasser reinigen soll, weil man sie sonst einfach nicht mehr richtig sauber kriegt. Wo waren wir? Ach ja, auf der Suche nach dem richtigen Leben im falschen.

Als der junge Mann, der dies hier als alter Sack schreibt, anfing, seine Saftpresse nach Gebrauch sofort und auf der Stelle sauber zu machen, schien Pop über diverse Küchentipps hinaus eine nützliche Sache, nein, eine glücksverheißende Angelegenheit, nein, ein Versprechen auf ein besseres, weil anderes Leben. Das falsche Leben schien bekannt. Es bestand aus lästiger Arbeit – weiter oben habe ich eine Zeile Warhols ausgelassen:»Arbeit ist Kunst«, das steht auch in dem dünnen Buch, das sich *The Philosophy of Andy Warhol* nennt. Vom Umkehrschluss ist nicht die Rede, dass also Kunst auch Arbeit macht, oder, um gleich mit Karl Valentin ins Haus zu fallen, Kunst zwar schön, aber eben auch schwer sei, was ich hier indirekt zitiere, weil die Valentin-Erben einen schnell mit einer Urheberrechtsklage überziehen, und damit habe ich eh schon Schwierigkeiten genug – das falsche Leben also, es bestand aus lästiger Arbeit, schäbiger Kleidung, einem Scheißessen, grundkorrupter Musik, einem Fernsehapparat und der vagen Hoffnung, irgendwann einmal könne man sich ein Einfamilienhaus in Ortsrandlage leisten. Habe ich erwähnt, dass die Lehrer Nazis waren oder zumindest vom Krieg traumatisiert, die Polizisten versoffen und brutal und kreuzdumm und die Pfarrer bemüht, aber eben nicht von dieser Welt, und die Menschen im Tennisklub spießig bis zum alljährlichen Erbrechen beim Faschingsball? Da stellten sich die sprießenden Körperhärchen auf, wenn einer»Nazmiefs« hinschrieb statt Nazis, wenn einer Ottos Mops kotzen ließ, wenn einer sang, dass man nicht mehr brauche als Liebe oder dass ein armer Kerl durchaus das Recht habe, auf den Barrikaden zu kämpfen – vom Sterben war nicht die Rede – und: *two girls for every boy*, das war ja mal eine Ansage, auch wenn man nicht so genau sagen konnte, was man mit zwei Mädchen überhaupt anfangen wollte, kam man doch mit der einen oder anderen von hier ums Eck schon nicht zurecht. Pop sprießte jedenfalls als zähes, unkaputtbares Traumkraut in dieser grauen Welt um einen herum. Pop war bunt und laut und feucht und fremd und ein Glücksversprechen; und Pop war *here to stay*, so viel stand schon mal fest. Und wenn man sich nur an Pop hielt, dann würde sich alles zum Besseren wenden lassen.

Wer's nicht glaubt: Die Kameras von Richard Lester, von D. A. Pennebaker oder Peter Whitehead sind dabei, als die bunten Hunde in die graue Attlee-Welt fahren, in die schwarze Adenauer-Welt, in die finsteren Abgründe der McCarthy-Welt. Und ihre Filme zeigen uns heute noch den Moment, der einen Harry Smith so glücklich gemacht hat: wie sich die Welt der Musik wegen verändert. Wie Lodenmäntel und Bowlerhüte und Uniformen und Blaumänner und Kittelschürzen von den Körpern abfallen wie die vertrocknende Haut von einer sich häutenden Schlange, die dabei natürlich zischelt: Probier ruhig von diesem Apfel. Es ist der Big Apple. Es ist der größte Apple überhaupt. Man kann ihn rauchen, schnupfen oder sich in die Venen schießen. *I'm gonna try for the kingdom.* Die ganz in Grau aufgenommenen Gesichter der jungen Mädchen, die hier kreischen, als gelte es das Leben, der saure Geruch von eingenässten Höschen, die ungelenk zuckenden Körper der Jungs, die um jeden Millimeter Haarlänge kämpfen, das verwirrte Lächeln auf dem Gesicht eines jungen irischen Kaplans, der den Stones zuhört, alles das glüht von innen, leuchtet aus sich heraus, war schon immer da, nur gefangen, versklavt, auf einen anderen, unmenschlichen Planeten entführt, mit der Androhung von Peitschenhieben, Lateinklausuren oder einem bevorstehenden Atomkrieg klein und dumm gehalten, in Beichtstühle gepfercht, regelmäßig in wahnwitzigen Kriegen beschossen und bombardiert — doch jetzt kommt es an die Oberfläche; jetzt wird es Pop. Es ist das Versprechen einer großartigen Zukunft, das da leuchtet im fahlen Feuer der allgegenwärtigen Bosheit, aber immerhin leuchtet: Alles das macht die Welt Sekunde um Sekunde zu einem schöneren, zu einem bunteren Ort.

Schon beim Tippen werde ich ganz besoffen von der Idee, dass es einmal so gewesen sein könnte. Und beruhigend, dass man so nebenbei auch gesagt bekommt, dass der Weg das Ziel sei, dass *anything* gehen würde und dass es eh keine rechte Hoffnung auf eine Zukunft gäbe, also solle man im Hier und Jetzt leben. Dank an dieser Stelle an den Kollegen Klaus K., der als SPD-Fuzzi trotzdem darauf bestand, dass man in die Pensionskasse für freie Mitarbeiter einzahlt, *long may you run*. Nun, da die Inanspruchnahme besagter Pensionskasse so langsam in Sichtweite gerät, stellt sich natürlich die Frage, warum Pop in einer Welt, in der inzwischen jeder Dorftrottel Texte schreiben darf, in denen die AfD für Pop gehalten wird, so wenig von dem einzulösen imstande war, was er zwei, drei Generationen lang großmäulig verheißen hat. Also, vor allem mag es daran gelegen haben, dass die Generationen, die mit Elvis, den Beatles, selbst noch mit Punk groß geworden sind, die Entwicklung ihrer bevorzugten Kulturtechnik als linear erfahren haben. Pop-Kultur funktionierte wie die einfachen Experimente aus dem Chemiekasten, lehrte einen der Blick in die Charts; man mischt das Blaue mit dem Schwarzen, zisch, schüttelt dann den Hintern und, puff, hat man den nächsten Evolutionsschritt gemacht, von Folk zu Country zu Rhythm 'n' Blues zu Rock 'n' Roll zu Beat zu Rock zu Disco zu Punk zu Techno zu ... Im Gleichschritt tanzt die Gesellschaft ebenfalls den großen Emanzipations- und Fortschrittstanz, lässt die feudale, die bürgerliche, die faschistische, die spießige Realität hinter sich, schließlich ist das Gute im Fortschritt selbstevident – wer Augen hat, der sehe; wer Ohren hat, der höre – und mit messianischer Gewissheit ließ sich zu den Schächern um einen herum sagen: »Heute noch wirst du bei mir im Paradiese sein«, was sich sinngemäß übersetzen lässt als *move your ass and your mind will follow.*

Doch wie stets täuscht auch hier der messianische Dreisatz. Es gibt wohl ein Heilsversprechen, das Pop abgibt, aber keine Heilsgewissheit. Pop verspricht dem Individuum, dass es ein Dasein jenseits der bekannten Parameter gibt. Pop verspricht aber nicht, dass man dieses jenseitige Anderland auch erreicht. Oder dass es hält, was man sich davon versprochen hat. Pop ist nämlich von Haus aus verlogen, auch weil Typen wie ich diesen Warhol-Satz mit der Arbeit ständig weglassen und nur – *Wham Bam Thank You Ma'am!* – von Sex, Drogen und schönen, jungen Menschen reden. Selbstverständlich kann man dieses tipptopp Lügengebäude bewohnen wie ein Darby Crash, ein GG Allin, sogar wie ein Daniel Küblböck – dessen Name Google als Erstes nennt, wenn man »Deutschland sucht den Eggenfelden« eintippt – aber das provokante Nichtbeherrschen des Handwerks, auf dem die Kunst fußt, hat wie jede Provokation nur eine begrenzte Halbwertszeit. Wie oft muss man sich von GG Allin bespucken lassen, bis man kapiert hat, dass hier lediglich Reiz auf Reiz getürmt wird, dass das Wichsen von heute das Scheißen von gestern ist, brauner Baaz, welcher schließlich als Kollegah-Reim ein weiteres Mal hervorgewürgt wird, quasi als Echo auf all die *agents provocateurs* der Pop-Geschichte. Nein, auch Pop ist leider Arbeit im Warhol'schen wie im Weber'schen Sinne – Joe Strummer wusste ganze Alben davon zu singen –, und nirgends kann man dieser Realität so klar ins fahle Gesicht blicken wie in den Shows, in denen dieser oder jener Star oder ein Model gesucht werden und junge Menschen ihr Stimmtalent oder ihre operierten Brüste ausstellen, als seien sie rumänische Bettler in der Fußgängerzone, die ihren Fußstumpen im Auftrag ihres Sippenchefs gen Himmel recken: Pop als organisierte Kleinkriminalität. Wobei man das Wort *klein* hier durchaus streichen darf.

Pop kam in die Welt wie Hellboy, eine Comic-Ausgeburt der Hölle also, die gut zu sein hatte, oder so halb gut, so gerade noch gut, dass es interessant blieb. Pop hat schließlich sogar zu so etwas Pop-Fernem wie einer eigenen Art Mittelschicht geführt: Im Gefolge der ideologisch links unterfütterten Indie-Bewegung hat sich seit den 70ern ein popaffines, aber nicht mehr dem bedingungslosen Vernutzungszyklus des Daseins als Star verpflichtetes Pop-Bürgertum etabliert – Label-Bosse wie Daniel Miller oder die Trikont-Crew, Musiker wie Nick Cave oder Robert Forster, Schriftsteller wie Thomas Meinecke oder Nick

Hornby: alle zufrieden mit einer Mischkalkulation aus Masse und Klasse und *a little help from the* Staatskasse –, das nicht mehr im Warhol'schen Sinne das Dollarzeichen anbetet, sondern auch verstanden hat, dass es andere Währungen gibt: Zeit, Zufriedenheit, Selbstbestimmtheit. Doch das ist fast eine Mutation von Pop; ich selbst würde sie als privilegierten Sonderweg sehen, der nur wenigen offensteht, weil die dialektische Beziehung von Verzicht und Gewinn komplex zu internalisieren ist. Glamour durch keinen Glamour. Darum gilt im globalen Maßstab auch heute noch: Mit einem Kinderreim wie »Mary Had a Little Lamb«, wie ihn Edison als Allererstes intoniert hat vor seinem Schalltrichter, konnte und kann man keinen Ladenschwengel dazu bewegen, fünf Cent in eine Abspielgerätschaft für Musik zu stecken. Erst die Verpackung der lächerlich cheapen Mechanik und der lächerlich cheapen Musik in Glas und Chrom und elektrisches Licht machte aus Nichts eine Ware, ein *instrument de la mémoire*, nach der die zukunftshungrige Jugend des ausgehenden 19. Jahrhunderts verlangte.

Der Schein bestimmte das Bewusstsein, und der erste künstlerische Quantensprung im Präto-Pop fand 1927 nicht wegen der zugegeben aufregenden Darbietungen eines Jimmie Rodgers oder einer Sara Carter statt, die im schwül-heißen Bristol, Tennessee, zum ersten Mal vor einem Mikrofon standen und weißen Gospel, Blues, Opernarien-Schmalz und Patrioten-Kitsch in eine verständliche Form zu bringen wussten: Der Quantensprung wurde möglich, weil der Talentscout und Produzent Ralph Peer den genialen Einfall hatte, dass sich ausschließlich durch neue Songs, immer wieder neue Songs – im Gegensatz zur Masche der drei großen US-Plattenfirmen, Altbekanntes bloß in immer neuer Form anzubieten – für Musiker wie deren Manager ein Vermögen machen ließ. Erst die Aussicht auf einen Duck'schen Geldspeicher voller Tantiemen ließ Peer um die halbe Welt reisen, um zu einem künstlerischen Innovator ohne Beispiel zu werden: Kunst als Abfallprodukt der Geldgier. Warhol avant Warhol. Wobei die reine Geldgier der damals bereits existierenden Schallplattenmultis einer humanistisch verbrämten Geldgier Platz machte: Peer bezahlte das Wenige, das er den Musikern, gleich welcher Hautfarbe, garantiert hatte und hielt sich auch daran, weshalb »seine« Künstler ihm auch ihre ganze Karriere lang treu blieben. Ein Kapitalist, der einem tatsächlich 25 Prozent von dem auszahlte, was einem eigentlich zu 100 Prozent zustand, war besser als ein Ganove, der einen mit 25 Dollar Handgeld zur Tür hinausexpediert hat. Was nicht heißt, dass der Managementtypus Gangster nicht bis weit in die 70er-Jahre hinein weiter existierte: Die Rolling Stones, die Beatles, Roxy Music oder King Crimson mussten jede Menge Lehrgeld zahlen, und mit größtem Vergnügen höre ich immer wieder die Geschichte, wie Don Arden, Manager der Small Faces, bei den Eltern der Musiker aufgetaucht ist, um die geringen Einkünfte der Small Faces durch eine von ihm erfundene Heroinabhängigkeit zu erklären. In Wahrheit speiste er die Band mit einem Taschengeld ab und ließ sie zum Beispiel nie in die USA reisen, weil sie dort unweigerlich mitbekommen hätten, welche Summen ein Musiker in den 60ern bereits verdienen konnte.

Denn spätestens mit einem Albert Grossman, der damals unter anderem Dylan managte, hatte sich der progressive Typus Pop-Tycoon in der Nachfolge von Ralph Peer durchgesetzt. Und dieser paternalistische Kumpel füllte sich und seinen Musikern die Säckel bis in die 80er-Jahre hinein, als plötzlich eine andere Sorte Böser Wolf vor dem Haus der Drei Schweinchen seine Backen blähte: Corporate America war auf die scheint's nie versiegenden Geldquellen im Lande Pop aufmerksam geworden, multinationale Konzerne, gegen die ein gerade noch allmächtig scheinender Plattenboss plötzlich wie ein Goldfisch im Haifischbecken wirkte. Was hier wie ein Lehrstück in Kapital-Darwinismus wirkt, ist nur die Fabel, mit deren Hilfe eigentlich ein Stück Kulturgeschichte des Westens erzählt werden kann: Pop beginnt mit der Mechanisierung der Arbeitswelt, ist selbst mechanisch wiedergegebene Lebensäußerung eines immer selbstbewussteren Teils der (amerikanischen) Bevölkerung, nämlich der langsam, aber sicher und durch den Wirtschaftsboom zweier Kriege befeuerten Arbeiterschaft mit ständig steigender Kaufkraft und daraus resultierenden emanzi-patorischen Selbstermächtigungsfantasien, die auch der bürgerliche Teil der Gesellschaft attraktiv finden kann. Die sich damit fast orga-nisch bildende Mittelschicht findet so ihren Sound, ihren künstleri-schen Ausdruck, und durch die ständige Abspaltung von Subkulturen, die mit der von Schelsky »nivelliert« genannten Mainstream-Kultur nicht einverstanden sind, hat dieser gesamtgesellschaftliche Konso-lidierungsprozess sogar so etwas wie einen eingebauten Kreativitäts-motor, der durch die zyklisch scheinende Erneuerung der jeweiligen Moderne für eine verlässliche Verbreiterung der Wertschöpfungsmög-lichkeiten sorgt – ein Beispiel unter vielen: der Zusammenhang von Boheme und Gentrifizierung.

Diese Rolle von Pop als sinnstiftender Identitätsmaschine funk-tionierte so lange, bis der Kernsatz von Pop, dass jeder zu jeder Zeit und ohne große Konsequenz ein anderer werden konnte, eine derartige Atomisierung der Partikularinteressen hervorgebracht hat, dass heute weder von einem Mainstream noch von sich aufbauenden Erneuerungs-zyklen die Rede sein kann, die in Opposition zu diesem Mainstream stehen, sondern ein wuseliges Nebeneinander von angeblich gleich-wertigen und gleichzeitigen Ausdrucksformen wird jetzt als gegeben akzeptiert – woraus allerdings auch eine gewisse Impotenz auf ge-samtgesellschaftlicher Ebene resultiert: *This is Pop?* Na und? Die Ge-nerationen des Rock, des Beat, des Punk, selbst Techno pochten auf die Authentizität des von ihnen Miterlebten, formten daraus einen Wertekanon, dessen Ablehnung durch Jüngere oder bloß Gleichgül-tigere als Deklassierung, als Entwertung des eigenen Lebensentwurfs wahrgenommen wird, ein Gefühl, das auch in der Arbeitswelt durch zunehmende Globalisierung, Digitalisierung, durch die Tendenz zur Selbstausbeutung als Freiberufler verstärkt beziehungsweise erfahr-bar wird. Waren Pop-Musik und später Pop Art und Pop-Journalismus und Pop-Literatur sozusagen der kulturelle Soundtrack einer im Grun-de sozialdemokratisch denkenden und handelnden Industriekultur, so bildet sich die neue postnationale, aber auch postethische Arbeitswelt im Widerschein der Handys und Laptops ab, ist der in die Zukunft drängende Charakter neuer Kulturmanifestationen ins Internet abgewandert und die Verramschung der Pop-Gottheiten Song, Album, Buch durch Streaming-Dienste, kostenlose Downloads zeigt nur umso deutlicher, was Pop noch wert ist: X Millionen Lieder auf Amazon Prime heißen nur, dass man vor der schieren Menge bloß noch kapitulieren kann. Da scheinbar alles sofort und de facto umsonst zu haben ist, hat nichts mehr einen Wert. Pop – und die Gesellschaft, in der er zu sich selbst gefunden hat – scheint an einem Endpunkt angelangt. Aber wird es an dieser Stelle nicht erst so richtig spannend, auf der Terrasse des Hotels am Abgrund? Auch Petrus the Rock hat sich nach kurzem Zweifel seinen Job als Religionsstifter nicht vermiesen lassen, bloß weil ihm der Messias weggekreuzigt worden ist: Pop ist erstanden! Und schaut im Dämmerlicht einer neuen Zeit, die nicht länger die kulturellen Bedingungen einer US-amerikanischen Hybridkultur simulieren kann, um die Nase herum ein wenig asiatisch-arabisch-afrikanisch aus. *Very heavy, very rough,* ganz anders sozialisiert, aber hungrig und geil und durstig und frech, und laut Oscar Wilde sind es ohnehin immer die Besten unter den Armen, die niemals dankbar sind: »Sie sind undankbar, unzufrieden, unbotmäßig und aufsässig. Sie haben ganz recht, so zu sein!« Und sie werden uns in tausend Zungen wissen lassen, was wir ohnehin wissen: dass Geldverdienen in der Art Leben, die sie kennen, die höchste Form von Kunst ist. Wahre Arbeit, wahrer Lohn. Und dann noch ein wenig was drauf. Das, Freunde, wird ungemütlich, aber wollten wir es nicht genau so?

Gesetzt aus der Tarzana, serifenlose, charakterstarke Antiqua, entworfen 1998.

Alexander Gutzmer

Die größte Leinwand der Welt

Stefan Falke und die Frontera

Vor einigen Wochen stellte US-Präsident Trump sogenannte »Prototypen« für seine große Mauer vor. Architektonische Realentwürfe von Architekten davon, wie dieser vermeintliche nationale Schutzwall mal aussehen könnte. Präsentiert wurden die vertikalen Großobjekte, die jetzt in der Nähe von San Diego herumstehen, mit viel medialem Tamtam. Die ganze Aktion wirkte, als sei das mauerarchitektonische Schaulaufen schon »the real thing«.

Und in gewisser Hinsicht ist es das auch. Für Trump geht es nämlich bei dem Mauerprojekt vor allem um dessen mediale Wirksamkeit. Die Komplettrealisierung des Vorhabens dürfte schwierig werden – finanziell schwierig, vor allem aber wegen der zerklüfteten Landschaft in der Wüste kaum zu verwirklichen. Das stört Trump allerdings nicht. Das permanente Reden über die Mauer erfüllt für ihn seinen Zweck. Das Thema Mauerbau dient der Selbstinszenierung – und die Grenze wird dabei zum Medium.

In einem Buch, das ich in diesem Herbst in der kursbuch.edition veröffentliche, geht es um eben diese Thematik: die Grenzregion als Medium. Denn genau das ist sie – ein Medium. Ein seltsames Kulturphänomen. Und damit sind wir beim Thema Kunst – und dem Fotografen Stefan Falke. Denn es kommt nicht von ungefähr, dass der in New York lebende deutsche Fotograf sich mit seiner Fotoserie »Border Artists« jenen Kunstproduzenten widmet, die an der Grenze zwischen den USA und Mexiko, der »Frontera«, arbeiten. Sie arbeiten nicht nur *an* der Grenze, sie arbeiten auch *mit* ihr und über sie. Kaum eine Kreativdisziplin setzt sich so intensiv mit dem Thema Grenze auseinander wie die bildende Kunst.

Die Frontera ist dabei mehr als nur ein »Thema«. Sie wird nicht nur als räumliches oder auch soziales Phänomen adressiert, ob nun kritisch oder deskriptiv. Die Grenze und ihre physischen Repräsentanten (Zäune, Wälle, Pfähle etc.) werden als solche Teil von räumlichen oder installatorischen Projekten. Bestehende Wände werden bemalt und insofern zur Leinwand. Kunstobjekte werden, oft im Rahmen von Happenings, an der Grenze angebracht, für Bilder wird sie zum Rahmen.

Zugleich ist die Grenze nicht nur neutrales »Material« in dem Sinne, dass sie lediglich Einzug hielte in vordefinierte künstlerische Strategien. Sie entwickelt ein Eigenleben, und die Kunst reagiert auf ihre spezifischen Determinationen und (oft schwer zu verstehenden) Regelhaftigkeiten. Die Grenze ist hier künstlerisches Medium, wird selbst künstlerisch produktiv und fungiert quasi als Kollaborationspartner – für die Künstler, aber ebenso natürlich für Stefan Falke selbst.

Im Jahr 2010 hat der Fotograf begonnen, den Blick auf die Künstler der Grenze zu richten. Er porträtiert Maler, Fotografen, Skulpteure, Tänzer, Musiker, Architekten, Performance-, Graffiti- und Videokünstler. In seinen Bildern dokumentiert er die Kreativen als Subjekte. Falke gelingt es, die unterschiedlichen denkbaren Perspektiven aufzudecken und die Mindsets herauszuarbeiten, mit denen die Grenze subjektiv verhandelt wird. So vermittelt er Einblicke in die mitunter heiter-ironische, zuweilen abgründige, aber immer lebendige Beziehung zwischen Künstler, Kunstwerk und Grenzzaun. Auf der Website https://borderartists. com lassen sich die Perspektivvielfalt des Projektes verfolgen.

Über die Porträts und die darin stattfindenden Verhandlungen unterschiedlicher Künstlerpositionen richtet das Projekt, aber auch Falkes auf dunkle Weise faszinierendes Buch[1] den Blick zugleich auf eine andere Künstlerposition: jene von Stefan Falke selbst. Man geht sicher nicht zu weit, eine biografische Verbindungslinie zwischen dem Werk des Deutschen, seiner Herkunft und dem Grenzstreifen in Nordamerika zu ziehen. Falke kommt aus (West-)Deutschland; er weiß, könnte man sagen, um die Bedeutung einer Grenze. Er kann nachvollziehen, wie sie nicht nur die physischen Bedingungen des Alltagslebens prägt, sondern noch viel mehr die psychische Struktur der damit konfrontierten Menschen. Als Kind im westfälischen Paderborn aufgewachsen, faszinierte Falke nach eigenen Aussagen die Grenze zwischen BRD und DDR; den Osten dahinter stellte er sich als endloses Grau vor. Später interessierte ihn die klaffende Wunde zwischen Israel und Palästina. Und als er Mitte der 1980er-Jahre nach New York zog, war die immer weiter militarisierte Frontera unleugbar präsent.

Seine eigene Biografie trägt also Züge, die ihn gewissermaßen inkremental zum Insider in Sachen Grenzen machen. Vielleicht war es dieser Hintergrund, der es Falke gestattete, sich einzufügen in die Community von mexikanischen Künstlern, die sich mit »ihrer« Grenze artistisch-interpretatorisch-transformativ auseinandersetzten. Er »verschmolz« strategisch mit seinem fotografischen Sujet.[2]

Ein Ursprung von Falkes Interesse für die Grenze war dabei sicher die Eskalation der Kartellgewalt und des amerikanischen »War on Drugs«. Als finaler Trigger fungierten jedoch die Begegnungen mit Künstlern wie Marcos Ramírez Erre, den Falke in Tijuana kennenlernte. Es war 2008, Falke stand nach eigenen Aussagen starr vor Angst auf dem ältesten Friedhof von Tijuana vor dem Schrein von Juan Soldado, dem Schutzheiligen der Grenzgänger, die ihn am Tag der Toten mit Kerzen und Blumen um Hilfe bitten. Später kam er in Kontakt mit Ramírez Erre, der in seinem als Wachturm kaschierten Atelier am Grenzzaun arbeitete. Falke ließ sich von dessen Courage anstecken. Bald war er in Tijuana eingebettet in einen Kreis von Künstlern, die von seinem Interesse an ihren Arbeiten ebenso überrascht waren wie er von deren Qualität und Vielfalt.

In der von Stefan Falke präsentierten Kunst geht es häufig um die Kartellkriminalität und die Art, wie diese ganze Sozialsysteme unterminiert. Doch ein thematisches Monopol haben die Narcos nicht. Nicht alle Border Artists setzen sich unmittelbar mit der Kartellgewalt auseinander. Manchmal spielt diese eher unterschwellig eine Rolle. Das Künstlerkollektiv »Jellyfish« beispielsweise produziert in Ciudad Juárez opulente, demonstrativ dekorativ anmutende Wandmalereien, für die sie die unterschiedlichen Materialitäten der Grenzanlagen als widerspenstige Leinwand mit jeweils ganz eigener materieller Präsenz nutzen.

In der Stadt Nogales realisiert das zweiköpfige Team »Taller Yonke« Fresken und grenzwallbezogene Skulpturen. Das erste Grenzkunstwerk von Taller Yonke nahm im Jahr 2003 Gestalt an. »Border Dynamics« war eine Skulptur aus Stahl und Kunstharz, die vier knapp fünf Meter hohe menschliche Figuren zeigt, die sich von Süden gegen den blechernen Grenzwall lehnten. Ursprünglich sollten die Figuren die Grenze von beiden Seiten rahmen, aber da spielte die US-amerikanische Border Patrol nicht mit. Über die Grenze schaffte es »Border Dynamics« dennoch: Das Werk wurde von der Universität Arizona gekauft und ist dort ausgestellt.

Mit der von Falke eröffneten künstlerischen Vielstimmigkeit ist letztlich ein kontrahierarchisches Gegenstück zu jener grenzbezogenen Mechanik realisiert, wie sie Étienne Balibar untersucht hatte. Balibar hatte das Konzept der »Overdetermination« vorgeschlagen.[3] Der Gedanke dahinter ist: Die soziale, kulturelle und politische Realität an der Grenze wird durch Strategien, die sich anderswo generieren und dem konkreten Ort fremde Ziele geben, überdeterminiert. Die Symbolpolitik Trumps ist eine solche Überdeterminierung. Anhand der Grenze sollen für ihn das Verhältnis der USA zur Welt und die Binnenverfasstheit der USA neu bestimmt werden. Gegen diese Überdeterminierung arbeiten die Border Artists an. Und hiergegen wirkt auch die Perspektivweitung, die uns die Fotografien von Stefan Falke verschaffen.

Buchhinweis:
Alexander Gutzmer: *Grenze aller Grenzen. Inszenierung und Alltag zwischen USA und Mexiko,* kursbuch.edition (erscheint im September 2018).

Gesetzt aus der Objektiv, serifenlose, geometrische Antiqua, entworfen 2015.

Anmerkungen

1 Stefan Falke: *La Frontera. Die mexikanisch-US-amerikanische Grenze und ihre Künstler.* Frankfurt am Main 2014.
2 Claudia Steinberg: »Ein gespaltenes Land«, in: *taz* vom 17.05.2014, gelesen am 24.02.2018 unter http://www.taz.de/!5042211/
3 Chris Rumford: »Towards a Multiperspectival Study of Borders«, in *Geopolitics* 17 (2012), S. 887–902.

STEFAN FALKE
BORDER ARTISTS

113_Die Fotografin Raechel Running am Grenzzaun in Agua Prieta, Mexiko. Auf der anderen Seite liegt Arizona. **114**_Das Jellyfish Colectivo, eine Gruppe von vier Künstlern aus Ciudad Juárez, Mexiko; hier an ihrem »Stammsitz«. Eines ihrer Wandgemälde bedeckt ein ganzes Gebäude in der Stadt. **115**_Eine Cantamo-, Reggae-, Ska-Band am Grenzzaun von Tijuana. **116**_Der Maler Rigoberto A. Gonzalez in seinem Atelier in Harlingen, Texas. **117**_Der Künstler Pablo Llana in seinem Atelier in der Nähe des Grenzzauns in Playas de Tijuana, Mexiko. Seine Kunst, hauptsächlich hergestellt aus Fast-Food-Verpackungen und Bonbonpapier, thematisiert die einseitigen und ungesunden Essgewohnheiten in der industrialisierten Welt. **118/119**_Siki Carpio, Frontfrau und Gründerin der Band Christina Crème, in ihrem Haus in Tijuana, Mexiko. **120**_Der haitianische Maler Nixon Tervine, der am Grenzübergang versucht, seine Arbeiten an Reisende zu verkaufen. **121**_Luis Angel Cedillo Hernandez (Gladiator), ein außerordentlich talentierter Piñata-Hersteller in Nuevo Laredo, Mexiko. **122**_Glenn Weyant nutzt den Grenzzaun in Arizona, um Musik zu machen und aufzunehmen – alles unter dem wachsamen Auge der Grenzkontrolle. Sein Musiklabel heißt SonicAnta. **123**_Die Künstlerin Annie Alvarez Lastra in Matamoros, Mexiko. **124/125**_Ein Porträt des indianischstämmigen Kunstmalers Michael Chiago vor einer seiner Wandmalereien in Sells, Arizona, auf dem Gebiet der Tohono O'Odham Nation nahe der Grenze zu Mexiko. **126**_Der Fotograf Tochiro Gallegos auf dem Dach seines Ateliers in Reynosa, Mexiko. In seinen sehr persönlichen Arbeiten reflektiert er die von Gewalt geprägten Verhältnisse in Grenzstädten wie Reynosa. **127**_Der Musiker El Muerto im Parque Teniente Guerrero in der Innenstadt von Tijuana. Er ist stadtbekannt und tritt häufig bei Kunstveranstaltungen aller Art auf. **128**_Der haitianische Maler Nixon Tervine lebt in Mexicali, der Hauptstadt von Baja California, Mexiko.

»Ich will ja gar nicht provokativ sein«

Matthias Lilienthal im Gespräch mit Armin Nassehi

AN: Wir wollen über Alternativen reden, also über Abweichung. Du bist als Intendant der Kammerspiele in München der ideale Gesprächspartner für das Thema, weil von dir Alternativen erwartet wurden, die nun manchen in der Stadt zu alternativ wirken. Doch fangen wir zunächst etwas grundsätzlicher an: In unserer Generation war alternativ die gute Seite, die den Bürgerlichen einen Spiegel vorgehalten hat.

ML: Es kommt darauf an, wie man den Begriff »bürgerlich« verwendet, ob pejorativ oder positiv aufgeladen. Komischerweise wird darüber diskutiert, dass der Mittelstand in der Krise ist, aber der Begriff der Bürgerlichkeit wird nicht hinterfragt. Für mich ist das merkwürdig, weil ich in München erstmals so richtig mit Bürgerlichkeit konfrontiert wurde. In Berlin gibt es diese Formation des Bürgertums nicht. Ich habe immer gesagt, dass in Berlin das Bürgertum 50 subkulturelle studentische Formen umfasst. Das hat nicht nur mit dem Mauerbau zu tun, sondern auch mit dem Weggang und mit der Zerschlagung des Bürgertums in Ostberlin. Bis zum heutigen Tage hat sich das Bürgertum nicht wieder etabliert. Zu diesem nicht vorhandenen Bürgertum wurde eine Alternative formuliert.

AN: Was ist mit Alternative gemeint? Eine gesellschaftliche, politische oder ästhetische Alternative? Oder anders gefragt: Kam deine Theaterpraxis in Berlin besser an, weil es das starke Bürgertum in dieser Form nicht gab und Abweichung deshalb weniger auffiel?

ML: Das starke Bürgertum war kein Thema. In Berlin habe ich eher als jemand gearbeitet, der zu diesen 50 Subkulturen Zugang und sie zusammengebracht hat. Das Spannende war das Aufeinandertreffen dieser verschiedenen Szenen. Ich würde das auf Berlin bezogen als eine postmoderne Landschaft beschreiben, in der alles nur segmentiert vorhanden ist.

AN: Warum ist München so anders?

ML: München ist anders. Hier gibt es ein klares Sozialisationsziel, das für alle auf das obere Bürgertum hinausläuft. Das ist gesellschaftlich in dieser Stadt verbindlich. Bürgertum heißt hier alteingesessene Familie, das heißt, eine bestimmte soziale Fundierung mit Ehe, Familie und Job als verbindlichem Wertekanon.

AN: Das Erste, was von dir in München sichtbar geworden ist, waren die Shabbyshabby-Apartments, bei denen man sowohl eine politische als auch eine ästhetische Alternative wahrgenommen hat.

ML: Stimmt, aber es ging auch um die Schaffung von Bildern. In dem Moment, wo auf der Maximilianstraße ein Shabbyshabby-Apartment aus alter Kleidung direkt vor Hermès stand, nachts Menschen drin schliefen und morgens um sieben Uhr rauskamen, um auf die Dixie-Toilette zu gehen, sahen sie sich plötzlich im Fenster von Hermès. So entstand eine extreme Differenz. Gleichzeitig hat das Projekt auf sehr verschiedenen Ebenen stattgefunden. Plötzlich erlebte man eine andere Stadt.

AN: Also doch eine Alternative? Man hat einen alternativen Blick auf dasselbe, sieht sich in der Glasscheibe, einem Ort, wo man normalerweise nicht hinkommt. Eigentlich ist das eine sehr klassische Kunstformation. Worin lag dann die Provokation?

ML: Shabbyshabby war eine Antwort auf die hohen Mieten in München. Ich präsentierte das Projekt im Vorfeld unter anderem auch 35 Leuten, denen allen mindestens ein Mietshaus gehört. Und plötzlich gab es keinen Konsens mehr, dass man Wohnungen nicht mehr für 22 Euro pro Quadratmeter vermieten sollte oder man Wohnraum sehr billig und anders produzieren könnte. Es war eine Bedrohung des eigenen Wohlstands.

AN: Ich glaube zutiefst daran, dass wir nur über solche Alternativen lernen. Das ist in der Wissenschaft ganz ähnlich. Wenn wir unsere Sätze nicht mit den Gegen-Sätzen provozieren, dann können wir keinen belastbaren Satz sagen. Ich fasse mal kurz zusammen: Die Abweichung braucht offenbar ein festes Gegenüber, um die Abweichung inszenieren zu können. Die Rechten haben diesen hegemonialen Kampf wieder aufgenommen. Sie wollen Abweichungen verstärken, um aus stabilen Situationen herauszukommen. Die AfD okkupiert den Begriff des Alternativen. Sie haben den Begriff des Alternativlosen von Angela Merkel aufgenommen, aber historisch gesehen ist es in der Tat eine Provokation, dass die Alternative nun auf einmal rechts steht.

ML: Die Linke schafft es leider nicht, Ideen für eine andere Zukunft aufzuschließen. In dem Moment, da Götz Kubitschek und die rechten Thinktanks vom genoptimierten Menschen reden, der durch den maschinellen Fortschritt in einer hybridisierten Art und Weise verschmilzt und dessen Intelligenz sich der Rest der Bevölkerung unterwerfen muss, mag ich das ekelhaft finden und tue es auch, und trotzdem überzeugt dieses Bild bestimmte Menschen.

AN: Ein altes Bild übrigens.

ML: Natürlich, von Ernst Jünger herkommend. Aber wo gestalten wir im Moment Bilder einer anderen Zukunft, die mit dieser Art technischer Zukunft umgehen? Wo schaffen wir Interpretationsmomente, die dem technischen Fortschritt linke Utopien abringen?

AN: Also geht es darum, Alternativen zu formulieren – und in der künstlerischen Praxis darum, jenes Labor sein zu können, solche Formen vorzuführen, also gegen die vermeintliche Alternativlosigkeit aufzubegehren. Ich möchte noch mal auf die Frage zurückkommen, warum ein solches Konzept in München nicht funktioniert. Die Frage der Besucherzahlen ist vorgeschoben, weil sie vorher auch nicht radikal anders war. Es scheint um mehr zu gehen. Oder zielt die Frage in eine ganz falsche Richtung?

ML: Das Theater funktioniert auf eine wunderbare Art und Weise. Die Auslastung meiner Vorgänger lag bei 68 bis 72 Prozent, wir reden also über eine Differenz von 68 zu 63 Prozent und über eine absolute Zuschauerdifferenz von 10 000. Ich finde, dass wir hier eine durch und durch bürgerliche Kunst machen, die versucht, ein paar neue Formen anzubieten, die in den politischen Inhalten eher zurückhaltend auftreten.

AN: Gäbe es auch eine Alternative dazu, eine nicht bürgerliche Kunst?

ML: Für mich sind die Shabbyshabby-Apartments eine Art von nicht bürgerlicher Kunst oder auch die Gründung eines Open-Border-Ensembles, also die Beschäftigung von syrischen Schauspielern als ein Ausbruch aus der bürgerlichen Weiß-Klassengesellschaft Deutschlands.

AN: Aber eine klassische Form, die man mit dem früheren Mäzenatentum vergleichen kann, sich eine Boheme zu halten, die anders ist als man selber. ML: Aber ich finde interessant, dass es wie ein Ensemble von Geflüchteten wirkt. Wir haben uns daran orientiert, wie viele Künstler unter den Geflüchteten sind, die hier angekommen sind. Dann haben wir angefangen, von Beirut aus Castings für die Theaterszene anzubieten. Auf einmal verändert sich der Begriff des Geflüchteten zu einem *artist at risk*. Auf einmal spreche ich mit diesen Menschen darüber, welches Honorar sie bekommen und wie viele Flüge sie kriegen, um die *soap opera* in Damaskus weiterdrehen zu können.

AN: Letztlich sind das Normalisierungsprozesse, bei denen Flüchtlinge in nicht durch die Flucht definierte Situationen hineinkommen. Ich habe selbst öfter gegen den Flüchtling auf der Theaterbühne polemisiert, weil das Publikum ein Bild des Geflüchteten oder Flüchtlings bekommt, das diese Normalisierungsstrategie gar nicht mit in den Blick nimmt. Auf der Bühne bewegt sich der sprechende Flüchtling, nicht der syrische Schauspieler. Der sprechende Flüchtling ist fürs Publikum viel spannender als derjenige, der nicht sprechen kann. Das dient dann fast der Selbstberuhigung, weil man sich den Flüchtling auf Augenhöhe imaginieren kann, als Menschen wie »du und ich«. Und dann sieht man nicht mit, dass die Leute auf der Bühne in erster Linie Schauspieler und nicht Syrer sind, aber die erste Information ist, dass es Syrer sind, Flüchtlinge – aber das ist dann alles andere als repräsentativ für die Fluchtsituation. Dagegen habe ich zugegebenermaßen ein gewisses Unbehagen, nicht dagegen, dass Syrer auf der Bühne stehen – ich finde, das muss viel öfter gemacht werden, auch in anderen Bereichen, in den Medien, in der Wissenschaft, auch auf der politischen Bühne, aber das vermittelte Bild ist ein anderes. Es wendet sich fast gegen die eigenen Ziele und Intentionen. Das Publikum im *juste milieu* imaginiert sich aber eher das Erlebnis, als dass es ihm auf Augenhöhe begegnet.

ML: Trotzdem ist für mich das Stadttheater ein repräsentativer Ort des Bürgertums. Dass dieser Ort mit anderen Menschen durchmischt wird, finde ich einen Akt von horrender Wichtigkeit. Man kann das an einer anderen

Inszenierung mitverfolgen. Wir haben eine Schwarzkopie der Inszenierung *Mittelreich* gemacht, mit einer jungen Regisseurin, die aus München kommt und schwarze Hautfarbe hat. Sie hat gesagt: Wenn ich am Regiepult sitze, sieht niemand so aus wie ich. Wenn ich auf die Bühne blicke, sieht niemand so aus wie ich, und wenn ich abends bei der Vorstellung in den Zuschauerraum schaue, sieht niemand so aus wie ich. Ich wollte, dass sich das einen Abend lang ändert, und habe dafür einen richtig deutschen Stoff gesucht. Und die Steigerungsform von deutsch ist ja bayerisch, deshalb haben wir Bierbichlers *Mittelreich* genommen mit einem Cast aus People of Color. Am Abend der Premiere saßen 100 People of Color im Publikum, die wir vorher noch nie gesehen hatten. Mit dem Publikum gab es danach ein Gespräch:»Ihre Darsteller waren gar nicht alle richtig schwarz. Da war einer nur viertelschwarz und einer nur halbschwarz.« Dann ergab sich ganz schnell die Frage»Aber wir sind alle richtig weiß, oder?«. Diese Strategie bedeutet *appropriation art*, dass jemand das Kunstwerk umsigniert, es durch die schwarze Kopie in eine völlig andere Signifikation bringt und dadurch, dass der Knecht Radusch in der Originalversion von Jochen Noch gespielt und sich ein gutes Schlesisch beigebracht hat und nun wiederum durch einen schwarzen Schauspieler das Schlesisch noch perfekter gesprochen wurde und dass in Relation zu dem schwarzen Körper dieses überperfektionierte Schlesisch andere Bedeutungen abwirft. Das sind andere Effekte, die an einem solchen Abend entstehen. Dass so eine Arbeit dann zum Theatertreffen eingeladen wird, ist doch eine großartige Polemik gegen den deutschen Genie-Kult.

AN: Trotzdem ist es doch wieder eine konventionelle Kunstkonzeption, die sehr kunstvoll mit Alternativen spielt.

ML: Nein, es ist eine Rettung des bürgerlichen Kunstbetriebs, und trotzdem gehen von einer solchen Arbeit sowohl im ästhetischen als auch im politischen Bereich schwere Verstörungen aus.

AN: Nach diesen Verstörungen würde ich gerne suchen. Ich wiederhole noch mal: Gäbe es so etwas wie eine Alternative zur sogenannten bürgerlichen Kunst? Denn nur dann macht dein Zusatz Sinn, dass diese Art Kunst den bürgerlichen Kunstbetrieb rettet. Oder ist womöglich unser

Konzept von Kunst ohnehin im Kern bürgerlich – historisch und systematisch?

ML: Ich weiß gar nicht, ob der Begriff von Bürgertum im Moment alles oder nichts heißt. Wenn das Sozialisationsideal in München immer ein bürgerliches ist, dann gibt es auch nichts anderes mehr. Trotzdem gibt es Gemeinschaften von Peers, die sich kleidungsmäßig und ideologisch ganz anders orientieren. Du hast Shabbyshabby als durch und durch bürgerliche Kunst gekennzeichnet. Von der Konzeption her mag das stimmen. In der Rezeption, dadurch, dass es als Ausstellung im öffentlichen Raum funktioniert, dass es auf Obdachlose und auf die Bewohner ärmerer Bezirke trifft, wohl nicht – es ist unser erstes Stück, das das Getto des unmittelbaren Theaters verlassen hat. Insofern ist es in der Rezeption sehr vielen verschiedenen Menschen begegnet. Es hat sich in dem Sinne aus dem Bürgerlichen herausbewegt.

AN: Warum verschwindet Kunst, über die Menschen sich aufregen, nicht? Sie scheint eine erhebliche Wirkmacht zu haben. Sie verstört und bleibt. Sie bietet Alternativen an, obwohl die Leute gar keine haben wollen. Woran liegt das?

ML: Von den Theatermenschen der 90er- und Nullerjahre ist Schlingensief diejenige Figur, die am meisten in das allgemeine Bewusstsein der Bevölkerung eingedrungen ist, vor Christoph Marthaler und vor Frank Castorf. Und vielleicht ist Schlingensief derjenige, der am meisten mit dem Image der Provokation konfrontiert wurde. Wenn er heulend darunter litt, dass er als *agent provocateur* gehandelt wurde, als er die Partei gemacht hat, an den Wolfgangsee fährt und in dem Moment, in dem 300 Anhänger der Partei in den See springen und wir alle wissen, dass sich der Spiegel des Sees durch das Reinspringen nur minimal verändert, er das aber als Bild kreiert, dass es das sichere Ende von Helmut Kohl ist – das sind Bilder, die verzweifelt nach Provokation geschrien haben. Gleichzeitig ist er der Künstler, der das Theater wirklich revolutioniert hat.

AN: Vielen Dank.

Gesetzt aus der Avenir, serifenlose halbgeometrische Antiqua, entworfen 1988.

Ernst Mohr
Hot Shit
Über die semiotische Konkurrenz von Marken

Früher gab es im Einzelhandel nur Waren wie Mehl, Zucker, Gemüse, Fisch, Butter, Kernseife, Milch zu kaufen — Güter so alternativlos wie unsere Grundbedürfnisse. Es gab nur Ware, die sich zur Bedürfnisbefriedigung ergänzte, sogenannte Komplemente, wie die Ökonomen sagen. Heute wartet auf uns in den Supermärkten ein kaum mehr überschaubares Angebot an Marken in jeder einzelnen Produktkategorie (bis hinab in jede einzelne Subkategorie) — Güter also mit einer Vielzahl an Alternativen, sogenannte Substitute, wie die Ökonomen sagen.

Diese Entwicklung von der Alternativlosigkeit zum Alternativenreichtum ist weniger dem technischen Fortschritt geschuldet als dem Fortschritt im Branding — einem Prozess der Bedeutungsverleihung von Dingen. Ware — Dingen mit identischer Funktionalität — wird im Branding spezifische und damit unterschiedliche Bedeutung verliehen. So entstehen aus funktional identischen Dingen unterschiedliche Objekte mit alternativen Bedeutungen, die wir als Marken kennen: Aus einem Mittel gegen den Reizmagen wurde Coke oder Pepsi, aus Suppenwürze Maggi oder Tellofix, aus Kaffee Dallmayr-, Eduscho-, Darboven-, Eilles-, Illy- usw. Kaffee, aus Benzin wurde Esso, Agip, Shell oder BP, und aus einem Automobil wurde Mercedes, BMW, VW, Audi, Fiat, Rolls-Royce oder Tata Motors.

Der technische Fortschritt vergrößert lediglich den Reichtum an Produktsubkategorien: 95-, 98-Oktan-Benzin; Mittel-, Ober- und Luxusklasseautos; Verbrennungs-, Hybrid- und Elektromotor; Bohnen- und Kapselkaffee. Erst das Branding bringt den Alternativenreichtum in die Welt: 95-Oktan-Benzin von einer ganzen Handvoll verschiedener Tankstellenmarken, fast jeden Fahrzeugtyp gibt es von mindestens einem Dutzend Automarken, Kaffee von

1000 gebrandeten Röstereien. Vom Wein, den wir am Etikett erkennen, ganz zu schweigen.

Branding macht die Welt alternativenreich, so jedenfalls die ins Auge stechende Evidenz. Unser Dank dafür gilt dem Branding der Unternehmen! Aber ist es tatsächlich so? Und falls ja, wem gebührt der Dank wirklich? Die folgenden Überlegungen dazu kommen zu einem paradoxen Schluss: Unternehmen branden, um ihre Produkte zu einer Alternative im Markt zu machen. Ist ihr Branding besonders erfolgreich, bleibt ihr Produkt als alternativlos zurück; nur wenn das Branding in einem zu präzisierenden Sinn scheitert, schafft es tatsächlich Alternativen. So ist die Alternativlosigkeit dem Erfolg und der Alternativenreichtum dem Misserfolg unternehmerischen Handelns geschuldet.

1. Marke als Alternative

Funktional ähnliche Ware wird zu den Produktionskosten gehandelt. Unternehmen erwirtschaften damit einen Gewinn, der ihr unternehmerisches Risiko entgilt, aber nicht mehr. Kein Unternehmen rentiert sich so wirklich, jedenfalls nicht in einem ordentlich funktionierenden Markt. Erst wenn es ein Unternehmen schafft, seine Ware aus dem Gros des Konkurrenzangebots herauszuheben, sind größere Gewinne möglich. Bei funktional identischen oder sehr ähnlichen Produkten gelingt dies, wenn das Ding ohne Bedeutung, das alle verkaufen, in ein Markenobjekt, das heißt in ein Objekt mit einer speziellen Bedeutung verwandelt wird. Dessen Bedeutung hat sich dann in unseren Köpfen festgesetzt und wird aktiviert, wenn wir von der Marke stimuliert werden: »Gute Nahrung aus unserer Kindheit« (Nestlé), »The real thing« (Coke), »Glamour« (Prada), »Prätentionslosigkeit« (Birkenstock) usw. Diese Transformation von Ding zu Objekt ist das Ziel des Branding. So entstehen Alternativen: Beim Schuhwerk zum Beispiel haben wir die Wahl zwischen »Glamour« (Prada) und »Prätentionslosigkeit« (Birkenstock). Für Prada ist Birkenstock keine Konkurrenz mehr und Prada nicht für Birkenstock. So heben sich beide voneinander ab, und beide erwirtschaften größere Gewinne. Das Motto lautet: Bedeutung schafft Gewinn. Der Barwert dieser Bedeutung ist der Markenwert, den Experten wie den Wert der Fabrikanlagen, der Patente und der liquiden Mittel in Geldeinheiten ausdrücken. So ist heute der Markenwert des Markenportfolios der BMW AG größer als der Wert jedes ihrer anderen Vermögensteile, größer als alle Produktionsanlagen weltweit zusammen und größer als der Wert aller Patente im Eigentum des Unternehmens.

Professionelles Branding schafft diese intangiblen, aber realen Werte. Marken mit schwacher Bedeutung sind weniger wert als solche mit einer starken. Starke Marken sind solche mit einer starken Bedeutung. Sie vermitteln markante Produkteigenschaften jenseits der funktionalen Eigenschaften: Die Markenpersönlichkeit zum Beispiel vermittelt menschliche Eigenschaften wie Unangepasstheit (Saint Laurent), Femininität (Dove), Maskulinität (Harley-Davidson) oder Androgynität (Disney). Eine schwache Marke ist wie ein Mensch ohne Eigenschaften, ihr Markenwert ist im Vergleich zu einer starken Marke gering. Starke Marken bieten echte Alternativen, und jedes Unternehmen will eine starke Marke (sein). Gemäß dieser Logik verdanken wir den Alternativenreichtum in der Konsumwelt dem Branding der Unternehmen.

2. Die alternativlose Marke

Das Problem mit dieser Logik ist das Eigeninteresse der Unternehmen. Ihnen genügt die Schaffung einer Alternative nicht. Denn Alternativen sind Substitute, und zu Substituten gibt es Alternativen. Alternativen schaffendes Branding streift deshalb Konkurrenz nicht völlig ab. Es werden lediglich Marktnischen besetzt, in denen sich aber auch noch andere Marken tummeln: Die Marke Saint Laurent zum Beispiel steht nicht in Konkurrenz mit Mainstream-Marken wie Marc O'Polo, s.Oliver oder Gucci, aber sie besetzt mit zahlreichen anderen (wie Rick Owens, Gosha Rubchinskiy, Vivienne Westwood) die Marktnische einer auf Krawall mit dem Mainstream gebürsteten Kleiderordnung. Gemeinsames Element der Bedeutung dieser Marken ist die Ablehnung von bürgerlichen Werten, der Verstoß gegen tradierte Konventionen, Tabus und die Normen der großen Masse. Sie ziehen eine Kundschaft an, deren dominantes expressives Motiv ist, Distanz zum Mainstream zu zeigen, und die zu diesem Zweck die Mittel des Extremen einsetzt. Diese Marktnische ist zwar von anderen getrennt, in ihr herrscht aber weiter Konkurrenz. Es ist deshalb im Unternehmensinteresse, die eigenen Produkte im Zielmarkt weiter von der Konkurrenz herauszuheben. In Märkten für (bedeutungsarme) Dinge ist das Mittel dazu die funktionale Produktdifferenzierung, die unvollständige Konkurrenz schafft und darüber zusätzliche Gewinne verspricht. In der Welt der bedeutungsgeladenen Marken ist es der Zustand der Alternativlosigkeit, der maximalen Markenwert verspricht: Die Marke soll für die Zielkundschaft alternativlos werden. Erst dann ist der Branding-Himmel erreicht. Apple, die derzeit wertvollste Marke der Welt, ist alternativlos für jene, die sich in ihrem Lebensstil mit fließenden Übergängen zwischen Arbeit und Freizeit nicht ständig an die Tristesse des Bürograus erinnern lassen wollen. Harley-Davidson ist alternativlos für alle bikenden (Wochenendmöchtegern-)Outlaws. Saint Laurent ist in der Verschmelzung von »Um eure Regeln schere ich mich nicht!« und extremem Luxus alternativlos für die superreichen »Rockstars«, die sich in Georg Simmels Konsumdilemma zwischen Abgrenzung und gerade noch verstanden werden fürs Verstandenwerden entscheiden. Für jene, die dasselbe Expressionsinteresse und eine ebenso gefüllte Börse haben, sich in diesem Dilemma aber fürs Abgrenzen entscheiden, ist die Marke Rick Owens alternativlos, die in ihrer Stilsprache aus Zitaten aus anderen Kulturen den staunenden Mainstream verständnislos und in größtmöglicher Distanz zu sich und ihren Trägern zurücklässt.

Erst wenn eine solche Alleinstellung erreicht ist, ist die Bonanza des Branding gefunden. Aber dann ist die Bedeutung der Marke so speziell geworden, dass es keine Alternative mehr zu ihr gibt. So mündet die ultimativ erfolgreiche Schaffung von Alternativen in Alternativlosigkeit.

3. Das Scheitern des Branding

Es wird damit klar, dass die Ursache der Entstehung von Alternativen in der Konsumwelt nur im Scheitern des Branding liegen kann — gescheiterten Versuchen, einer Marke in ihrem Markt eine alternativlose Bedeutung zu verleihen. Es gibt zwei Ursachen für dieses Scheitern: erstens handwerkliche Fehler im Branding und zweitens Akteure, die von außen Einfluss auf die Bedeutung der Marke nehmen. Selbstverständlich können beide Ursachen zusammenkommen. Die erste Ursache ist als korrigierbare Unprofessionalität für unsere Fragestellung ohne grundsätzlichen Belang. Ganz anders dagegen verhält es sich mit Nummer zwei, der unvermeidbaren Nichtexklusivität der effektiven Kontrolle über die Marke: Die Gleichsetzung rechtlicher Eigentümerschaft mit effektiver Kontrolle ist nirgendwo weniger haltbar als im Fall der Marke. Ihre Bedeutung wird nie allein vom Rechteinhaber kontrolliert, sondern ist immer Ergebnis einer sozialen Aushandlung. Das Unternehmen ist in dieser Aushandlung stets nur eine Partei, die anderen Parteien sind seine Zielkunden, solche, mit denen es niemals zuvor gerechnet hat, die es niemals gewinnt, die es nicht will, aber hat, sowie andere kollektive Akteure wie Konsumenten-, Umwelt- und andere Schutzorganisationen und sonstige Aktivisten, die sich mit der Rolle des Zuschauers nicht zufriedengeben. Die Bedeutung einer Marke und damit der unter ihrem Dach vertriebenen Objekte wird so zum Spielball in einer komplexen kommunikativen Interaktion. Eine effektive Kontrolle darüber zerrinnt darin wie Sand in der Hand des Inhabers des Markenrechts. Viele Beispiele stützen diese These.

Nestlé ist als Unternehmen herausgefordert von Aktivisten, die ihm unethisches Verhalten als Trinkwasser- und Milchpulveranbieter in Entwicklungsländern vorwerfen. Ich mit meinen bislang guten Erinnerungen aus meiner Jugend an das Kakaogetränk von Nestlé fühle mich verunsichert, ob die Marke nun eine gute oder schlechte Konnotation hat.

Birkenstock war in den 1970er-Jahren kultiges Symbol für das Hippie-Ethos einer Großelterngeneration, danach mega-out bei der Kindergeneration als Symbol für alles, was den Anschluss an die Gegenwart verloren hat, und ist jetzt bei der Enkelgeneration wieder mega-in als Zeichen einer modebewussten Prätentionslosigkeit. Der erste Bedeutungswandel — von der Groß-eltern- zur Elterngeneration — ging ganz gegen die Intention des Unternehmens, der zweite — von der Eltern- zur Enkelgeneration — ganz ohne sein Zutun und zur umso größeren Überraschung des Managements.

Mit Zutun des Managements, aber nicht ohne das Zutun von Dritten ruinierte Abercrombie & Fitch seinen Markenwert auf einen Schlag. In einem Interview positionierte der CEO die College-Kid-Marke mit ihrer tradierten Bedeutung von Natürlichkeit in den weißen Wurzeln der amerikanischen Nation als eine Marke ausschließlich für die Superschönschlanken. Der dadurch ausgelöste Shitstorm im Netz brachte das Unternehmen an den Rand des Zusammenbruchs, und die Bedeutung der Marke wurde jene von Arroganz, Zynismus und Überheblichkeit.

Der erste globale Internet-Shitstorm traf aber BP. Das Unternehmen wollte weg vom alten Image und ersetzte BP = British Petroleum durch den Slogan BP = Beyond Petroleum, ohne jedoch seinen Worten Taten folgen zu lassen. Der daraufhin von Ökoaktivisten lancierte Shitstorm zwang BP in die Knie und hinterließ der Marke den Makel, auf zynische Weise Schindluder mit der Erde zu treiben und die Bevölkerung für blöd zu verkaufen. Was übrig blieb, ist das mit der Beyond-Petroleum-Kampagne eingeführte Sonnenblumenlogo und das umso tiefer sitzende Image eines fossilen Brennstoffdinos.

Lonsdale und New Balance wurden von Markenpiraten der neuen Art gekapert. Markenpiraten alter Art sind Anbieter, die bekannte Marken fälschen, Piraten neuer Art sind neue Kunden, die das Unternehmen partout nicht will. Im Fall beider Marken sind diese Kunden Neonazis, die mit den Logos ihre Ideologie kommunizieren. Beide haben ihren Ursprung im Sport, weitab von rechter politischer Ideologie, Lonsdale im Boxen, New Balance im gesundheitsbetonten Lifestyle Bostoner Yuppies. Nichts Rechtes signifizierten die Marken vor der feindlichen Übernahme.

Das bot aber keinen Schutz vor Neonazis, die mit den Logos ihre Ideologie zeigten: Das weithin sichtbare N auf den New-Balance-Sportschuhen ziert nun Füße bei Neonaziaufmärschen, und die Abdeckung der ersten und letzten beiden Buchstaben von LoNSDAle erinnert auf Neonazi-Hoodies an eine verbotene Partei. Bisher treue Kunden der Marken gingen auf Distanz, wollten über sie nicht in Verbindung mit der rechten Gesinnung gebracht werden.

Beide Beispiele zeigen: Der Rechteinhaber hatte keine exklusive Kontrolle über die Bedeutung der Marke, Dritte postulierten eine neue Bedeutung, die mit der alten konkurrierte. Kunden und Nichtkunden haben so eine Marke mit alternativen Bedeutungen erhalten. Erst im sozialen Aushandlungsprozess obsiegt die eine oder andere, oder es entsteht eine dritte, oder es setzt sich die Mehrdeutigkeit der Marke fest. Nestlé wurde die Konnotation des Profiteurs der Globalisierung nie mehr ganz los, Lonsdale und New Balance bekämpfen heute die politisch inkorrekte Kaperung ihrer Marke. Das Internet ist noch immer voll von Verballhornungen des gescheiterten BP-Slogans (BP = Bad People).

Diese Marken sind heute Ikonen eines gescheiterten Branding, des Versuchs, eine Marke im Glauben des Rechteinhabers, er habe exklusive Kontrolle über ihre Bedeutung, alternativlos zu machen. Tatsächlich ist keine Marke alternativlos, selbst wenn sie die einzige in ihrer Marktnische wäre. Ihre Bedeutung hat stets viele Eltern, und der soziale Aushandlungsprozess ist nie ganz zu Ende. Er kann jederzeit neue Fahrt aufnehmen und eine neue Richtung einschlagen. Das heißt, der Alternativenreichtum in der Konsumwelt ist nicht dem Branding der Unternehmen geschuldet, das lediglich den Input liefert in einen andauernden sozialen Prozess, der nie zu Ende und dessen Ausgang unbekannt ist.

4. Sitz und Kommunikation von Bedeutung

Die Bedeutung einer Marke steckt nicht im Logo oder ihrer Werbung, sondern in unseren Köpfen. Trotzdem gibt es stets weniger alternative Bedeutungen, als es Köpfe gibt. Andernfalls könnten wir mit Marken, die wir zeigen, und denen, die wir gerade nicht zeigen, nicht kommunizieren. Kommunikation mit dem Signifikanten Marke setzt ihre sozial geteilte Bedeutung voraus. Sie muss nicht in allen Köpfen dieselbe sein, aber es braucht mindestens zwei Menschen, für die sie (momentan) identisch ist, damit sie zur nonverbalen Kommunikation zwischen diesen beiden taugt. So können sich alternative Bedeutungen von Marken, mit denen wir kommunizieren, nur stets gruppen-weise festsetzen. Für die einen, A, steht Lonsdale nach wie vor für Kampfsport, für die anderen, B, für rechtes Gedankengut.

Das allein macht Lonsdale aber noch nicht zu einer Marke mit einer alternativen Bedeutung. A und B sind zunächst wie zwei unterschiedliche (Sub-) Kulturen, innerhalb derer man sich zwar versteht, über deren Grenzen hinaus aber keine nonverbale Verständigung darüber möglich ist. Lonsdale ist dann wie Mini, ein Auto, das in England für den Rennsport steht und in Deutschland für ein Frauenauto, ohne dass das weitere Konsequenzen für die Marke hätte. Beide Bedeutungen existieren unbemerkt voneinander nebeneinander her. Oder die Marke dient unbemerkt von der großen Masse als Geheimzeichen in einer Gruppe, wie eine Zeit lang der Männerohrring rechts fürs Schwulsein stand und der Ausschank von Absolut Vodka einen Schwulen-Hangout markierte. Erst wenn es uns in A dämmert, dass die Marke auch eine andere als die gewohnte Bedeutung haben kann, haben wir eine Alternative. Aber wie erkennen wir dies, steckt doch ihre Bedeutung in den Köpfen von B, in die wir nicht blicken können?

Wir schlussfolgern sie aus dem beobachtbaren von dem unseren abweichenden Gebrauch der Marke in B: Ich sehe LoNSDAle und erkenne Lonsdale. Ich erkenne Neonazis an ihren sonstigen Zeichen und unterstelle, dass ihr Zeigen von LoNSDAle kein Zufall ist, sondern ein (weiteres) Zeichen setzt, ihre Gesinnung exemplifiziert. So dämmert mir in A, dass Lonsdale in B für rechtsextreme Gesinnung steht. Die Marke ist bei mir in dem Moment mehrdeutig geworden, in dem ich mir die Frage stelle: Nur in B? Oder steht Lonsdale auch bereits in A für rechtsextreme Gesinnung? Ich lasse zur Sicherheit meinen Lonsdale-Hoodie im Schrank, um mit ihm nicht etwas zu kommunizieren, was ich nicht will.

Im Gebrauch einer Marke wird ihre Bedeutung transportiert, was den Nichtgebrauch mit einschließt. Dies gilt für jede Marke. Unterschiedliche miteinander im Widerspruch stehende Gebräuche transportieren alternative Bedeutungen. Hantiert jemand voller Stolz mit einer Louis-Vuitton-Tasche, schließen wir daraus, dass die Marke hier für genussvolles Reisen steht. Sehen wir einen Handwerker, der sie als Werkzeugkasten benutzt, kommen uns

Zweifel. A und B der Bedeutung zeigen sich in A und B im Gebrauch (und Nichtgebrauch) der Marke. Manchmal verursachen Unternehmen selbst die Mehrdeutigkeit ihrer Traditionsmarke bei ihrer Stammkundschaft, indem sie neue, junge Kundengruppen zu gewinnen suchen, die mit ihrem Verhalten die Stammkundschaft verunsichern. Wintersportortmarken sind ein Beispiel. Anderes Verhalten von neuen Kundengruppen verursacht generell die Mehrdeutigkeit von Marken.

Da der Gebrauch von Marken(objekten) — allgemeiner der Umgang mit ihnen — verbale Äußerungen über sie mit einschließt, kann der Rechteinhaber sie niemals alleine kontrollieren, und so können stets Gruppen entstehen, deren unterschiedlicher sichtbarer Umgang mit der Marke eine mehrdeutige Bedeutung in mindestens einer dieser Gruppen entstehen lässt. Marken erhalten so eine alternative Bedeutung, die sie manchmal dann auch behalten. Der soziale Prozess führt statt in die Alleinstellung als Marke in ihre Mehrdeutigkeit und damit zur Schwächung ihrer kommunikativen Funktion.

5. Moden und Trendigkeit

Die Adressaten solchen Verhaltens können primär jene sein, für die die Bedeutung der Marke dieselbe ist wie für den Akteur, und die anderen nehmen davon zunächst keine Notiz. So setzt sich die neue Bedeutung einer Marke, wie zum Beispiel im Fall von Birkenstock, in einer kleinen Gruppe fest, unbemerkt vom Mainstream. Hier wird die Bedeutung der Marke zelebriert wie eine Messe für die Rechtgläubigen, deren Glaube nur allmählich nach außen dringt. Häufig auch gegen den Willen der Rechtgläubigen, denn je breiter eine Markenbedeutung im Verhalten kommuniziert wird, desto weniger eignet sie sich zur Distinktion.

So entstehen Alternativen in einem schleichenden Prozess. Eine neue Bedeutung muss sich erst einige Jahre in einer Gruppe festgesetzt haben, bis sie im Mainstream als Möglichkeit angekommen ist. Dort herrscht also noch die alte Alternativlosigkeit, wenn unter der neuen Gruppe die Alternative selbst bereits alternativlos geworden ist. Die zeitliche Abfolge von Moden ist dieser Zeitstruktur geschuldet. Das Alternative in einer Marke existiert immer zwischen zwei aufeinanderfolgenden Alternativlosigkeiten, die sich im wechselnden In und Out, im wechselnden Cool und Uncool manifestieren. Trendsicher ist, wer die Zeitfenster der Mehrdeutigkeit erkennt, und trendig, wer darin die neue, alternative Bedeutung in seinem Verhalten zeigt.

Wir beobachten hier eine Arbeitsteilung zwischen Industrie und Konsumenten: Das Geschäftsmodell von Markenunternehmen ist es, Alternativlosigkeit zu produzieren, wohingegen produktive Konsumenten neue Alternativen in der vorgegebenen Menge von Marken liefern. Die soziale Aushandlung der jeweiligen Markenbedeutung ist das Ergebnis dieser Arbeitsteilung, in der die produktiven Konsumenten manchmal ein Geschenk für das Unternehmen sind, sie manchmal aber auch zu seinem Fluch werden.

6. Messe und Mission

Diese Alternativenmacherei wird beschleunigt, wenn produktive Konsumenten nicht nur zur Messe gehen, sondern zu missionieren beginnen. Naziaufmärsche, die New Balance und Lonsdale zeigen, sind mindestens so sehr Mission wie Messe. Ganz ohne Messe, dafür mit viel Mission wurde die Beyond-Petroleum-Kampagne in die Knie gezwungen. Durch die BP-Werbekampagne wurden produktive Konsumenten zu Protestaktionen provoziert, die sich nicht an Gleichdenkende richtete, sondern an all jene, von denen sie glaubten, sie könnten BP auf den Leim gehen. Was in der Messe Jahre gebraucht hätte, wurde in der Mission in Monaten vollbracht.

   (Markentechnische) Missionsorganisationen haben das als Geschäftsmodell entdeckt. Greenpeace wurde erst durch die Brent-Spar-Affäre in breiten Teilen der Bevölkerung bekannt. Der medienwirksame Protest der Naturschützer gegen die beabsichtigte Entsorgung der ausgemusterten Ölplattform Brent Spar im Atlantik galt nicht der Eigentümerschaft als ganze (Shell und Esso), sondern zielte auf Shell. Der tangible wirtschaftliche Schaden blieb gering, der aber an der Marke war enorm. Greenpeace zwang Shell markentechnisch in die Knie, indem es der bisher alternativlosen Bedeutung der Marke eine Alternative an die Seite stellte: statt »vertrauter Dienstleister an Europas Straßen« das »verantwortungslose Ökomonster«. Diese so geschaffene Mehrdeutigkeit der Marke barg für Shell ein zu großes wirtschaftliches Risiko. Brent Spar wurde in einem schottischen Hafen demontiert.

Die Taktik von Greenpeace hat System. Sie wurde und wird immer wieder kopiert. Konsumentenschutzorganisationen zum Beispiel setzen Unternehmen nicht nur rechtlich, zum Beispiel durch die Organisation von (Sammel-)Klagen unter Druck, sondern auch durch die gezielte Beschädigung der Marke. Der Weg in diese Beschädigung führt stets über die öffentlichkeitswirksame Präsentation einer alternativen Bedeutung der Marke. Je wertvoller eine Marke, desto wirkungsvoller ist die Taktik. Die Bekämpfung der Alternativlosigkeit der Markenbedeutung ist das wohl wirkungsvollste Mittel zur zivilgesellschaftlichen Manipulation von Unternehmen. Und je schwieriger (oder halbherziger) die rechtliche Kontrolle von Multis, umso größer die Gefahr solcher Attacken. Die von der rechtlichen abweichende kollektive Kontrolle von Marken bleibt ein Risiko selbst für das mächtigste Unternehmen.

7. Anfälligkeiten

Wie anfällig Marken für die Entstehung von Mehrdeutigkeit sind, hängt von exogenen und endogenen Faktoren ab. Exogene Faktoren sind zum Beispiel Produkteigenschaften, die die Varietät im Gebrauch einer Marke mehr oder weniger begünstigen. Ein Golfschläger kann nicht nur zum Schlagen eines Golfballs auf dem Golfplatz gebraucht werden, mit einem Baukran hingegen kann man wenig mehr als Lasten heben. Je nach Branche und Produktkategorie bietet eine Marke eine kleinere oder größere Angriffsfläche für den bedeutungsmanipulierenden Gebrauch ihrer Produkte. Exogene Faktoren machen die Ein- oder Mehrdeutigkeit einer Marke zum Teil zum Schicksal von Unternehmen.

Für das Management wichtiger sind aber Faktoren unter seinem Einfluss. Dazu gehört die Expansion in neue Marktsegmente. Lonsdale expandierte vom Segment Sportequipment ins Segment der Freizeitbekleidung. Lonsdale-Hoodies sind aber praktischer im Gebrauch in einem politischen Aufmarsch als ihre Boxhandschuhe und -hosen. Das Potenzial zur Mehrdeutigkeit der Marke wurde so durch das Unternehmen selbst erhöht. Zu den endogenen Faktoren gehören auch handwerkliche Fehler, die man im Rückblick als Dummheit des Managements einstuft, wie zum Beispiel der besagte Medienauftritt des CEOs von Abercrombie & Fitch. Trotzdem können solche Fehler nie ganz ausgeschlossen werden, weil die effektive Kontrolle einer Marke Eigenschaften eines chaotischen Systems hat. Branding bleibt ein riskantes Geschäft.

Das systematische Risiko im Branding zeigt sich auch in der vom Unternehmen intendierten Bedeutung der Marke selbst. Eine nichtssagende Bedeutung macht ihre Manipulation durch Dritte auf der einen Seite einfacher, provoziert aber andererseits auch weniger den organisierten Protest. Eine vielsagende Bedeutung trägt zum Ziel der Alleinstellung bei, kann aber zugleich eine Einladung zur Manipulation durch Dritte sein. Abercrombie & Fitch und BP haben die Alleinstellung ins politisch Inkorrekte hinein übertrieben, Saint Laurent hingegen bleibt mit der Bedeutung »für Rockstars« noch auf der sicheren Seite. Lonsdale hingegen versäumte es, der Freizeitbekleidungslinie eine klare Bedeutung zu geben. Auf der anderen Seite bieten gerade manche nichtssagende Werbeslogans Marken Schutz. Was lässt sich gegen Coca-Colas »The real thing« sagen? Selbst eine globale Marke wie Coke bleibt so unter dem Radar von Missionaren. Wie stünde es aber um Coke mit zum Beispiel dem Slogan »Beyond Sugar«?

8. Das neue Branding

Was tun Unternehmen, um das Risiko der Mehrdeutigkeit ihrer Marke zu begrenzen? Was können sie tun? Es gibt zwei unterschiedliche Ansätze.

Manche Unternehmen richten mediale »War Rooms« ein, in denen 24/7-Medien — Print, TV, Radio, aber insbesondere die sozialen Netzwerke — systematisch auf Auffälligkeiten abgegriffen werden, um möglichst frühzeitig in eine sich abzeichnende externe Manipulation der eigenen Marke eingreifen zu können. Dazu gehört die Sensibilisierung des Managements und der Mitarbeiter, aber auch der Einsatz von eigenen Influencern in den sozialen Netzwerken. In diesem Ansatz wird die intendierte Alleinstellung als Marke mit neuen Mitteln wie eine alte Burg verteidigt.

Der zweite Ansatz ist radikaler, macht die Not zur Tugend und stärkt die Resilienz der Marke. Das ist ihre Fähigkeit, im vielseitig beeinflussten kontingenten Prozess der sozialen Aushandlung ihrer Bedeutung zu prosperieren. Die Marke und ihre Bedeutung werden nicht als zu verteidigende Burg gesehen, sondern als lebender Organismus in einem Biotop. In dieser Sichtweise verändert sie sich in einer semiotischen Koevolution zusammen mit allen anderen Marken, mit Drift und systematischer Selektion. Danach macht es ebenso wenig Sinn, eine künftige (intendierte) Bedeutung festzulegen, es geht vielmehr um die Gestaltung eines Branding-Prozesses, in dem sich die Marke möglichst friktionslos im Biotop weiterentwickeln kann. Die Marke wird den Medien zum »Fraß« vorgeworfen, der Fressprozess aber genau beobachtet und soweit möglich selbst moderiert. Die entstehenden und wieder vergehenden Alternativen ihrer Bedeutung werden flexibel und zeitnah im Branding berücksichtigt, die eigene Marke wird vom Unternehmen im sozialen Biotop lediglich gecoacht. Statt Alleinstellung anzustreben, wird die Marke auf die (unvermeidbare) Mehrdeutigkeit vorbereitet, statt Alternativlosigkeit zu versuchen, wird die Fähigkeit zur Bewältigung des Alternativenreichtums gestärkt. Ihre Resilienz wird so zur gecoachten semiotischen Fitness.

9. Fazit: Semiotische Konkurrenz

Die vorherigen Überlegungen haben das Paradoxon hervorgebracht: Wenn Unternehmen beim Branding ihrer Produkte erfolgreich sind, bleibt ihr Produkt als alternativlos, ohne konkurrierendes Substitut zurück. Der Heilige Gral des Branding ist die Alleinstellung als Marke. Nur wenn das Branding in diesem Sinn scheitert, schafft es tatsächlich Alternativen. So ist die Alternativlosigkeit dem Erfolg und der Alternativenreichtum dem Misserfolg unternehmerischen Handelns geschuldet.

Die Ursache für dieses Paradoxon ist die soziale Natur der Marke. Ihre wahre Urheberschaft ist ein sozialer Prozess mit ungewissem Ausgang, in dem das Branding nur ein Input ist. Die Alleinstellung einer Marke bleibt so lediglich Kontingenz, und Branding kann im sozialen Prozess scheitern und eine mehrdeutige Marke hinterlassen. Der Marke haften alternative Bedeutungen an mit ungewissem, für das Unternehmen riskantem Ausgang im sozialen Aushandlungsprozess. Die Marke tritt so in semiotische Konkurrenz zu sich selbst. Statt mit anderen Marken konkurrieren unterschiedliche Bedeutungen um sie — so als besäße das Unternehmen plötzlich zwei statt einer Marke. Nur dass es nicht beide behalten und nicht selbst bestimmen kann, welches davon es behält. Der Wettbewerb, in dem das Unternehmen steht, ist nicht mehr primär der Markt der Dinge, sondern der Markt der Ideen.

Die semiotische Konkurrenz ist eine Verschärfung des orthodoxen kapitalistischen Wettbewerbs. Dort konkurrieren Unternehmen miteinander mit fertigen Produkten im B2C. In der semiotischen Konkurrenz konkurriert ein Markenunternehmen mit den Konsumenten, Kunden und Nichtkunden, um die Werkbank, auf der die Bedeutung der Objekte geschmiedet wird, mit der es sein Geld verdient. Dieser Wettbewerb findet nicht mehr nur außerhalb der »Werkstore«, sondern bereits auf dem »Produktionsband« statt. Semiotische Konkurrenz wirkt im Vergleich zur orthodoxen wie die Enteignung der Produktionsanlagen eines Unternehmens und deren Übertragung auf ein Rätekollektiv, das zwar nicht ohne Einfluss des Managements, aber doch letztlich entscheidet, was vom Band läuft. Die nachgelagerte orthodoxe Konkurrenz hat nur noch eine subsidiäre Funktion. Sie bereinigt das Angebot an Gütern, deren Qualität sozial vorbestimmt worden ist. Der Unternehmenserfolg einschließlich Markenwert wird weiterhin nach den Regeln des orthodoxen Kapitalismus verteilt, was dem kapitalistischen Markt hingegen ausgesetzt wird, wird über die semiotische Konkurrenz im Sozialen bestimmt.

Früher war die semiotische Konkurrenz gering. Konsumenten konnten ihre Antennen nur auf Empfang stellen. Heute können sie in den sozialen Medien kostengünstig selbst auf Sendung gehen. Das Deutungsmonopol der werbenden Unternehmen ist gebrochen. Heute ist die semiotische Konkurrenz vollkommener als früher. Vom Unternehmen nicht erwünschte Bedeutungsalternativen haben in der sozialen Aushandlung eine Chance. Die Markenkatastrophen von Unternehmen haben gezeigt, dass Unternehmen in diesem Wettbewerb ihre Dominanz verloren haben. Das Heer erfolgreicher Markenunternehmen ist ein Indiz, dass sich diese semiotische Vergemeinschaftung des Unternehmens für die kapitalistische Eigentümerschaft rentiert. Der selbst gewählte Weg aus der identischen Ware über die versuchte Alleinstellung als Marke bis zur Auslieferung an die kollektive Bedeutungsproduktion gehört heute zum unverzichtbaren Inventar erfolgreicher Geschäftsmodelle im B2C. Unternehmen bieten so die Hand zur Vergemeinschaftung eines Teils ihres Vermögens. Am Ende bleibt eine Merkwürdigkeit zurück: Die Marke, jene vom Neomarxismus so angeprangerte Ikone des Kapitalismus, wird zum Regelbrecher des Kapitalismus – die Alternativen, die es in ihm gibt, werden nicht nach seinen Regeln produziert.

Gesetzt aus der Baltica, serifenbetonte Antiqua, entworfen 1952.

Daniel Bell
China first!

Was liberale Demokratien von der größten
Einparteiendiktatur lernen könnten

Als die Sowjetunion 1991 zusammenbrach, schien das Ende der
normativen Debatten über das beste Verfahren zur Auswahl politischer Führer gekommen zu sein. Unabhängig von der Größe,
Kultur und Geschichte einer Nation konnte es nur ein moralisch
rechtfertigbares Auswahlverfahren für politische Führer geben:
das Prinzip der Wahlgleichheit (»one man, one vote«), das sich in
den ökonomisch entwickelten, liberalen Demokratien der Welt
durchgesetzt hatte. Die politischen Alternativen – etwa die fami-
liengeführte Diktatur wie in Nordkorea, das Militärregime wie in
Ägypten oder die Erbmonarchie wie in Saudi-Arabien – können als
»autoritär« bezeichnet werden. Von einem normativen Standpunkt
aus betrachtet sind autoritäre Systeme bei Weitem schlechter
als Demokratien, ungeachtet der Fehler, die auch demokratische
Systeme haben können. Wie Winston Churchill es in dem berühmten Ausspruch gesagt hat:»Demokratie ist die schlechteste von
allen Regierungsformen, abgesehen von all den anderen Formen,
die gelegentlich ausprobiert worden sind.«

Doch der ökonomische und politische Aufstieg Chinas hat
Zweifel an der Entgegensetzung von »guten« demokratischen
und »schlechten« autoritären Regierungsformen aufkommen lassen. Welche Fehler China auch haben mag, es hat in den letzten
drei Jahrzehnten mehr als eine halbe Milliarde Menschen aus der
Armut geholt und seit 1979 keinen Krieg mehr geführt. Es überrascht nicht, dass diese Bilanz politische Führer in den Entwicklungsländern auf die Idee gebracht hat, von Chinas Modell einer
rasanten und friedlichen ökonomischen Entwicklung zu lernen.
Länder wie Laos, Äthiopien und Ruanda schicken regelmäßig Re-

gierungsbeamte zur politischen und ökonomischen Ausbildung nach China.

Aber wie viel können »fortgeschrittene« liberale Demokratien vom chinesischen politischen Modell lernen? Die Wahl eines unerfahrenen und demagogischen Kandidaten ins höchste Amt der Vereinigten Staaten und die offensichtlich unüberlegte Entscheidung der britischen Wähler, die Europäische Union zu verlassen, haben im vergangenen Jahr ausgerechnet in den ehemals reifsten und stabilsten Demokratien der Welt die Nachteile der Wahlgleichheit erkennen lassen, die Wähler und Politiker ungeachtet ihrer Kompetenz und moralischen Integrität mit Macht ausstattet. Welche Lehren hat das politische Modell Chinas also für die »fortgeschrittenen« Demokratien anzubieten?

Bevor wir uns dieser Frage zuwenden, ist es wichtig, das politische Modell Chinas kurz zu beschreiben – oder vielmehr das Ideal, das die politischen Reformen im China der vergangenen Jahrzehnte beeinflusst hat. Auch wenn es immer noch eine große Kluft zwischen dem Ideal und der gegenwärtigen Situation gibt, kann das Ideal – das heute im Grunde mehr auf Meritokratie beruht als auf der alten marxistischen Lehre – uns immer noch helfen, die politische Realität in China zu verstehen und zu bewerten.

Die Befehlskette

Politische Meritokratie – die Idee, dass ein politisches System darauf abzielen sollte, Führer aufgrund ihrer überlegenen Fähigkeiten und ihrer moralischen Integrität auszuwählen und ins Amt zu bringen – hat eine lange Geschichte in China, wurde aber erst gegen Ende der 1970er-Jahre neu belebt und interpretiert, nachdem man während der Kulturrevolution mit radikalem Populismus und diktatorischer Willkür katastrophale Erfahrungen gemacht hatte. Aus der Reformära ging ein maßgebliches politisches Ideal des heutigen China hervor, das von Regierungsbeamten, Reformern, Intellektuellen und der Bevölkerung im Großen und Ganzen weitgehend geteilt wird, und das man als »vertikale demokratische Meritokratie« bezeichnen könnte.

Es bedeutet im Wesentlichen ein Mehr an Demokratie auf den unteren Verwaltungsebenen, während das politische System mit jeder höheren Ebene meritokratischer wird. Genauer gesagt waren es drei Prinzipien, die in den vergangenen drei Jahrzehnten die politischen Reformen in China geleitet haben: Je niedriger die Verwaltungsebene, desto demokratischer kann das System sein; die mittlere Verwaltungsebene ist der Bereich, der sich am besten eignet, um mit neuen Verfahren und Institutionen zu experimentieren; und auf den höheren Verwaltungsebenen muss das System vorwiegend meritokratisch sein.

Das politische System Chinas ist wohl stärker als jedes andere in der heutigen Welt durch Wettbewerb geprägt. Anwärter auf Regierungsämter müssen normalerweise Prüfungen für den Staatsdienst ablegen, eine moderne Übernahme des jahrhundertealten kaiserlichen Prüfungssystem Chinas. Diese an Intelligenztests erinnernden Prüfungen beurteilen auch ideologisches Wissen. Um jeden Einstiegsposten konkurrieren Tausende von Bewerbern. Sie müssen sich auf unteren Verwaltungsebenen bewähren und für jeden Schritt immer strengere Prüfungen ablegen, um in der politischen Befehlskette aufzusteigen.

Für die höchsten Führungsposten müssen jahrzehntelange Erfahrungen in verschiedenen Verwaltungsbereichen vorgewiesen werden. Nur eine Handvoll Beamter schafft es bis auf die Kommandohöhen des Einparteienstaats. Xi Jinpings vier Jahrzehnte dauernder Aufstieg bis zur Präsidentschaft umfasste 16 größere Beförderungen auf kommunaler, Bezirks- und Provinzebene, wobei seine Führungsqualitäten auf jeder Stufe begutachtet wurden, bevor er in das Zentralkomitee der Kommunistischen Partei gewählt und schließlich zu ihrem Generalsekretär ernannt wurde.

Führungspersonen der höchsten Ebene bleiben normalerweise für zwei je fünf Jahre währende Regierungsperioden im Amt.

Da sie davon ausgehen – und alles dafür tun –, dass die Kommunistische Partei auch in weiterer Zukunft die Macht behalten wird, können sie langfristig planen und Entscheidungen treffen, die den Interessen aller Beteiligten, einschließlich zukünftiger Generationen, Rechnung tragen. Kollektive Führung in Form des siebenköpfigen Ständigen Ausschusses des Politbüros soll garantieren, dass kein einziger Führer auf der Grundlage mangelnder Kenntnisse und extremer Ansichten eine undurchdachte politische Agenda durchsetzt – wie die des katastrophalen Großen Sprungs nach vorn von 1958 bis 1962, als Mao allein die Politik der Industrialisierung und der Kollektivierung der Landwirtschaft bestimmte, was zu einer Hungersnot führte mit weit über zehn Millionen Toten in der Folge. Xis Machtakkumulation stellt dieses System kollektiver Herrschaft auf die Probe, aber es hat China in den vergangenen drei Jahrzehnten gute Dienste geleistet.

Chinas meritokratisches System ist am besten für einen Einparteienstaat geeignet. In einem Mehrparteiensystem gibt es keine Gewähr dafür, dass gute Leistung auf den unteren Verwaltungsebenen mit Beförderung auf höhere Ebenen belohnt wird. Da das Schlüsselpersonal mit den Wahlperioden wechselt, gibt es auch weniger Anreize, Beamte für Positionen auf höherer Ebene auszubilden. Gewählte Politiker verwenden einen großen Teil ihrer Zeit darauf, Spenden zu sammeln und Wahlkampf zu führen. Führungspersonal, das darauf fokussiert ist, die nächste Wahl zu gewinnen, trifft eher Entscheidungen nach kurzfristigen politischen Erwägungen als die Amtskollegen in China. Demokratisch gewählte Führer sind auch anfälliger für den Lobbyismus mächtiger Interessengruppen. Die von der Regierungspolitik betroffenen Interessen von Nichtwählern, wie etwa die von zukünftigen Generationen, werden tendenziell eher geopfert, wenn sie mit den Interessen von Wählern und Spendengebern für den Wahlkampf in Konflikt geraten.

Experimentierfelder

China hat in den späten 1980er-Jahren auf dörflicher Ebene Wahlen eingeführt in der Hoffnung, dass sie zur Aufrechterhaltung der gesellschaftlichen Ordnung beitragen und die Korruption in der örtlichen Führungsschicht begrenzen. Bis zum Jahr 2008 haben mehr als 900 Millionen chinesischer Dorfbewohner das Wahlrecht ausgeübt. Dabei wählen sie nicht zwischen politischen Parteien; sie nominieren direkt Kandidaten und stimmen in geheimer Wahl über die Zusammensetzung eines Ausschusses ab, der für drei Jahre im Amt bleibt. Die Wahlbeteiligung ist im Allgemeinen hoch gewesen, und die Durchführung der Wahlen hat sich im Lauf der Zeit verbessert. In kleinen Gemeinwesen können die Menschen die Fähigkeiten und die moralische Integrität der Führungspersonen, die sie wählen, besser beurteilen. Verglichen mit der nationalen Ebene sind Probleme der Lokalpolitik unkomplizierter, es ist leichter, Gemeinsinn herzustellen, und Fehler verursachen geringere Kosten.

Regierungen auf kommunaler und Provinzebene wird oft ein Spielraum gewährt, um mit wirtschaftlichen und sozialen Reformen zu experimentieren, und die Zentralregierung wendet dann erfolgreiche Modelle auf den Rest des Landes an. Sie kann Probleme einschätzen und Anpassungen vornehmen, bevor sie politische Maßnahmen woanders durchführt. Das bekannteste Beispiel ist die Sonderwirtschaftszone Shenzhen, in der seit Ende der 1970er-Jahre eine kontroverse marktorientierte Politik ausprobiert wurde, die in der Folge auf ganz China ausgeweitet wurde.

In jüngerer Zeit hat der Einparteienstaat Initiativen ausprobiert, die den üblichen Annahmen über autoritäre Herrschaft widersprechen, wie etwa die Rekrutierung von Nichtregierungsgruppen zur Gesundheitsversorgung älterer Menschen. Da sie sich der Kosten ihres unablässig nach Wirtschaftswachstum strebenden Entwicklungsmodells bewusst ist, ermutigt die Zentralregierung die Kommunalverwaltungen dazu, mit weiter gefassten Kriterien zur Einschätzung der Leistung von Amtsträgern zu experimentieren. Hangzhou beispielsweise räumt der Umweltverträglichkeit Priorität ein; Chengdu strebt nach Reduzierung des Einkommensgefälles zwischen den Bewohnern ländlicher und urbaner Regionen. Diese Art des Experimentierens wird durch Chinas flexibles Verfassungssystem erleichtert, das keine strikte Trennung von Kompetenzen zwischen verschiedenen Verwaltungsebenen festschreibt.

Politische Stabilität auf der nationalen Ebene begünstigt ebenfalls das experimentelle Modell, erfolgreiche Versuche aus verschiedenen Teilen des Landes zu wiederholen. In einem demokratischen System, bei dem sich politische Parteien an der Macht abwechseln, gibt es keine derartige Gewähr dafür, dass vielversprechende neue Politikansätze weiterverfolgt oder ausgeweitet werden. (Man denke nur an Donald Trumps Versuche, Barack Obamas Politik in allen Bereichen rückgängig zu machen.) Das bedeutet, dass es weniger Anreize für Experimente und Innovationen in der politischen Arena gibt.

Diskrepanz gegenüber der Wirklichkeit

Natürlich besteht eine große Diskrepanz zwischen dem idealisierten chinesischen Modell und der Wirklichkeit. Selbst wenn die Wahlen auf dörflicher Ebene frei und fair sind, wird die Autorität von gewählten Volksvertretern durch örtliche Parteisekretäre und Gemeinderegierungen kontrolliert. Was die politischen Experimente in Städten und Provinzen betrifft, so fehlt den politischen Zentralbehörden oft die Motivation, für Innovationen zu kämpfen, die machtvolle Interessen bedrohen. Öffentlicher Druck kann helfen. Pilotprogramme für Reformen im Gesundheitswesen ländlicher Regionen begannen schon in den 1980er-Jahren, wurden aber erst auf die nationale Ebene gehoben, nachdem es breite Kritik an der Reaktion der Regierung auf die SARS-Epidemie von 2003 gegeben hatte, der in China 349 Menschen zum Opfer fielen.

Politische Meritokratie soll eigentlich bedeuten, dass Kandidaten für höchste Führungspositionen aufgrund ihrer überlegenen Fähigkeiten und ihrer moralischen Integrität ausgewählt und befördert werden. In der Praxis jedoch setzen sich oft »Prinzlinge« durch – die Kinder von prominenten und einflussreichen kommunistischen Amtsträgern. Zu ihnen gehören einige der gegenwärtigen Führer Chinas, auch Xi selbst. Allerdings begann der Aufstieg der Prinzlinge vor der Institutionalisierung von Prüfungen für öffentliche Beamte Anfang der 1990er-Jahre. Sie wurden ursprünglich befördert, weil sie ein relativ hohes Ausbildungsniveau hatten und reformorientiert waren, und nicht notwendig, um den Status quo beizubehalten.

Nur wenige bezweifeln das intellektuelle Kaliber und die Führungsqualitäten von Chinas Spitzenbeamten, aber ihre moralische Integrität steht infrage. Verspüren sie tatsächlich die Verpflichtung, dem Gemeinwohl zu dienen? Unter anderem lassen Chinas immense Umweltprobleme Zweifel an ihrem Engagement für die langfristigen Interessen des Landes aufkommen. Aber einiges spricht dafür, dass Chinas Führer eine vernünftige Entscheidung getroffen haben, indem sie seit den späten 1970er-Jahren bis in jüngste Zeit dem Wirtschaftswachstum und der Verringerung der Armut den Vorrang gaben, schließlich war das Land arm. Unter dem Druck öffentlicher Proteste legt die Regierung nun mehr Wert auf Umweltverträglichkeit.

Korruption ist die größte Bedrohung des chinesischen politischen Modells. In einem meritokratischen System richtet der Missbrauch eines öffentlichen Amtes zur privaten Bereicherung besonders großen Schaden an, da die Führer ihre Legitimation hauptsächlich daraus beziehen, dass sie als moralisch integer und dem Gemeinwohl verpflichtet wahrgenommen werden. Das Ausmaß der Korruption hat in China in den vergangenen drei Jahrzehnten stark zugenommen, und sie ist in den letzten Jahren als Problem deutlicher sichtbar geworden, weil der demonstrative Konsum der politischen Eliten in den sozialen Medien bloßgestellt wurde. Da er diese als schwere Bedrohung der Legitimation des Einparteienstaats erkannt hat, geht Xi umfassend und ausdauernd gegen Korruption vor, was etliche hochrangige Beamte zu Fall gebracht hat. Das hat für die Regierung inzwischen oberste Priorität.

Ein Exportartikel?

Kann das chinesische Modell in andere Staaten exportiert werden? Dem sind vor allem dadurch Grenzen gesetzt, dass es aus der einzigartigen historischen Erfahrung Chinas hervorgegangen ist. Die Idee und Praxis einer Meritokratie ist zentral für die politische Kultur Chinas: Debatten über die Notwendigkeit, öffentliche Beamte aufgrund ihrer Befähigung und Integrität auszuwählen, gehen auf die Zeit des Konfuzius vor mehr als 2500 Jahren zurück, und institutionelle, auf die Verbesserung der politischen Meritokratie abzielende Neuerungen – die berühmteste ist das kaiserliche Prüfungssystem – wurden die gesamte Geschichte Chinas hindurch durchgeführt. Das kaiserliche China betrieb auch Experimente auf lokaler Ebene, aber diese Praxis wurde erst von der Kommunistischen Partei systematisiert.

Es kann nicht ohne Weiteres das gesamte Paket – Demokratie ganz unten, Experimente in der Mitte, Meritokratie an der Spitze – von Ländern mit anderer Geschichte und Kultur kopiert werden. Möglicherweise ist es ein Modell, das nur unter ähnlichen Bedingungen durchführbar ist: in einem großen und vielfältigen Land, das sich der gesellschaftlichen und wirtschaftlichen Modernisierung unter der Leitung von meritokratisch ausgewählten Führern verschrieben hat, mit einer herrschenden Organisation, die der Kommunistischen Partei Chinas ähnelt. Aber Teile des Modells können selektiv übernommen werden. Sogar Länder, die nicht die Absicht haben, eine Wahldemokratie auf der höchsten Regierungsebene einzuführen, können und sollten erwägen, Demokratie auf lokaler Ebene einzuführen.

Politisches Experimentieren ist in demokratischen Systemen schwierig, weil Experimente möglicherweise Jahrzehnte benötigen, bis sie Früchte tragen, und gewählte Politiker dazu tendieren, kurzfristige Horizonte zu haben. Selbst wenn auf verschiedenen Verwaltungsebenen dieselbe Partei an der Macht ist, wird Experimentieren auf der mittleren Ebene in rigiden föderalen Systemen mit strikter Trennung der Befugnisse zwischen den verschiedenen Ebenen wahrscheinlich nicht praktikabel sein. Die Zentralregierung muss die Macht haben, Experimente auf unteren Ebenen zu initiieren und erfolgreiche Ansätze in anderen Teilen des Landes zu wiederholen. (Im amerikanischen Kontext beispielsweise können Bundesstaaten als »Laboratorien für Demokratie« dienen, aber erfolgreiche Experimente können nicht im größeren Maßstab von der Bundesregierung übernommen werden, wenn andere Bundesstaaten sich weigern, mitzuziehen.) Außerdem erfordert Experimentieren auf mittlerer Ebene womöglich ein relativ großes Land mit verschiedenen Regionen und substanzieller lokaler Autonomie. Es gibt nicht viel Raum für lokales Experimentieren im winzigen Singapur, auch wenn die Regierung der politischen Meritokratie verpflichtet ist.

Politische Meritokratie an der Spitze ist die Grundvoraussetzung des chinesischen Modells, aber es ist auch das am schwierigsten zu exportierende Merkmal. Prüfungen im Staatsdienst sind in manchen westlichen Ländern sehr umstritten; die Idee, dass politische Amtsträger sich auch solchen Prüfungen unterziehen sollten, wäre es noch viel mehr. Noch schwerer vorstellbar ist, dass jemand aufgrund eines Programms gewählt wird, das fordert, ein demokratisches politisches System auf eine Weise zu reformieren, die die Beschneidung des Rechts der Bürger auf Wahlgleichheit mit sich bringen würde.

In absehbarer Zukunft werden wir daher in »fortgeschrittenen« liberalen Demokratien wohl kaum breite Unterstützung für eine Ersetzung von Wahlen durch alternative meritokratische Systeme sehen. Aber das kann sich ändern, wenn erstens das politische System Chinas sehr viel bessere Leistungen erbringt, also die Diskrepanz zwischen dem Ideal und der Realität politischer Meritokratie entscheidend verkleinert; und zweitens liberale Demokratien sehr viel schlechtere Leistungen erbringen und Bürger beginnen, das Ideal dieses Modells als unerreichbar anzusehen. Wir können das Erstere hoffen, aber nicht das Letztere. Es gibt einige unheilvolle Anzeichen für eine abnehmende Verpflichtung auf Demokratie selbst in »fortgeschrittenen« Ländern, aber momentan steht es noch nicht so schlecht, dass das ganze System gefährdet wäre.

Jegliche Lehre aus der chinesischen Erfahrung mit »vertikaler demokratischer Meritokratie« muss selektiv übernommen werden. Eine volle Meritokratie im chinesischen Stil erfordert Einschränkungen des Rechts, politische Parteien zu gründen und um die Macht zu konkurrieren, die (momentan) in den liberalen Demokratien westlichen Stils keine Aussicht auf Zustimmung haben. Meritokratische Verbesserungen in liberalen Demokratien müssen ausgehen von den Annahmen, dass politische Systeme Vereinigungsfreiheit gewähren und die obersten Entscheider vom Volk gewählt sein sollten. Wenden wir uns nun einigen Vorschlägen zu, bei denen es genau darum geht.

Zeit für Prüfungen?

Im 19. Jahrhundert hat der britische, liberale und demokratische Denker John Stuart Mill vorgeschlagen, gebildeten Wählern zusätzliche Stimmen zu verleihen. Dieser Vorschlag jedoch hat ebenfalls keine Aussicht auf Zustimmung in Ländern, deren eingeführte Wahlsysteme auf dem Prinzip basieren, dass jede Person eine Stimme hat. Bildung mag lose mit der Kompetenz als Wähler korrelieren, aber es erscheint schwierig, wenn nicht unmöglich, in unstrittiger Weise Unterschiede je nach Bildungsgrad zu machen. Man bräuchte eine Beweisgrundlage, um potenzielle Wähler zu disqualifizieren, weil ihnen grundlegende Kompetenzen fehlen. In diesem Sinne hat Elena Ziliotti, eine Doktorandin am King's College London und an der National University of Singapur, eine innovative Variante des Mill'schen Vorschlags für die Europäische Union ins Spiel gebracht. Bei den Wahlen zum Europäischen Parlament sollen die Bürger der EU-Mitgliedsstaaten sowohl nationale wie europäische Interessen vertretende Parteien wählen. Der Durchschnittswähler scheint auf diese Aufgabe schlecht vorbereitet zu sein. Die Wahlbeteiligung bei Wahlen zum Europäischen Parlament ist über vier Jahrzehnte hinweg gesunken; nur 43 Prozent der Wahlberechtigten gaben bei den Wahlen von 2014 ihre Stimme ab. Und diejenigen, die wählen gehen, zeigen oft extremistische Tendenzen.

Wahldemokratie ist in Europa tief verwurzelt – anders als in China. Rein meritokratische Alternativen sind daher nicht realistisch. Aber es lässt sich ein Mechanismus zur Verbesserung der Wählerkompetenz in das System einführen, ohne sein demokratisches Fundament zu unterminieren.

Man könnte von den Wählern verlangen, sich einem verpflichtenden Multiple-Choice-Test zu unterziehen, bei dem es um die Programme von nur zwei der verschiedenen Parteien geht. Das würde sicherstellen, dass die Wähler wenigstens ein minimales Verständnis der Agenden von zwei Alternativen hätten, statt sich blindlings auf die Seite einer Partei zu schlagen. Die Wähler könnten die beiden Parteiprogramme auswählen, über die sie geprüft würden.

Jeder Bürger Europas hätte immer noch die gleiche Chance, sein Stimmrecht auszuüben. Der Test selbst würde nur einige Stunden Vorbereitung erfordern, nicht mehr als ein Multiple-Choice-Test für einen Führerschein. Und der Test könnte einen

Monat vor der Wahl durchgeführt werden; diejenigen, die »durchfallen«, hätten eine Gelegenheit, den Test vor der Wahl zu wiederholen.

Aufgrund der Beschränkungen des Stimmrechts, die vorgenommen wurden, um schwarze Wähler in den Vereinigten Staaten von Abstimmungen auszuschließen, gäbe es sehr berechtigte Einwände gegen solche Vorschläge. Aber auch ohne dieses dunkle Kapitel der Geschichte würden solche Beschränkungen wahrscheinlich auf Ablehnung stoßen. Es gibt keinen einzigen Fall einer modernen Demokratie, die Vorschläge zur Beschränkung von Stimmrechten umgesetzt hätte (nur das Militär hat, wie in Ägypten oder Thailand, das Recht zu wählen erfolgreich beschnitten).

Betrachten wir also Vorschläge für meritokratische Verbesserungen, die keine Beschränkungen des Stimmrechts einschließen. Wie wäre es mit freiwilligen Prüfungen für Kandidaten, die sich um ein politisches Amt bewerben? Der Inhalt der Prüfung könnte von einer Kommission von Universitätspräsidenten festgelegt werden. Sie würde die Kandidaten zu einer Reihe von Themen prüfen, die für gewählte Amtsträger relevant sind. Die Ergebnisse der Prüfungen könnten veröffentlicht werden, hätten aber keine Auswirkungen darauf, ob ein Kandidat sich zur Wahl stellen kann oder nicht. Kandidaten, die die Prüfung nicht bestehen oder sich weigern, sie abzulegen, könnten also immer noch auf dem Stimmzettel erscheinen.

Der Vorteil dieses Vorschlags besteht darin, dass die Wähler einen klaren Maßstab hätten für die Einschätzung der Qualität der Kandidaten, die sie wählen. Zumindest könnten die Prüfungen Kandidaten aussortieren, denen grundlegendes Wissen darüber fehlt, wie das politische System funktioniert. Der Nachteil ist, dass populistische Kandidaten die Prüfung ungeachtet ihrer Vorzüge als elitär kritisieren könnten. Genau diejenigen Leute, die verpflichtet werden sollten, sich einer derartigen Prüfung zu unterziehen, dürften mit größter Wahrscheinlichkeit Widerstand dagegen leisten, und sie könnten dadurch sogar politische Vorteile erlangen.

Schrittweise Verbesserungen

Vielleicht sind meritokratische Reformen am ehesten auf lokaler Ebene durchführbar. Der in Australien lebende politische Theoretiker Mark Chou schlägt in einem im Dezember 2016 in der Zeitschrift *Governing* erschienenen Aufsatz vor, dass einfache Reformen wie»die Termine von lokalen Wahlen so zu legen, dass sie mit den Wahlen auf bundesstaatlicher und nationaler Ebene zusammenfallen, die Wahlbeteiligung um bis zu 30 Prozent steigern könnten«. Das würde der Tatsache zu einer breiteren Anerkennung verhelfen, dass lokale Wahlen – bei denen die Wähler über die fraglichen Themen eher gut informiert sind – ebenso wichtig sind wie Abstimmungen in größerem Rahmen. Bei Wahlen auf Bundesstaatsebene dürften die Wähler, wie er anmerkt, eher mit den Problemen vertraut sein als bei landesweiten Wahlen, aber weniger Kenntnisse über sie besitzen als über lokale Probleme. Daher»können Bürger dazu ermuntert werden, Apps wie Ballot-Ready oder Vote Compass zu nutzen, bevor sie die Wahlkabinen betreten«. Diesen Apps gelingt es seiner Meinung nach ebenso gut,»die aufgeklärten Präferenzen eines Wählers zu bestimmen«, wie jedem anderen Hilfsmittel.

Das Think Long Committee for California, das 2010 vom Berggruen Institute gegründet wurde, ist ein Beispiel für eine bereits bestehende, meritokratische Innovation in einem demokratischen Gesamtzusammenhang. Sein Ziel ist, umfassende Ansätze zur Reparatur des seiner Ansicht nach beschädigten Regierungssystems Kaliforniens zu entwickeln, indem es politische Strategien und Institutionen evaluiert, die entscheidend für die langfristige Zukunft des Staates sind. Das Komitee ist unparteiisch; zu seinen Mitgliedern zählen der ehemalige vorsitzende Richter des Obersten Gerichtshofs von Kalifornien sowie ehemalige Gouverneure und US-Außenminister.

In seinem Anfangsstadium brachte das Komitee gemeinsam mit anderen einen Abstimmungsvorschlag ein mit dem Ziel, den anhaltenden, festgefahrenen Parteienkonflikt zu beenden, der Kalifornien mehrere Jahre lang mit großen Budgetdefiziten belastet hat. In jüngerer Zeit hat das Komitee einen »Entwurf zur Erneuerung Kaliforniens« veröffentlicht, der neben anderen Schritten eine Reform der Rahmenbedingungen des Bundesstaats für direktdemokratische Wählerinitiativen empfiehlt, um breitere öffentliche Debatten über solche Maßnahmen anzustoßen. 2014 verabschiedete der Gouverneur Jerry Brown Reformen des Abstimmungsprozesses, die eine Phase der öffentlichen Begutachtung für Wählerinitiativen einschlossen und verlangten, die zehn größten Spendengeber, die Kampagnen für und gegen solche Initiativen mitfinanzieren, offenzulegen.

All diese Innovationen, das verdient festgehalten zu werden, sind zum Teil inspiriert von der Theorie und Praxis der politischen Meritokratie chinesischer Prägung. Dennoch kann Meritokratie kein Allheilmittel für die »Krise des Liberalismus« sein, die ihre Wurzeln in den Schattenseiten der Wahldemokratie hat. Im besten Fall kann sie schrittweise meritokratische Innovationen auf der Grundlage eines politischen Systems inspirieren, das darauf beruht, dass jede Person eine Stimme hat, insbesondere unterhalb der gesamtstaatlichen Ebene.

Indem sie von unvollkommenen meritokratischen Systemen, einschließlich der politischen Meritokratie chinesischer Prägung, lernen, können demokratische Systeme ihre Leistungsfähigkeit verbessern und ihre Legitimation in den Augen der Bevölkerung stärken und somit den Regimeverfall abwenden, der alle politischen Systeme, die der Menschheit bis heute bekannt sind, betroffen hat. Und China kann seinerseits von demokratischen Mechanismen (abgesehen vom Prinzip »eine Person, eine Stimme«

zur Auswahl von Spitzenführern) lernen, um die Legitimation seines eigenen politischen Systems zu verbessern und das Bedürfnis nach Repression zu verringern. Im günstigen Fall wird die Zukunft einen stärker meritokratischen Westen und ein stärker demokratisches China bringen, wobei jedes politische System auf seiner eigenen Grundlage aufbaut und darum wetteifert, sich als dasjenige zu erweisen, das am effektivsten dazu beiträgt, in der Welt Gutes zu tun.

Aus dem Englischen von Florian Wolfrum.

Der Text erschien ursprünglich unter dem Titel: »Can Democracies Learn from China‹s Meritocratic System?« in: *Current History. A Journal of Contemporary World Affairs*, November 2017.

Gesetzt aus der Commuters Sans, weitlaufende serifenlose Antiqua, entworfen 2017.

Jeff Beer

Singen in die eigene Faust
oder: *Die ALBERT-Passage*

Vor Jahren habe ich einem Freund geschrieben Dass es etwas Besonderes ist im Leben unter den Lebenden zu sein Mitten
im Leben sogar unter den Lebendigen

Einmal Da hab ich schon wieder auf dem Land gewohnt An
der Bayerischen Grenze gegen Böhmen Da hab ich den Albert
Den Albert mit der Guild per Anhalter mitgenommen Ist mit einem Benzinkanister einem feuerroten nicht weit von Leugas
winkend am Straßenrand gestanden Direkt am unbeschrankten
Bahnübergang da In einem feinen verglichen mit dem Albert den
ich früher kannte ziemlich feinen Anzug Der Albert dagestanden
direkt wie ein feiner Maxe Hab ihn seit der Session im Weidener
Teehaus Das heißt es war ja keine Session Ewig nicht gesehen
Die hatten das im Vorfeld nur so hingedreht um mich zu ködern
wie Direkt so als Session bloß getarnt Nicht ich Sie wollten mit
mir was machen und hatten sich Gefuchst wie die gewesen sind
zuvor sogar mit meinem Vater noch besprochen eigens dass die
mich kriegen Mich Vielleicht viel mehr noch meine damals nagelneue Hammond Die Orgel hab ich mir obwohls die große
Hammond war von meinem eignen Geld gekauft das damals sowieso noch nicht einmal so recht vorhanden war Kannst sagen
hab sie mir vom Munde abgespart weil ich das Ding mit diesen
Solos wissen wollte Ganz heiß gewesen damals auf die Solos von
dem Booker und noch viel mehr auf die von Jimmy Smith und hab
mich in die reingewühlt Da bist schon reingekommen Zurück-
geschaltet dir den Gang von meinem Plattenspieler Runter auf

das halbe Tempo Dass du in Zeitlupe dann reinschaun konntest
endlich In die auf langsam eingestellte Schnelligkeit von ihren
Läufen Ihre Solos Tag und Nacht dann in die Solosachen reinge-
schliffen immer feiner Das war als hättest für das Ding dir eigens
neue Ohren wachsen lassen müssen Und sind dir dann auch so
gewachsen Auch wenn der Vater sauer war und konsequent mir
keine müde Mark gegeben hat für meine Hammond Eine ausge-
schlafene Mark hat er mir erst recht nicht gegeben Der hat gesagt *Ich zahl doch für dein Orgelding kein Geld im Gegenwert
von einem mittleren Mercedes* Und hab sie nach dem Machtwort
von dem Vater in Gottes Namen selber abgestottert dir auf Jahre
Der Vater aber hat Wie sie zum Fragen dann gekommen sind
Den Braten um den Albert gleich gerochen Das Ding mit dem
war stadtbekannt So sind wir heimlich dann hinunter Ich hab zuvor das heißt bevor ich ihn zum ersten Mal an der Gitarre sah
schon ziemlich viel gehört gehabt von dem Von diesem Albert
Der hat schon ganz schön gut an der Gitarre rumgezupft als der
im Anfang noch der Lagerfeuergitarrist bei den Sankt-Georgs-
Pfadfindern gewesen ist der Der hat bei uns in seinen jungen
Jahren direkt als so was wie eine Legende schon gegolten Was
hast denn außer einem Heiligen Georg schon gehabt an was
von so was wie von einer echten Legende Ich hab doch nicht von
dem was die im Teehaus treiben keine Ahnung nicht gehabt
Beim Namen Albert sind dir alle Augendeckel gleich nach oben
hochgeflogen Nicht bloß von Damen Allein schon dadurch bin
ich mit dem mit War einfach neugierig Ich wollt es hören Ich
wollt es sehen Ich wollte den und seine Finger ganz persönlich
sehen wie der sich spielt Auf seiner legendären dunkelgrauen
Guild Der frühere Albert ist ja von dem späteren Albert so weit
entfernt So grundverschieden dass du dir denkst Das ist wie
wenn es den noch nie gegeben hätte Von diesem frühen Albert
weiß ich in mir nur noch ein paar verschwommene Bilder irgend
Bloß so paar Fetzen Mir einmal so gedacht Wie der bloß die Gi-

tarre hält So vorn ganz anders Eingespannt die Guild in seinen
Schraubstock aus zwei Armen Und noch gefedert vorne So elas-
tisch Alleine schon das Federn war der ganze Albert Da hättst
ihn schon erkennen können aus der Ferne Und hast ihn auch erkannt Wenn so ein Saal mal größer war als für gewöhnlich Und
wenn du kein Plakat gesehen hattest wer heut spielt Und dich
gefragt ob auch der Albert heut mit auf der Bühne steht Gewippt
der mit dem Elvis seiner Hüfte wenns außer einem Solo noch ein
Elviswippen wie hat haben müssen abends dann bei denen auf
der Bühne Und für die im ziemlich dunklen Saal Immer voll gewesen Immer eine ganze Menge Eine Menge von so einer dunklen Menge Immer mords was in der Menge los Die Musik die
die uns damals wie aus sich herausgebeatet haben hat sowieso
zu 8 x 4 % aus Hüften nur bestanden wieder Jedenfalls mal so betrachtet So weit ist dieses Beatding damals schon gegangen Die
Guild geschwommen Direkt wie ein Boot von einem Pfeil aus seinen Fingern die aus Gummi waren Leicht unscharf vor Geschwindigkeit gewesen immer Gezuckt wie reine Nervosität Wie blanke
Saiten blank gelegen Die Nerven blank gescheuert durch die
Nervensache Aus den Nerven von dem Beat Die Albertfinger haben auch gefingert wenn von der Guild kein Sterbenswörtlein zu
vernehmen war Die Finger waren einfach wie ein Lebewesen
War nichts fingiert War alles echt Dem frühen Albert seine Solos
Wie wurlend wo in Wurzeln wieder Warst wie wundgescheuert
War doch kein Wunder War alles wie es war Und wahr wars auch
noch irgend So hält nicht gleich einer seine Guild So hat nur der
Albert seine Guild gehalten Und sowieso so eine Guild So ganz
gerade So mit dem Guildstolz der Das graue Ding gespiegelt in
den Strahlen von paar Funzeln Starfire IV Viel zu gerade der die
Guild gehalten Und irgend auch ein wenig viel zu sauber Ein
bisschen altmodisch gerade Und insgesamt wie viel zu hoch Den
Pseudokrokoriemen kurzgeschnallt Die grauen Kurven fast am
Kinn Das war als würd er grad sein Bleichgesicht von Kopf beim

Kraxeln über eine Mauerkante schieben So grad mal drüber
Oben der Kopf Darunter schon die graue Kante Seine Guild Der
Rest im unsichtbaren Irgendwo dahinter Sei doch mal ehrlich
Das wars doch was es war mit diesen Mauern immer Der unsichtbare Rest im unsichtbaren Irgendwo dahinter In diesem Dunkel Und auch die Guild war eine Mauer Seine Mauer Sag was
dagegen Es war als hätt er sich obwohl er kerzengerade dagestanden immer hinter seiner Guild versteckt Auf der wär dir ein
Wasserglas nicht weggerutscht so ruhig hat der manchmal da-
stehn können Und gewühlt in seinen Saiten Wie aus Marmor dagestanden Blass wie Marmor sowieso der Albert Kettenraucher
wie ich selten einen ganze Ketten ineinander hab so nebelförmig
wie verschlucken sehen In den wär dir ein ganzer Wolkenberg
Ein ganzes Rauchgewitter schon wo reingegangen Aber so frech
immer So schnell Blitzhell geschaut der So genial »ich kanns!«
der Spöttischer Mundwinkel in dem immer eine Zigarette gesteckt ist Beim Spielen die Backen aufgeblasen Kugelrund auf jeder Seite Den Rauch herausgeraucht wo überall Der ganze Kopf
Rauch Weißt Aber dabei immer weitergespielt Die Mundwinkel schon wieder aufgeschnappt auf einmal wieder Wie so ein
Schnappen von den Kiemen bei so Karpfen in der Badewanne
Ganz kurz Das kurze Schnappen vor dem kurzen Ende Weißt
schon Das kurze Schnappen Zappeln nach dem Ende Ist was aus
dem herausgeschnappt Herausgestiegen Hast es kaum gesehen
Direkt in dir gerissen War was wie Scherben Der hat den ganzen
Qualm verschluckt Wir alle haben alles miteinander wie verschluckt Wir haben uns im Qualm die Sache brüderlich geteilt
Ganz demokratisch Den Qualm Den Dreck Den Beat Das Klirren
Das ist wie eine Bruchrechnung aufgegangen Und in uns direkt
so zu Bruch gegangen Wir waren sozusagen eine Meute irratio-
naler Brüche Korrekt gebrochene Existenzen Was ist da innerlich nicht alles schon zerbrochen gewesen Und wer noch nicht
zerbrochen war bei dem war wenigstens im Aufbruch oder al-

lerhand im Anbruch was wie Brechung Da hat man von den Brüchen selber noch so gut wie keine Ahnung haben können Jetzt weißt warum dir manche jeden Samstag viel zu viel in sich hineingeschüttet haben Sich direkt rauhe Mengen hinter ihre Binde so geschüttet Nie nicht nur einen Dass sie paar Stunden später dann an dieser Mauer vor dem Beatlokal gestanden sind Was heißt gestanden Und ganze Brocken schon aus sich herausgewürgt gewesen auf dem Boden Und wackelnd ganz gebrochen heimgegangen Manche sogar gebrochen noch im Herzen wo Wenn so ein Ding nicht gut gelaufen ist mit seinem Schatten Mit seiner Masche Das hat dir erst dem Albert seine Guild verraten Dass in dir schon ganze Berge von dir selber schon in Schutt und Scherben lagen Längst schon im Schutt Längst schon passiert Nur wann Und wo Wieso Was ist da wann gerissen und was wie Wut geworden die in Alberts Guild auf einmal wie geredet hat als so ein Klirren Als mein Klirren Das alles hat mit Sound zu tun Mit dem Verstehen Das man selbstverständlich nicht versteht Nur fühlt Hörst du Nur fühlt Das Ding ist direkt in uns aufgegangen Nur wir selber sind nicht in uns aufgegangen Aber umgekehrt wir wieder in dem Albert Könnst das verstehen In Zähnen hätte man es kennen können Warum in Zähnen Ganz einfach Weil die Zähne direkt so in Knochen stecken Wie weiße Stecken in den Knochen stecken und beim Lachen nicht mal lügen Das mag ich an den Zähnen die im Blacklight solo tanzen Eigentlich die reinsten Totentänze als Gebisse schwebend körperlos hindurch durch diesen Beat von Albert Kannst dann denken an die Knochen An die Toten Mitten im Leben an das Sterben An den Beat und an die andern Scherben wenn du Mumm hast Kannst du in den schönsten weißen Zähnen schon im Leben in die Künftigkeit des Grabes sehen So gesehen kannst du in Zähnen direkt in die Zukunft sehen Erst recht weil Zähne oft das Erste und das Letzte war das du im Blacklight dann gesehen hast Zähne auseinander und zusammen Zähne auf und zu Zähne wie geklappert auf und zu

Ganz schnell Ich weiß nicht kann man Gründe für so Zähneklappern in dem Dunkel zwischen Guildgeklirre und dem Beat von Albert haben Weiße Blacklightzähne die so klappern können wie ein Storch von dem man keine Zähne in so Blacklight dann gesehen hätte wenn der schon mal zu uns zum Klappern hätte kommen wollen Weiß nicht Weil die nicht weiß gewesen wären sondern wie man weiß so rot So Klapperstörcheschnäbelklapperrot Aber manchmal ist er schon ein wenig hergekommen fast zu uns Vor dem Storch hat mancher junge Mensch sein Klappern kriegen können manchmal Aaah Jetzt weiß ich was es war mit diesem weißen schnellen Blacklightzähneklappern Und manchmal Muster auf den engen Pullis Wenns hochgekommen ist von einer schon die Brille vom BH wenn die das ausgenutzt gehabt hat dass die Farbe Weiß so weiß so grell herausgestochen ist in diesem Blacklight so Aus diesem Blacklight direkt so herausgestochen Hat dir nicht selten eine einen Weißen angezogen Dassd hättest hinschaun müssen Hinschaun solln zu ihrer sogenannten weißen Hühnerbrust die dir im Dunklen drinnen direkt hätte leuchten wollen Wie so weiße Faschingsmasken Kennst schon So Brillen Die haben dir sogar durch einen schwarzen Pulli durchgeleuchtet Dir direkt durchgeschlagen War bald wie Röntgen weißt Die Weißen haben damals immer wie Erfolge feiern können Die Weißen direkt durchgeschlagen Hoch und aufrecht Vorgestanden wie bei Hühnern Da hat der Albert sich nicht lumpen lassen und nicht selten eine diesbezüglich angesagte Meldung in sein großes goldenes Shure riskiert Ins Mikrofon Da gings um Hühner Hat jedes stolze Huhn sein Fett gekriegt Sein Brillenfett Ins Mikrofon Das hast von Fotos von dem Elvis schon gekannt das große Ding mit lauter Schlitzen Ein Helm mit Schlitzen wie von einer Rüstung Ganz aus Gold gewesen und gefunkelt War groß wie eine Faust in die der dann hineingeredet und -gesungen hat War wie Singen in die eigne Faust Jeder kennt das große Shure Das ist als diese Albertfaust schon dagestanden auf der Bühne

wenn lang kein Albert noch zu sehen war Wie eine goldne Faust
vor seinem Auftritt Wie so ein dürrer goldner Faustbaum dagestanden Dagestanden auf der leeren Bühne In diese Faust er
später in der Blacklightnacht in Sachen Brillen sich hat melden
müssen ab und zu dann Melden sich auf eigne Faust so Das hast
verstanden Da war keiner der das nicht verstanden hätte So ist
die diesbezüglich ziemlich aufgekratzte Stimmung die sowieso
schon eine ziemlich angeritzte eingekratzte angebrochene war
noch mords wie weiter was in Richtung von so was wie einem
Bruchstrich innerlich gestiegen Bei jedem hat wo was geköchelt
Alles in ein Kochen schon gekommen Und Albert zwischen allem Und dem Albert sein Lachen im Rauch Ein Gruß geblitzt ins
graue Gesicht Schnell durch das Grau gerissen wie ein zu schnell
zerrissenes Blatt Papier Der Blickblitz eines anderen Lachens im
Trapez geblitzt Aus Licht Aus Rauch Im Nebel der sich in der mü-
den Glocke aus paar Funzeln gerade noch hat halten können Wo
in den matt gekerbten Schattensilhouetten dicht an dicht die Lei-
ber vorn in Richtung Alberts Bühne drängten Immer weiter Unauf-
haltsam Mit einem Pressen Schieben Schwitzen Wellen Schütteln
Rucken Das ging wie eine Zornkraft Wutkraft wo Durch diesen
durch die Dunkelheit wie nicht vorhandenen Raum den dieses
Blinzeln von den Deckenfunzeln von einer Gegenwart zur andern
fort wie neu erschaffen wollte Hat so geflackert War wie etwas
in uns allen Dieses Flackern Und dieser Beat an ihrer Schat-
tengegenwart herumgemeißelt wie eine hämmernde Maschine
Die Ränder aller anfangs wie kohlschwarzen Körper aufgerissen
Schwarze Fransen In denen sich das bisschen Licht verfangen
hat Und gehalten Gestrahlt In kleinen Regenbögen In wie so ku-
geligen Höfen Elektrisiert am Teppichboden in der Bar In kleinen
Feuern abgebrannt So klein und blau geschossen um die Ärmel
meistens Blitzschnell blau geblitzt so Blau hat ja im allgemeinen
Fortschritt eines Abends bei allen direkt als so was wie eine zunehmende Modefarbe gelten wollen wieder Ging dir in Surrer

Warst wie benebelt Warst dir wie blau Es gibt aber so blaue Feuer Nachts Auf hoher See Nur dass die größer sind Viel größer Um Schiffe oder Segel fingern Wirklich blaue Blitze Bluesblaue Blitze für die Augen von den Nachtmenschen auf Schiffen Beatblaue Blitze Herzblauer Beat Der Beat nicht nur auf blaue Lichter Regenbögen Ohren eingehämmert Irgendwo weit fort von wo Tief in sich selber wo Frag mich nicht wo Ich weiß nicht wo Der Beat das eigene Wringen ihrer Körper und sich selber wieder wie verrenkt Sah aus wie Schmerz in den sich ihre Soll man Tänze sagen Wie Figuren einer schrägen Säge schraubten manchmal Einsam ineinander Einsam auseinander Aneinander knapp vorbei Um sich herum Und kurz gestreift ein Festes an ein andres viel zu Festes Hat gereicht Au Mann dann Und dann die Hände Diese Hände Diese unsichtbaren Hände Das war wie Starkstrom unter einer Lupe Fingerspitzenmikroskope Längst noch keine Lippen Um Gottes Willen Lippen Die Lippen konnten von den Lippen damals höchstens träumen Da waren diese Schatten Nähen Ströme *Dopo* Sie *Dopo* Er *Nichts verstanden* Sie *Dopo* Er *Nichts verstehen Ich nichts verstehen* Sie *Dopo dopo* Er zu ihm *Weißt Du vielleicht was Dopo heißt* Der *Ne keine Ahnung* Er *Sag mal Willst Du mich vielleicht verarschen* Der *Hey Blödmann halt die Klappe Los Ab Komm Raus Wir gehen raus* Die andern *Hey Die gehen raus* Er *Man wird doch wohl noch fragen dürfen* Der *Zisch ab Mann Mann zieh Leine Hau doch ab du Mach ne Fliege Mann Verdrück dich sonst gibts Saures Mann Idiot Du blöder Heini Hey Du Sack Du dummer Hund Du Arsch mit Ohren Dumpftopf Mann ich knall Dir eine vorn Latz eh Arschloch brauchst n paar in deine Fresse Geh mir aus der Sonne Typ Hol mich mit deinem Quatsch von meinem Ding nicht runter Mann Pass auf du Willst wohl eine reingeklatscht Führ dich nicht auf Mann Hey na los Dann komm du Wixer* Das Klirren Alberts sagte was das Feste dieses kurzen steifen Streifens war Ein Blitz geschossen durch ein Auge das etwas für sich gesehen hat Das gibt es niemals wieder her Niemals wieder Hörst du Ein Herz

geklopft wie Eisen das den Marmor bricht für Zwei die zwei Sekunden wissen wo das Blut in ihnen klopft Vor zwei Sekunden
haben sies noch nicht gewusst Jetzt ist was anders Jetzt ist ein
Pochen Pumpen Pulsen Jetzt sind sie in ein anderes Jahrhundert
eingetreten Durch diese eine Tür in eine andre Zeit Jetzt sind sie
außer aller Zeit Der Raum der aufgeht ist so groß wie eine helle
und eine dunkle Kathedrale Und die Form der Kathedrale ist die
Form von einem unsichtbaren Flugzeug Wer jemals eingestiegen
ist für den gibts kein Zurück Die Tür die ist ein Nadelöhr Jetzt ist
der Krug zerbrochen Endlich Jetzt Vor zwei Sekunden War Arbeit sich durch diesen Scherbenbeat zu zwängen Die Eintrittskarte war ein Ja Das Ticket war ein kleines Ja Nicht viel gekostet
so ein Ja Nur mal im Anfang An Silvester Da hast du dich nicht
reingetraut zu denen Nicht in das Klirren Menschentrauben an
der Kasse Menschenmauern Gar nicht so wie offene Tore deiner
Höfe Spott in Zungen Faust am Rücken Ketten Kippen Nietentypen
Fettes Haar an schrillen Hühnern Enge Pullis ihre ausgebeulten
Bühnen Zwischen Lippen Schattenrisse Tätowierte im Geruch von
Pisse Scharfe Schläge bei gezackt zerbrochnen Flaschen Rasches
Bücken und kein Greifen in das Puderblasse bei dem triefend
Nassen Splitternd Tritte unter spiegelblank gewichsten Stiefel-
füßen Nie kein Entzücken im Gesicht der minirockmaskierten Sü-
ßen Fühlt sich direkt an wie Stehen vor ner scharf gespannten
Falle Kennst du Rot von Blut im kalkig weißen Licht des Wasch-
raums wo sie wenn sie Saufen raufen und wie Menschenknoten
überm Grau des Rinnsteins liegen Trau dich durch durch solche
Mauern die dir mit dieser fremden Glut in ihren Blicken sagen *Was
willst du in unsern Scherben* Da standen welche auf der schmalen
Bühne Rauch hing in der schwarzen Halle wie ein Baldachin aus
Nebel Auch Alberts Guild war so ein Ticket Für dieses Ding von
Klirren Von wo heraus sich ein- und ausgewunden Eingewickelt
ausgewirrte Tänzer auch Ich weiß nicht Immer wie und wer um
was gewunden hat und haben und unendlich Manchmal sich ge-

funden haben Wie ein Brett so eng und hart dann einfach dagestanden Hast schon vom Hinschaun einen kriegen können War
dein Solo Und gut dunkel Mitten in dem Klirren von der fortan höl-
lisch klirrenden Musik ein in die Luft geworfener stechend lauter
Scherbenhaufen Stechend weil es wahr war was da klirrte Du hast
ein Klirren lesen können Damals hat das Solo auf den dicken harten Saiten nur geklirrt Erst wars ein Schattenbrett Wie ausgesägt
und aufrecht Alles angehalten Dann warn es zwei Dann waren es
zwei Menschen Dann hast gesehn Die kannst du selbst gewesen
sein Dann war es wieder gut Das hat dir aber dauern können
Und manchmal direkt was geglüht nicht bloß auf Stunden Gut dass
dir das Ding kein Fremdwort war So hast du es gelitten wenn du
allein in diesem Klirren fortgeschwommen bist auf Stunden Anderntags mit Scherben deiner Bilder dieses Klopfen aufgeschnit-
ten bis du den Rauch in deinem Haar gerochen hast in dem der
Beat als wie ein Nest zusammen mit dem Neuen Festen Unsichtbaren wie ein schierer Wald herauszuschütteln war in rein verbotenen Gedanken Auch das war Sound Wie soll ich dir den
Sound von einer Guild erklären Den Sound von einer Starfire IV
gejagt mit heißen 1000 Volt durch so ein rotes Kabel in einen
Schaller Auch ein Verstärker als ein Schaller hat gespürt was
eine Guild ihm durch ein Kabel wie durch eine Nabelschnur zur
simultanen Übersetzung dieser Blindenschrift aus wilden Albert-
fingern Bis zum Zerreißen hochgezogenen Saiten im Überschall
zur Kompression und Volle Pulle jetzt diktiert Verzerrt serviert Da
gab der Albert kein Pardon Der gab nur Gas Und höchstens dreimal hintereinander wenn die noch immer nicht zufrieden waren
dann dort unten Noch immer keine Ruh gegeben haben *Wipe Out*
Dreimal hintereinander *Wipe Out* Der hat die direkt alle reihenweise ineinander wie verrückt gemacht Da war ein Wah Wah noch
ein Fremdwort Klirren war es mit dem sich einer auszuweisen
hatte Dieses eine Klirren war dir unkopierbar Fälschungssicher
Keine Chance als ein Faker Wenn es pressierte hätten die dich

glatt in Stücke gerissen wenn du den Mumm besessen hättest sie mit einem falschen Klirren zu bescheißen Sie beschissen hättest durch die Scheiße eines gottverdammten Solos Schon damals war der ganze Song nur eine reine Hülle für das eine kurze Solo in der Mitte Ich selber hab nur immer auf das Soloding gewartet Wo keine Stimme mehr gesungen hat Nur die Gitarre Gewartet dass der endlich mit der Rechten von den Saiten geht und am Volumenregler dreht Dass er sich selber Stoff gibt Dadurch Volle Pulle Dass er dann hochgeht Dass er steigt in seinen Wald aus Bünden Im Solo ist das Reden erst wie wirklich angegangen Im Solo war dir Schluss mit lustig Das Solo war der Personalausweis Das kurze Brummen vor dem Solo war der Heuschreckenschwarm Die Rückkopplung des Gottes Das war ein erstes Näherkommen War jetzt Gewissheit Du warst im Kopf vielmehr im Herzen selber eine Saite Du warst im Näherkommen eines Solos immer mehr ein Splittern selber Selber immer mehr ein Solo das sich selber immer mehr im Nähern auf sich zugekommen ist und dann gewesen ist so lang es wahr war Das kurze Brummen dann ein letzter Halt vor einem Sprung in Deinen Abgrund Das namenlose Niemandsland im Abgrund des Rumorens Deines Tobens Deines Steigens Deines Fallens Das war die Sprache eines Solos Am Ende hieß das Klirren hieß das Brummen hieß das Krachen hieß das Splittern hieß das Ding nur Ja Hast alles nur am Ja erkannt Das alles war noch Lichtjahre vor Hendrix Da kann ein Jahr noch als Jahrhundert fast gegolten haben Ja 1 Jahrhundert Und die Musik wie Schwerterblitzen auf die Köpfe oder ein Schwert auf Ohren auch Und hat dabei ein Paulus in Sankt Jakob direkt selber hinter Blitzen seines Goldschwerts stehen können So grau herunterschauen Guildgrau versteinert links dort oben War ja aus Stein So Stein aus falschem Stein der Überpaulus War was aus altersgrauem Gips War was von Alberts ganz kaputten Zähnen im kerzengrauen Himmel von Sankt Jakob Im Roraterauch aus einem großen Fichtenkranz in der noch dunklen Frühe im Advent an breiten roten Bändern So leicht gegondelt wie ein Pendel immer Manchmal brennend zwischen seine Saiten vor den Wirbeln weihrauchleicht dort eingeschoben Hineingesteckt die selbstgerollte Zigarette wo der weiße Rock-'n'-Roll-gerollte Zigarettenhals dem blonden Guildgitarrenhals Dem Ding von diesem ahornblonden Guildkopf schon so Haufen dunkle Flecken eingebrannt gehabt hat oben Markstückgroße Flecken Kohlschwarz eingebrannt durch die in Saiten eingesteckten Zigaretten bei den Wirbeln Hast gesehen Der Albert macht das immer so Den Rauch für sich auf Zigarettenlänge nahe Der Albert hat immer aus allen Löchern qualmen müssen *Wo dir dein Schornstein raucht ist dir dein Glück* hat er immer gelacht *Wo sich was scheißt lebt sich was* Gegrinst Und sich was angebrannt Gleich zwei auf einmal angesteckt wenns dir pressierte Und wann hat es dem Albert einmal nicht pressiert Eine oben in die Saiten am Gitarrenkopf hineingesteckt und eine musste wie der Kugelschreiber meines Vaters auf sein Ohr Geblödelt manchmal Am besten gleich so Stücker drei *Das sind so gimmicks* sagt er Ich nicht gewusst was gimmicks sind Mir bloß gedacht Das sind dir auf die Ohren aufgesteckte Zigaretten Und dann die Dritte in die zangengleich gekniffenen Lippen und sowieso in alles was so einen Glimmerstengel eine Zeit lang dir hat halten können. Auch ein Pepitafrack gehört dazu zu dieser komisch steifen halbgenial geraden Haltung immer So gestreckt den Arsch herausgereckt ein wenig So ein zugeknöpftes graues Jackett mit kleinen Karos in Pepita Wo kann ich ihn bloß so gesehen haben Der hat auch einen Bruder gehabt *Hello Mary Lou* gesungen zu gezweit Und auf Erfolg die direkt abonniert Dann sonntags zum Seniorennachmittag im Josefsheim das Ding auf altersmüde Ohren eingedroschen mit ihren damals eleganten Schlagergoschen Die hätten dir gewusst wies geht Aber das Ding war eine Eintagsfliege Eine Ente Von einer Arbeit wie nichts wissen wollen dann wie andre endlich aufmerksam geworden Und das Geld versoffen sowieso Mehr noch verludert Und kräftig draufgelegt mit allen Vie-

ren Das hat man aber alles später erst wie mitgekriegt gehabt
Erst lange nach der Sache mit dem Sessel Einmal hab ich den
mit seiner Frau gesehn Hab sie getroffen zu gezweit Die hat er
mir dann vorgestellt mit einem Blick den hab ich in dem Albert
nicht begriffen Dann aber hab ich es begriffen Hab es gesehn
Konntest kaum wegschaun Das Gesicht von seiner Frau und alles hat dir Bände hergesprochen Du denkst Klapp dich doch zu
Das ist ja Lesen wie in einem offenen Buch Gehört den Menschen
doch nichts an Auch dir nicht Und hab dadurch begriffen dass Du
kein Antlitz hinter irgendwas verstecken kannst Dein eignes auch
nicht Du schaust in ein Gesicht mit deinen Blicken In Wirklichkeit bist du mit dem was deine Blicke blicken aber ganz woanders Als möchte sich die Seele manchmal in dem See aus Augen
zeigen In der Landschaft kleiner Falten Flecke Rinnsale und Stir-
nen Der Albert aber Trotz der Verlegenheit Der hat mich damals
wie nicht gehen lassen wollen Da hab ich es gewusst dass er es
wusste dass ich es weiß Dass ich es Weiß auf Schwarz gesehen
hab In diesem offenen Buch von seiner Frau Und auch in seinem
eigenen Und meinem In diesem Buch aus Blicken Das war noch
Jahre vor der Nacht im Sessel Den Albert soll man dann mit seiner Guild im Sessel aufgefunden haben In seinem alten Leder-
sessel Später Selbmals hat die Szene was von einer Platte wissen
wollen Eine Platte Das war wie direkt etwas Sagenhaftes Selber
eine eigene Platte Damals Unvorstellbar Ist aber nie was aus dem
Ding geworden dann mit denen Und ein anderes Mal das war
wie wenn es dir an irgendeinem Schluss An einem Ende wo von
was gewesen ist Ein Ende von was ganz Bestimmtem Wo etwas
nicht mehr ist Als wie wenn einer stirbt oder schon lang gestor-
ben ist Schon lange nimmer ist gleichgültig ob er dir lebt oder
lang tot wo Haben sich seine Finger nicht mehr bewegen wollen
Nicht dass sie krank gewesen wären Die konnten es einfach nicht
mehr Etwas war ihnen abhandengekommen Waren geschnitzte
Hände geworden Steife hölzerne Prügel Wennst das siehst glaubst

Du weißt sofort was mit so einem los ist Diese Prügelhände so auf einer dunkelgrauen Guild Schaust hin Willst es im schnellen Wegschaun lieber nicht gesehen haben War so mit unserem Buchhalter der im Krieg hat er gesagt mit der Musik durch den Krieg und durch die Musik gekommen ist Der hat mir irgendmal was vorspielen wollen Einfach so dir mal was spielen sagt er Bis dahin hab ich ihn noch nie was spielen hörn Und auch nichts spielen sehn Nur drüber reden Der hat sich hingesetzt gehabt an das Klavier Noch diesen Kittel um mit dem er jeden Tag im Büro meines Vaters Zahlen buchte Genau ein Stockwerk über seinem Kopf stand das Klavier Was hat dir der nicht alles mit mir mitgemacht Kaum war ich am Nachmittag nach Haus gekommen von der Schule war ich schon an den Tasten Gedröhnt das Zimmer dann Das ganze Haus Von diesem wilden Solozeug aus meinem Kasten Dem Klavier an dem er saß jetzt Genau genommen war es ja wie gar kein Sitzen Ein Stehen war es auch nicht Und mit dem Spielen angefangen Das wärs gewesen was er wollte Aber die Finger Die hatten alles wie vergessen Etwas Bestimmtes war ihnen abhandengekommen Und der wie nichts gewusst davon Getan als könne er so weitertun Und tats auch Als wäre ich für eine Zeit nicht neben ihm gestanden Direkt wie nicht existiert kam ich mir vor Vielleicht er für sich selber neben sich statt meiner So ganz daneben Ich eigenmächtig mir gedacht Was macht der Der spielt noch immer keinen Ton Diese merkwürdig blauen Buchhalterfinger die noch nicht einmal das Elfenbein der Tastatur berührten Nur dieses Zittern Als wäre es ein Überlegen Ein in sich eingeschnürtes Fingerdenken das nicht klarkommt Die konnten es einfach nicht mehr Das ist wie wennst Teig rührst in einer Schüssel und tust zuvor den Blechdeckel nicht herunter und kommst dadurch nicht an deinen Teig heran und knetest trotzdem bist aber nicht allein wo du dir das Kneten schon glauben würdest federleicht im Tiefschlaf Vielleicht sogar mit offenen Augen Sondern einer steht neben dir und schaut dir zu und schaut dich an und du

schaust ihn an und schaust ihm jetzt direkt in seine Augen und er
schaut wach zurück und spielt Bewegt die Finger Komisch Mitten im Leben Komisch waren schon die zugezogenen Vorhänge
überall Lag doch das Teehaus damals noch mutterseelenallein in
einem Park Oder so etwas ähnlichem wie einem Park Und trotzdem keiner nicht ein Fenster aufgemacht in diesen Mief hinein-
zulüften Geschweige einen Vorhang Und bin ich wie um Luft zu
kriegen an das windige Klavier das wie ein aufgeklapptes Schwal-
bennest aus einer dieser feuchten Wände starrte Ich angefangen
was zu spielen Meine Orgel war obwohl auf Ehrenwort versprochen zu besorgen fort War dir nicht da Natürlich nicht Und ist auf
so einer kleinen Sperrholzbühne ein Schlagzeug herumgestanden zum Greinen im Schatten Wie so ein Nachtschattengewächs
Ein Standbass in der Ecke gelehnt Ich hab ihn kaum mehr gesehen War wie kein Bass mehr Ich wie den Bass nicht erkannt und
war dir doch einer Alles wie ineinander Und überall so ein halbes Cola in alten dreckverklebten Gläsern Und kleine runde Ti-
sche mit Fußspuren als wären welche darauf gestanden oder auf
der kleinen Oberfläche herumgegangen Sich wie um was gedreht
sah es dir aus Und übervolle Aschenbecher und Zitronenscheiben
in der Asche Zerknüllte Päckchen Cellophan gespiegelt Keiner
hingegangen zu den Instrumenten nicht Bin ich der einzige der
spielt Und die andern lassen sich ein Bier aus dem Chromhahn
dass es dir schnorchelt und schäumt und bleiben so träge hinter
der Theke Mehr gelehnt schon bald gelümmelt als gestanden
Nur eine kleine Funzel von der Decke heruntergehenkt gebrannt
Schon wieder im Rauch Kennst den Geruch von kaltem Rauch bei
Turnen in der Gemeindeturnhalle im Februar unter der Faschingsdekoration in die du vorbei an deinen kerzengerad in die Luft
gereckten Drittklässlerfüßen an deinem dunkelblauen Trainings-
anzug entlang hinaufblickst Den Anweisungen der Trillerpfeife
des Lehrers wie abwesend lauschst Mechanisch im rückwärti-
gen Liegen die Armhebel beugst und die einsam wie tagblinde

Falter dicht unter der Decke herumirrenden Luftballone beäugst
Rücklings turnend hinaufschaust in Träume anderntags Und du
spürst im kalten Rauchgeschmack des Turnsaals noch so was wie
die Reste des Festes von gestern Wie so ein schaler Geist der
sich verwandelt hat in kalten Rauch der kurz aufblitzt wenn er im
schrägen Vormittagslicht einmal aufsteigt und sich an den Fens-
tern bricht an deinem blassen Augenlicht im Halbdunkel des
Turnsaals deiner Kindheit unter der Faschingsdekoration im Josefsheim im Februar Und dann kommen so ein paar Frauen So ab-
getakelte armselige Gestalten So Grell über Traurig Weißt was es
geschlagen hat Seh ich wie der Albert und die andern sich auf
einmal für nichts anderes mehr intressieren als für die da Hatten
sie zuvor doch wenigstens mit ihrem Bier noch hergewunken bis
zu mir Mit diesem Biergruß Geschäumt Geschüttet Dann geschüt-
telt Auf Anschlag schräg gestellt die feuchte Glitzerkante War ihr
Lachen Und die Lachen auf dem Boden Wo es riecht wie es dir
riecht Und wo du weißt auch wenn du nicht den Schaum auf ihren
Schuhen siehst Hier wird getrunken Und irgendwann war wie auf
Knopfdruck Albert und sein wilder Clan verschwunden Ich spiel
für mich Jetzt ohnehin egal Was spielst du da wenn du in diesem
Ding für dich bist und nicht weißt was die mit denen über oder
unter dir in welchen unbekannten Räumen unbekannten Lichtern
treiben jetzt und sowieso nicht was mit denen überhaupt und immer Ist schon ein Ding Kommst zu dir an den paar staubbedeckten
Klappertasten Spielst in dieser Tagnacht wie es heißt Klavier Was
heißt Klavier Was heißt schon spielst Was heißt Auf andre spielend warten die dich köderten mit Spielen Albert alter Seelen-
hund Nicht mal die graue Guild hast du dabei Sag wo hast dus
hingepackt das Klirren Deine Goldfaust Deine Zeit aus Scherben
Gegenwart als unsichtbare Luft aus Blacklightzähnen Keiner sagte
Sound weil Sound war Sound und so unsagbar War die Gänse-
haut auf deinen Armen War der Strom auf deinem Rücken und darüber und darunter War das Zucken und das Streifen aneinander

in der Dunkelkammer unter den paar Funzeln Ausgesägt und dagestanden Ineinander eingeschoben Schweißgebadet Ungeflüs-
tert Schweigend oder scheu gefragt Fast ungesagt Und nie erhört
Es sei denn einmal als der Strom flog *Gehn wir raus* Wir gingen
raus Da wars dir eklig *Brauchst du jedes Mal so lang* Du gingst zurück Da war noch andres Büsche waren War ein Bach Vielleicht
Holunder Da sind sie wieder Endlich Irgendwann Irgendwoher
Zurück Weiß nicht woher Wo sie dir waren So groß ist dir das Teehaus nicht Ob dir das einen Keller hat Ob es dir unterkellert ist
Kanns dir nicht sagen Alle da jetzt wieder und so tun als wäre
nichts gewesen Lausbübisch zwinkernd Fast schon halb verle-
gen Wie um Verständnis grinsend Sag was zu solchen Typen und
Verständnis Sind dir die dafür nicht schon wie viel zu alt Das ist
wie wenn dir einer viel zu spät so einen viel zu guten Anzug an
hat Wie damals dann am Bahndamm dann Ich weiß jetzt gar nicht
wo die dir den Schlüssel von dem Teehaus wieder hergekriegt
Das war wie wenn es keinem nicht gehörte Da war dir einer der
das Sagen hatte Ich weiß von einem der da abkassierte Drum
war das komisch mit dem Schlüssel War was gewesen mit dem
Schlüssel Ich sehs noch wie ich mich darüber wundre War sowieso so komisch alles Und ist die Komik immer mehr in so was
Bitteres hineingegangen Wosd lachst und trittst dabei in einen
Nagel Der Albert hat mich dann mit seinem grauen VW Hat damals noch seinen grauen VW gefahren Bei dem war alles immer
grau Sein Anzug Sein Haar Seine Augen Sein Gesicht Seine Fin-
gernägel Seine Guild Seine Zähne Sein stumpf gewordenes ich
weiß nicht durch was abgebissenes wie abgerissenes Interesse
Wieder heimgefahren Schon wie gewusst dass meinerseits nichts
läuft Bezüglich der Musik mit mir für ihn und seine schrägen
Teehaustypen aber wirklich überhaupt nichts läuft Keiner keinen
Ton nicht gesagt Er nicht Und auch ich nicht So blieb es für die
nächsten 30 Jahre Dann treff ich den fast wie durch Zufall an dem
unbeschrankten Bahnübergang Ein Ding wie Wiedersehn nach

über 30 Jahren Die sagen ja immer Keinen Zufall gibt es nicht und nehm ihn mit hinein zum Griebel Damals hat es die kleine Freie Landtankstelle noch gegeben Wo er in seinen Fünfliterkanister gleich *Volltanken* bestellt auf eine Art dass ich ihn sofort wiederkenne und er für einen Bruchteil auf der Bühne steht und in sein goldnes Shure zu seinen steilen Hühnern über Brillen spricht und dabei zwinkert Und die alte vife Griebelin Mitte achtzig Ein Baum von Frau Aus lauter Leben Ziemlich knorrig Schelmisch gegrinst Hat es verstanden Der Albert sagt er ist in letzter Zeit als so ein Allianz-Vertreter aufgetreten Ich denk mir noch Das passt doch nicht zu einem Albert Und schon gar nicht zu der dunkelgrauen Guild Am wenigsten vielleicht zu seinen grausam grau gefaulten Zähnen Direkt schon schwarzen Stummeln muss man sagen Da stell ich mir unverzüglich so ein Allianz-Erlebnis vor Kann nichts dagegen machen Mach was dagegen War ihm der Sprit von seinem Schlitten ausgegangen War so ein silbergrauer BMW Noch schnell ins Feld hineingeparkt Mehr kerzengrad hineingefahren als geparkt Die Reifen dir gespickt vor Dreck So dicke Klumpen Speck So Batz Gelacht *Egal* Und dagestanden Winkend überkopf mit dem Kanister Mords vertraulich grinsend in dem viel zu teuren Anzug dort am Straßenrand bei Leugas Weißt schon Wo du wegen der Geleise Dem unbeschrankten Bahnübergang kurz nur 20 fahren darfst da Dort gings dir leicht zu halten Ich hätte doch auch so gehalten hätt ich ihn erkannt Grad dass es dir noch ging ihn wiederzuerkennen Kann was wie Furcht aufgekommen sein in mir So eine innere inwendig Weißt schon So eine von denen die dir nicht alltäglich kommen So still und ganz weit weg Kennst schon Sind so Momente Über so Sachen die passieren die man keine Spur versteht obwohl man mitten zwischen allen Spuren steht Schau in ein Gesicht und sag mir Was siehst du anderes als Spuren *Spieglein Spieglein an der Wand wer kann im ganzen Land am besten in Gesichtern lesen* Hat der doch glatt geschafft noch eh wir in ein Reden über alte Sachen reingekommen mich mit seinen Zähnen an einen andern Gitarristen zu erinnern So kann es gehen Hätt ich dir doch samt dem Albert direkt bald den Albert übersprungen in Gedanken durch die ähnlich grauen damals ganz genauso halb verfaulten Zähne seines Guildkollegen aus Bayreuth Ihre grauen Stecken werden sie sich aber beide längst schon haben richten lassen schätz ich jetzt in diesen dreißig Jahren wo wir uns gedritt nicht mehr gesehen haben Oft denk ich wenn ich Guild sag erst an graue Zähne Dann erst an Guild als für Gitarre Auch Günter hatte als ich ihn zum ersten Mal auf einer Bühne sah Ich denk ich seh nicht recht Erkenn sie gleich Erkenn sie auf den Schlag Tatsächlich eine echte Guild Auch eines von den Starfire-Modellen Mit diesem einen scharfen Horn Gestochen scharf Da weißt was es bedeutet Scharf wie gestochen Dave Davies von den Kinks Der hat das gleiche Ding gespielt Auf einem Cover irgendwann das Horn entdeckt Dann bald das Wort Mit einer Lupe im Gitarrenfoto drinnen rumstudiert Und irgendwann einmal das Wort gesehn So hast das rausgekriegt Und die gabs wirklich Nicht nur auf Covern Ich hatte damals in der Schule so ein Kurvenlineal von Marabu Da war der scharfe Bogen drauf Der Bogen von dem spitzen Horn von dieser Guild Und der Der Günter Ganz genau wie dieser Albert Wie gesagt Genau dieselben faulen und schon ganz grau gewordenen Zähne Brauchst fein nicht glauben dass der dir dadurch nicht hätte lachen können Auf so ein Weibsbild glatt hinunter von der Bühne durch dieses faule Zahnding dann hinunter Die Spur von keiner Hemmung nicht gehabt Im Gegenteil Allweil ganz ungeniert *Hey Puppe* laut ins Mikrofon geflüstert Auf offener Bühne Auch so ein Shure Alle gehört das Und dabei durchtrieben auf eine leibhaftige Puppe hinuntergeschaut dort drunten Locker wo herumgestanden Getrunken Oder grad getanzt so eine Oft auch alleine Mutige Dinger die Weißt schon so kecke Je kürzer der Rock desto mutiger Je schöner desto vifer direkt Pass bloß auf Waren dir viel Und eine jede die sich gern so angesagt gefühlt hätt So poppig lässig puppenmäßig Fast schon bald groupiemäßig dann in ihrem Sinn verstanden wieder Schon feiner weißt Dann gleich zurückgeschaut Sofort retour hinaufgeschaut Hinauf zu diesem Günter Wodurch dann Logisch Immer gleich ne ganze Menge von so Puppen zu dem steilen Knaben an dem Mikrofon hinaufgehimmelt haben Hab ich selber beobachtet Und ist für den dadurch dann seine Auswahl direkt in ein ganzes Puppentheater schon hineingegangen Kein ganz kleines Rocktheater nicht Gleich direkt wieder simultan Und war ja auch immer ein ganzes Puppentheater immer Nicht nur hinterher Gott der Arme Kennst *La poupée qui fait non* Ist ein Hit gewesen Mit dem berühmten A-Dur-Anfang auf einer Zwölfsaitigen Der war so einfach dass ihn jeder hat nachspielen können original So was baut auf Den hast überall gehört Den Hit In allen Automaten In der Jukebox der Cafés in diesem Sommer Erst recht den nachgespielten Anfang auf Gitarren Unter Bäumen In den Parks Echt live Sei doch mal ehrlich Hast heuer mal im Sommer wo im Freien so auf ner Gitarre so einen Gitarristen seinen Anfang üben hören Das wär doch fast schon peinlich Wenn du das Ding studierst und fragst Was das dann war das seinerzeit so selbstverständlich und so anders war dann sag ich Dass es dir war als wär in allem was dir da gewesen war so was wie Sound gewesen A.AAA.D.DDADA. GG.DDD.A-- Das wären die Griffe gewesen Erinnerst dich Auch so eine Geschichte von einer Puppe die immer Nein sagt Zuvor vielleicht Ja gesagt die ganze Zeit Dich angeschaut wie so ein ewiges Ja allweil Oder hast es nur als Ja verstehen wollen Kann man sich in einem Ja-Blick täuschen Kann ein Ja-Blick leichtfertig gegeben werden Geht das nicht schon fast in ein Ja-Wort hinein Hab damals noch Null Französisch verstanden Nicht mal gewusst was der Titel bedeutet Auch nicht gefragt War weit weg Frankreich Damals Jedenfalls Einmal gegen einen verloren War so ein Geschniegelter der Und hat wie die Faust aufs Auge zu der blonden Violetta gepasst Der hat den Anfang auf der Zwölfsaitigen gekonnt Ich nicht Weil ich den Hit damals zu Silvester noch gar nicht ge-

hört gehabt hab War wieder ein anderes Silvester Und sowieso
hätt ich den Anfang federleicht auf ein Mal Hören prompt begriffen Sofort kapiert Hören und Können waren ja fast Eines Sogar die
Griffe die es dazu brauchte hätt ich dir damals schon gekonnt
Aber denkst der hätt mich auch nur einmal an seine lumpige Gitarre rangelassen Und diese schräge aufgelöste Frau mit langen
aufgelösten blonden Haaren zwischen uns auf einem Sofa Alle drei
auf einem Sofa Die den allweil angeschaut Direkt geglotzt muss
man schon sagen Mich selber hat die doch so gut wie nicht einmal
gesehen Der allweil den Anfang gespielt Immer hintereinander
bloß den Anfang Wie wenn der allweil irgendwas mit der hätt anfangen wollen Und ich ihn dadurch weil ich da war direkt wie in
was behindert Du glaubst es nicht wie lang dir so ein kurzer Anfang werden kann Der wollt ihr schön tun mit dem Anfang Und
die Die hat es sich von dem doch glatt gefallen lassen Die hat sich
nicht geschont Die hat den angehimmelt wie eine kilometerbreite
rosarote Wolke Grad dass dir die nicht schon bisschen laut gegurrt
hat So geschnurrt Wie eine blonde Mieze Weißt schon Sonst alles
andere Fein schon ein ziemlich steiler Zahn Da konntest federleicht paar Blasen kriegen Von so einer Zwölfsaitigen Mit einem
blonden Hals aus Ahorn wo Das aber war noch lange vor dem
Günter Ich komm nur drauf durch diesen Blick Durch dem sein
Blicken Dem ewig anfangenden Anfänger sein geschniegeltes
Blicken Hinein in ihren linken Ja-Blick In den ewigen Ja-Blick von
der blonden Violetta Seiner langhaarigen Puppe die Wie ich gehört hab Hinterher wieder mal ihr schönes *Nein* gesagt hat Mann
das hättest dir doch denken können Schon durch ihr Blicken und
durch das Blicken von den Blicken aller insgesamt Vielleicht hat
die ja schon beim Blicken alles wie für sich erledigt Dunkel wär
es dir genug gewesen Gibs zu Mann insgeheim hast Dus gewusst
Hast wohl geglaubt es wär am End mit deinem Anfang doch zu
schaffen So kannst dich brennen Wer hat sich da nicht alles schon
verbrannt an diesem gegenseitigen Geschau Mein einer Onkel

hat mir mal gesagt Wenn man sich ganz fest in die Augen schaut und dann dabei nicht lachen tut dann heißt das Semmelschauen *Komm spielen wir Semmelschauen* Das konntest spielen auch So hat das die Landjugend damals für sich angezettelt Hast nicht wegschauen dürfen Und wer den Blick nicht ausgehalten hat hat eine Semmel hergegeben Hat als ein ganz unschuldiges Spiel gegolten Später hat man dann keine Semmel mehr hergegeben glaub ich Was ist dir an Silvester nicht alles geblickt worden allweil Durch das ewige Kreuz im Ja-Sagen in Blicken Oder das Ja-Sagen in Blicken als Nein Die kenn ich doch mit so einem falschen Geschau Das geht dir doch in eine ganz falsche Mathematik Wo einer wie ein Ja schaut und dieses Ja von ihm als gar kein Ja gemeint ist Genauso nicht das Nein von ihr als gar kein Nein und er sich trotzdem dieses Nein gleich wieder auseinanderdividiert wie Nein er schauen muss dass sie das Nein Sein Nein das vorhin noch ein halbes Ja markierte inzwischen schon als unentschiedenes Jein kapiert Wogegen seine eigne Rechnung will sagen die Berechnung dieses Blicks für sich glasklar auf Ja getrimmt gewesen wär Hätt er bloß nicht das halbe Ja von ihr durch einen Nebenblick im Risiko des Streifens eines andern Blicks vom Nachbartisch So eines Hasch-mich-bin-der-Frühling-Blicks anstelle ihres frechen halben Jas mit einem Jein verwechselt Was ihn auch deshalb so verletzte weil im Verhältnis zu dem letzten halben Ja von ihr Dem Ja das ihm Er wusste nicht wieso Wie Unentschieden vorkam vorhin Dieses halbe Ja aus ihren Augen wiederum mit dem was ihre Lippen lachten niemals nicht zusammenpasste und er nicht wusste Hat sie ihn vielleicht bei seinem Nebenblickeblicken in die Nachbartische rundherum gesehen was ihn jetzt heimlich zornig machte und für sich tat als würd ers nicht verstehn Es wäre ihm das Liebste dass er alle Blicke gleich auf einmal hätte blicken können Blicke überall hinein in jede Richtung In alles was da blickte Wobei er selbstverständlich mehr an Damen dachte Fesche Damen Diese Damen die so blicken Weißt schon wie die manchmal blicken können Selber schuld wenn die so blicken Und dabei klappern mit den Deckeln oben drauf auf ihren schön geschauten Augen Kannst sagen direkt so magnetisch zwinkern Wobei doch anfangs deren eher scheues Blicken jetzt beinah zu Händen wurde Hände die in Blicken wuchsen Hände die aus Blicken griffen und in ihm wie Finger bohrten Aus Blicken Finger Aus Fingern Pfeile Stechen wie so Stechen in dem Herzen Ein Herz das stechen kann so weit und tief Bis in die Leiste Und jetzt erst recht ihn dadurch wieder stachelte zu einem immer frecher und jetzt noch einmal viel mutiger geworfnen Ja Und sie zum Spaß auf einmal parallelisiert Bis er auf einmal Siehe da Die hinterfotzig parallel verschobenen Jas misstrauisch in der Miss studiert die bislang mehr in raffinierten Neins zu Haus gewesen ist Sein Ja von Ja zu Ja jetzt immer plumper Immer primitiver Schau ihn doch an den scharf gewordenen Affen Dagegen ihre Jas von Mal zu Mal in feiner ausgelegten Fallen Längst in perfekter Tarnung In Wirklichkeit wirds immer raffinierter Du siehst wir befinden uns jetzt schon mindestens in der sechsten Stelle hinter dem Komma So ist das Leben Hat eine Menge Stellen hinter dem Komma Pass auf dass dir aus einem raffinierten Ja-Geschau nur einmal ja kein Koma wird in mancher unbedachten Wirkung So ein Ja in Augen früher war direkt wie ein Tarnanzug Glaub mir Die konnten dir so einen ganzen Abend blicken Gegenseitig ineinander Ausgestattet mit dem ganzen Instrumentarium der christlich-römischen Erlaubtheiten Keusche Augenaufschläge Verschämte Augenabschläge Verstohlenes Wimperngeklapper Das schon ein wenig aufstachelndere zu mancher Hoffnung berechtigt berechtigende Nasenflügelauseinanderblähen Die nacheinander aufgestülpten Münder in so mancherlei Varianten Wo sie dann absichtlich so einen immer noch ein wenig feuchteren Glanz haben Ich weiß nicht wie dir die das machen Wie die das immer hinkriegen so blitzschnell ohne dass du ein einziges ziemlich riskantes Zwischenzungenlecken an den runden Lippen sähest Wo sie doch eh schon so einen Glanz haben allweil wenn sie dauernd nachgemalt werden auf dem Klo so oder wo Und dann die Rauchzeichen Eingezogen Eingesogen Ausgesogen Ausgezogen und verschluckt Stenografiert Gemorst und SOS dann durch die Ohren Nasen Sogar Rauch aus Augen hab ich schon gesehen Augen längst schon als ein Ja Jetzt geht es immer rascher ins Finale und in der feinen Vorderbrust wird schwer geatmet Zu Augen ganz präzis und simultan Synchron in schwersten Herzmusiken in der für Augen als Verstärker dafür wieder umso stärker zuständigen Nebenstelle Der sogenannten Außenherzmuskulatur Jetzt endlich kommt die Liebeskeule Dieses perfekt gespielte *Ich-muss-jetzt-leider-heim Versteh-mich-recht Sei-mir-nicht-bös Es-gibt-doch-auch-ein-nächstes-Mal* Womit sie jetzt auf diese Tour dann alles schon den ganzen Abend lang für ihn in Blicken längst zum Greifen Nahe Feste Hin- und her Geblickte wie zurücknimmt wieder Bis er dann doch schlussendlich durch einen Ansturm von gespielter Verzweiflung Im übrigen von ihr schon längst erwartet Diese Sorte von so einem Ja kriegt Die ihn und auch nicht minder sie erlösende Sorte von so einem Ja mit dem er sich dann auskennt Und dann auch sie Wenn er am Ende schaut als hätt er niemals nicht gewusst dass sie ihn schon von Anfang an zum Narren hält Aus ihm den ganzen Abend schon so was wie den perfekt lackierten Weiberaffen macht Fühlt er sich dadurch direkt nicht wie aufgefordert sein Spielchen gerade diesmal umso gezielter um nur das Eine zu erzielen durchzuspielen Jaja Jedenfalls Bis dir das immer ineinanderpasste endlich Wo es doch grundsätzlich schon klar war immer Ausdiskutiert war hinterrücks Wer mit wem und warum und auf welchem Rücksitz von welchem Opel oder wieder in einem hautigen VW und wie lang und dir bis wohin heimfährt und dann an welcher Ecke heimlich aussteigen lässt dass sie einer von den ihrigen ja nicht sieht wieder und dass du mir ja die Autotür nicht aus Gewohnheit viel zu laut zuschlägst weil mein Vater in letzter Zeit immer das Schlafzimmerfenster schräg stellt zur Kontrolle Und wer es vielleicht nicht ganz so eilig hat wieder und wieder mal *du weißt schon wo* obwohl es doch direkt auf der Strecke läge dagegen sozusagen auf der Hand direkt das Ding das ist ein Ding für sich Bruderherz Das ist dir nicht immer alles glatt gegangen Was der erst von den Prager Puppen erzählt hat als die Grenze noch zu war Direkt noch niet- und nageldicht Und sie die erste deutsche Rockband waren die es über den Eisernen Vorhang schafften Ganz offiziell schafften rüberzukommen Reinzukommen Musst denken in der Zeit Noch lang vor 68 Da war ein Jahr ja eine Ewigkeit Und die in Prag Konzerte gespielt dann Mehrere gleich Das geht schon auf keine Kuhhaut mehr Zugegangen mindestens wie bei den Beatles hab ich von etlichen Augenzeugen her gehört Und Zeug mit Strumpfhosen als Geschenk Ganz narrisch die Prager Puppen Die goldenen Pragerinnen auf Strumpfhosen Unerschwinglich die im Osten War so was wie eine Währung direkt so eine Strumpfhose Hat ihnen irgendwer gesteckt Mitgenommen im Kofferraum Eigenbedarf angemeldet gehabt an der Grenze Selber Frauen dabei So Helferinnen wie Wodurch das dann letztendlich gegolten hat Formell anerkannt Durchgegangen sozusagen dann am Schlagbaum Und mit dem Zeug hinüber Verschenkt wie so Freischeine für das Also ganz hab ich das auch nicht verstanden wieder Würdest Du für so eine lumpige Strumpfhose Waren vielleicht andere Zeiten Und die dann aus Verehrung rote Gegensträuße wieder Direkt so rosenrote Rosensträuße für die Recken Bis zum Verrecken gehurt hat einer gesagt original und kann einem der Zorn kommen darüber noch heute über manche Geschichte die nicht zum Sagen ist auf so ein Blatt von so einem Papier das sage ich dir Und mir Aber das war schon eine Zeit vor dem Silvesterkonzert Unser Silvester muss dann Silvester 67 gewesen sein Da hab ich die noch gar nicht gekannt Nichts mit dem Namen anfangen können noch Bloß so paar Zahlen Haben geheißen wie das Jahr das gerade zu Ende ging Plakate an der ersten Ulme vorn am Bach gehenkt gewesen immer Links neben der Brücke die so gefedert hat Ich immer auf ein paar Minuten auf die kleine Holzbrücke und dort gefedert über dem Bach Besonders bei Hochwasser Nach der Schneeschmelze Ist das Wasser vor lauter Wippen und Federn immer näher gekommen herauf bis über die Bretter endlich Dann ab in nassen Schuhen in die Schule Waren bloß zwei lange Stämme mit darübergelegten Brettern Festgenagelte Nägel rausgestanden oft im Sommer Und ist als eine Brücke für die Nachbarn doch gegangen Für uns immer eine ganz normale Brücke gewesen Dort hab ich mal ein Plakat von denen herunter von der Ulme und aufgehängt in meinem Zimmer Noch mit den original Reißnägeln noch Da hat es dir noch keine mit so weißen Kappen gegeben Schon angerostet gewesen Von vorne noch von dieser Brückenulme Herausgepopelt mit dem Taschenmesser aus der aufgerissenen Rinde *Jülma* hat der Franz gesagt dass sie dort droben an der Grenze zu den Ulmen sagen *Jülma* Schon verrückt die droben an der Grenze mir gedacht und nicht gewusst dass das schon Tschechisch ist Erst ewig später einen Tschechen *Jilm* sagen hören und gedeutet der auf eine Ulme Da war ich kurz beim Rockplakat Dass dir das geht so in Gedanken könnst dir manchmal denken Da könnt es dir ganz anders werden wenn die Zeit so auseinanderbricht wie eine Frucht aus Stein und drinnen lauter Leben Lauter Gegenwart von früher Später mir der Günter mal erzählt dass sie das mitgekriegt dass vorne an der Ulme immer Plakate fehlten Kaum aufgehängt gefehlt schon wieder Und waren aber stolz auf das Haben es als wie eine Ehre aufgefasst dass Fans ihre Plakate von den Bäumen und Zäunen herunter haben Dann wieder neue Plakate aufgehängt Noch einmal eine Runde gefahren mit dem Bandbus Sonst aber habe ich nichts mit denen in Verbindung bringen können noch Auch nicht gewusst dass das die Band mit einem Günter war und einer dunkelroten Guild Noch keine Ahnung nicht gehabt dass ich paar Jahre später schon mit dem mal spiel Das hätt man sich doch damals nicht mal nicht in Träumen wünschen können Nur so Geschichten dann und

wann gehört Nur so Gerüchte Mitgekriegt durch unsern einen
Tankwart Der war schon paar Jahre drüber Um den hat sich ein
Vater nichts geschissen Hatten selbst ein Wirtshaus Selber einen
Saal bei dem die Günters Alberts alle spielten Dem von denen
zu erzählen das wär gewesen wie das Ding mit Eulen nach Athen
So ähnlich Der durfte raus auch wenn die Günters Alberts nicht
im eigenen Saal gespielt Der wär auch raus selbst wenn die ihn
am Abend niemals nicht in diese Schuppen hätten ziehen lassen
Ab die Post hat der einmal zu mir mit seinem Daumen über seine
Schulter so gefährlich zischend wie gesagt Klang ganz schön gefährlich Hinten bei den Ölkanistern wo wir die roten Essodosen
mal den ganzen Tag sortierten Und ich von meinem Vater aus dem
Tankwart da hab helfen müssen dann im untern Lager Da hat der
Tankwart mir einmal gesagt Er habe diesen Günter schon im Anfang mitgekriegt weil seine Eltern mal die Band in ihrem Saalbau
hatten Hinten hinter ihrer alten Wirtschaft Noch an der Straße Im
Straßennamen war wie was mit Fichten *Fichten* Hat der doch glatt
schon *Satisfaction* mal gehört und hat erzählt wie dann der Sän-
ger alles runtertan bis auf die Unterhose Bis ihm dann sein Weib
auf offener Bühne ein paar scharfe Fotzen reingezogen Das ist
geohrfeigt Mords angeplärrt Und dann gegreint Auf offner Bühne
Noch mehr gegreint im Auto später Der Tankwart sagt Das hat er
selbst gesehen Das alles hat noch gar nicht wie in meinen Bilder-
kopf hineingepasst Das konntest wie nicht direkt glauben Ich hab
zu dieser Zeit noch nicht mal dieses Riff im alten Grundig rein-
gekriegt gehabt Gehört vielleicht in München mal Im Schwimm-
bad wo Im Dantebad Aus Kofferradios Ich weiß nicht wann das
war mit *Satisfaction* Könnt nachschaun wann die dir das Ding erfunden haben Immer ist wenn ich das Wort sag einer drin in diesem Wort Ein Spiegelmann Der ist genau so alt wie ich Was macht
der Mann den ich schon in der Kindheit als er Kind war kannte
mitten drin in diesem Wort In diesem Stein In diesem Wort aus
Steinen Der Tankwart hat das damals schon mit allem Drum und

Dran leibhaftig im Visier gehabt Das ganze Ding mit allen Bands der näheren Umgebung Gewusst dir alles über die Verstärker und Gitarren Und ihre Weiber Kannst dir denken was an Zeug noch Konntest jeden Montag rote Backen kriegen wenn dir der Ding dann in der Tankstelle vom Beatding stundenlang erzählte wieder Welche Songs die Samstag Nacht aus den Verstärkerkisten rausgejubelt haben Wie sie sich herumgeschmissen auf der Bühne Aufgeführt wie mords so Echte Wie dir das Toben war im dunklen Saal Das hat der alles dargestellt Und hab es direkt wie gesehn Und was ich nicht gesehen hab hab ich mir direkt vorgestellt Der war dir damals an so Sachen dran Hat selber aber nie kein Instrument gespielt Bloß so Karate Ohne seine Riesenbrille Jetzt runtertan der Tankwart mir gesagt Weil sie im Anfang seine gute Brille gleich zerbrochen haben Mords stolz gewesen auf die trümmerweis zerbrochne Brille Angegeben wie sie ihn im Kurs zu viert so hergedroschen Gesagt wennst in Karate willst musst du dich erst von vier so weißen Japantypen wie zerdreschen lassen Gesagt das ist bei denen direkt wie die erste Stunde Gesagt das ist bei denen wie die Eintrittskarte Dann darfst auf Gegenwehr japanisch dir studieren Dann bist dabei Zwei Wochen vor so lauter Wehding wie nicht gehen können Beim Tanken direkt dir gehumpelt Ich hab den angeschaut als müsst er mich derbarmen Könnst es kaum glauben Der und Karate Wo ich dir droben am Klavier schon heimlich *Daydream* von den Lovin' Spoonful probte Dagegen Filme machen wär nach dem Karate dann sein Ding gewesen wieder Der Ding vom Filmen fort geträumt und von dem bisschen Trinkgeld auf eine Super 8 gespart Träumst von so Sachen Bin sogar mit eingestiegen durch das Reden Hast dich so in was hineingesponnen Filmen Hatten dafür eine Büchse aus so dunkelblauem Leder Glaub das runde Ding war dir von Ford Für Badewannenfahrer War was wie Werbung Mein Vater der hat Ford vertreten War dir jetzt die Badewanne damals schon von Ford erfunden Erfunden jedenfalls die runde Sparbüchse für treue Kunden Die hätt sich dir dann langsam schon gefüllt wenn wir auf Dauer nur nicht nachgegeben hätten Wo der nur immer die Kataloge für Kameras hergekriegt hat Wir die ewig durchgeblättert und uns das Ding in Filmen ausgemalt in reiner Phantasie Der hat mir Zeug erzählt das hab ich zu der Zeit und oft bis heute nie gesehn Der hat einmal gesagt Da ist ein Mann der Filme macht und dieser Mann heißt Bergman Da war ein Ding wie *Schweigen* Muss direkt schon was halb Verbotenes gewesen sein nachdem wie der dir in sein Schweigen schaute Geschaut ein bisschen auf die Seite und seinen Kopf dabei so schräg gestellt schon fast wie eine Henne Ich dieses Huhngeschau nicht deuten können Sein *Schweigen* war ab 18 Der hat immer so eine riesige schwarze Hornbrille getragen War direkt wie berühmt für das Nicht Bergman Der Tankwart Glaubst die sind dir gekommen und haben bei uns getankt bloß dass die den einmal leibhaftig in ihrem Leben live gesehen haben Blau Weiß gestreift in seinem feschen Tankanzug Ganzkörprig reingeknöpft gewesen in die Ärmel von den Ärmeln und auch die langen Ärmel von den Füßen Überall so große schwarze Knöpfe Die blauen und die weißen Streifen fast so fein wie echte Nadelstreifen Das hat ihn fast schon schlank gemacht Das schwarze Schild der Essomütze das in der Sonne blank gespiegelt hat wenn er sich an der Insel bei den roten Säulen so beim Tanken übers Tankloch bückte und hineinsah ob es kommt und dort dir weiß nicht was gesehen hat Und sein Gesicht dabei ein bisschen wirr geblickt schon Fast schon wie wild Im Sommer ganz verwischt durch dieses Flimmern Diese Flimmerwolken aus verdampfendem Benzin Denk jetzt nicht dass der nicht auch sein Geld gekriegt hat so wie alle andern Aber es gab da einfach diese Brille Und da waren da Ich weiß nicht was das war mit seinen Beinen Ist alles so verquer und so unsagbar auf dich zugekommen Als wären statt Gelenken aus so Knochen Gummibänder innen drin bei dem herumgespannt gewesen Bist davon mit deinem Anschaun einfach nicht mehr losgekommen immer wieder War nicht direkt dass man hätte lachen müssen Nein das wars nicht Kannst was machen War ein Unikum mit diesen Beinen Mit dieser Augenbrille Hat seine sowieso so großen runden Augen noch einmal so groß und runder noch als rund gemacht Fast noch einmal so groß als wie der Blick von Menschen Von diesen trümmer Augen warst du immer irritiert Der Ding der war das reinste Riesenbaby Und doch der dir so ausgefuchst gefunkelt Du hast gespürt Der weiß dir was Und du gewusst dagegen dass du lange noch nicht weißt was ist Noch lang nicht viel erfahren samt dem Ding von *Satisfaction* War noch mehr als was von Song Das hast gespürt Du hast gespürt dass etwas ist das die schon wissen Hast es wie noch nicht erfahren Dicht gehalten alle So gekichert manchmal in der Brotzeitstube Wie gezwinkert mit den Augen Hast gemerkt Da bist du draußen Bist noch nicht da drin in diesem Ding wie die Sind halt schon paar Jahre drüber Mit diesem Riesenblick hat der das Ding erzählt Der war der zweite Tankwart an den ich mich genau erinnere Der dritte der zurückkommt Jetzt Aus einer langen dunklen Zeit Aus einem Irgendwo vor meiner letzten Zeit und lang nicht da war Den ich kenne und jetzt immer mehr erinnere Haarscharf genau und als ein Ganzer Verpuppt auf Jahre Endlich durchgebrochen zu sich selber Rundherum und tief heraus aus einem Kern der aufbricht : Der bin ich.

Das *Albert-Glossar*

Singen in die eigene Faust

Mit der Faust ein Mikrofon simulieren und hineinsingen. Diese Attitüde des »die Großen Simulierens«. Aber auch mehrdeutig: *Faust*, eine Faust machen = eine Wut haben, die Wut hinausschreien. Auch das Faustische klingt hier mit an.

An der Bayerischen Grenze gegen Böhmen

Gemeint ist die unmittelbar an die ehemalige Tschechoslowakei grenzende Region der nordöstlichen Oberpfalz, in der die »Albert-Passage« spielt (etwa zwischen 1964 und 1968). Bedingt durch die Nähe zum »Eisernen Vorhang« hatte der Landstrich teilweise Niemandsland-Charakter. Verunsicherung, Landflucht, Stagnation und Lethargie waren nicht unwesentliche Grundgefühle in der Bevölkerung, vor allem bezüglich der grenzbedingt negativen materiellen und wirtschaftlichen Perspektiven (siehe auch: *Eiserner Vorhang*).

Guild

Amerikanische Gitarrenmarke mit Kultstatus. Die beiden Gitarristen der »Albert«-Prosa (zunächst *Albert*, später *Günter*) spielen dieselbe Gitarre – eine *Guild Starfire III.* Der runderen Lautlichkeit wegen änderte der Icherzähler die Bezeichnung dieses Gitarrentyps in *Starfire IV* – aus seiner Perspektive eine Gitarre mit einer nahezu magischen Ausstrahlung. Bis dahin kannte er das für ihn ohnehin unerschwingliche Instrument nur von

Plattencovern. Es war gewiss mehr
als nur ein Musikinstrument – diese
Gitarre stand für manches damals
Unerreichbare.

Leugas

Kleines Dorf bei Wiesau im Landkreis
Tirschenreuth/Oberpfalz.

Wie ein feiner Maxe

Einer, der sich übertrieben fein an-
zieht.

Session

Lockeres, spontanes und meist impro-
visierendes Zusammenspiel mehrerer
Musiker, die in der Regel keine feste
Besetzung bilden. Oft auch als Talent-
probe der jeweiligen musikalischen
Fähigkeiten verstanden, eine Art
»Probespiel«, um später vielleicht in
eine Band aufgenommen zu werden.
Gerade für junge, noch unbekannte
Musiker eine willkommene Gelegen-
heit, sich mit den Arrivierten zu
messen, von sich reden zu machen.

Weidener Teehaus

Damals ein Jazz-Club in Weiden, der
aber seine besten Zeiten schon längst
hinter sich hatte und ziemlich heruntergekommen war. Von außen gesehen
ein kleines, einstöckiges Häuschen
mit stumpfem Pyramidaldach.

**Vielleicht viel mehr noch
meine damals nagelneue
große Hammond**

Hammond: amerikanischer Orgel-
hersteller mit Kultstatus. Eine original
Hammond zu spielen, zumal eine
»große« Hammond (wie eine B-3 oder
das Modell A-100) mit zwei vollen
Manualen und großem Fußpedal in
der Art einer Kirchenorgel (wie sie
sich der Icherzähler damals ohne
Einverständnis des Vaters auf der
Basis von Ratenzahlungen tatsächlich

gekauft hatte), war seinerzeit eine
Sensation. Es geschah nicht selten,
dass ein Musiker hauptsächlich wegen
der Qualität seines Musikinstruments,
weniger wegen seiner musikalischen
Fähigkeiten in eine Band geholt wurde.
Damit spielt ironisch diese Zeile.

**Ganz heiß gewesen damals
auf die Solos von dem Booker
und noch viel mehr auf
die von Jimmy Smith**

– Booker T. Jones (geb. 1944 in Memphis) ist ein US-amerikanischer Multiinstrumentalist, der vor allem als
Frontmann der Band Booker T. & the
M.G.'s bekannt wurde, in der er die
Hammond-Orgel spielte.

– Jimmy Smith (1928–2005) war ein
US-amerikanischer Jazzorganist. Smith
gilt als der bedeutendste Erneuerer
des Orgelspiels im Modern Jazz.
Den Einsatz der B-3-Hammond-Orgel
revolutionierte er in einer Weise,
die eine Einteilung der Geschichte
der Orgel im Jazz in eine Periode vor
Jimmy Smith und eine Periode mit
und nach ihm rechtfertigt. Er machte
den Hammond-Sound weltweit populär und ist Vorbild vieler späterer
Organisten und Keyboarder
(Wikipedia).

**Den Braten um den Albert
gleich gerochen Das Ding
mit dem war stadtbekannt**

Etwas stimmte nicht mit Albert. Es
waren Gerüchte im Umlauf, Genaueres wusste man nicht. Entsprechend
diffus ist auch diese Textstelle gehalten.

Heiliger Georg

Patron der Pfadfinder.

Mit dem Elvis seiner Hüfte

Anspielung auf Elvis Presley und sein
performatives »Markenzeichen«, den
Hüftschwung (Elvis the pelvis).

8 x 4

Anspielung auf das damals bekannte gleichnamige Deodorant, dessen aufdringlicher Geruch manchmal in den Tanzsälen wahrzunehmen war.

Pseudokrokoriemen

Gitarrengurt aus imitiertem Krokodilleder.

Kraxeln

Bayerisch für: klettern.

Wie so ein Schnappen von den Kiemen bei so Karpfen in der Badewanne

Karpfen ließ man früher vor der Schlachtung meist in der Badewanne noch ein, zwei Tage lang »ausschwimmen«, damit sie nicht mehr so »teicheinern«, das heißt, nicht mehr so nach Teich schmecken; ein zynisches, für den kindlichen Icherzähler grausames Ritual, das zu den Fasttagen vor Weihnachten und in der Karzeit, insbesondere an Karfreitag regelmäßig wiederkehrte. Hier unbedingt als ein Passionssatz zu verstehen. Ein Hinweis auf das sich nähernde Mysterium auf Golgatha, auch auf die Passion der Albert-Biografie.

Das kurze Schnappen vor dem kurzen Ende Weißt schon Das kurze Schnappen Zappeln nach dem Ende

Ein eindringliches Bild, das sich dem kindlichen Icherzähler beim beobachteten Schlachten von Karpfen oft bot: dieses Zucken des bereits getöteten Fischleibs, der immer noch nach Luft zu ringen schien. Diese sehr harten Bilder sind hier konkret gemeint, geben dem »Albert«-Text, insbesondere der »Albert«-Figur, sowie dem subkutanen Lebensgefühl in dieser Prosa eine entsprechende Qualität. Sie schwingt untergründig immer mit – dieses Gefährdetsein, teils auch diese Atemnot. Auch die Anteilnahme,

wenn andere in so einer Lage stecken,
dieses Mitfühlen-Können.

Blacklight

Wörtlich übersetzt: Schwarzlicht. Eine
in Diskotheken, später auch in Tanzsälen sehr beliebte Form schummeri-
ger, violett-toniger, fast »schwarzer«
Beleuchtung, die die besondere
Eigenschaft hat, alle weißen Gegenstände, Kleidungsstücke, Zähne etc.,
grell leuchten zu lassen und alle
anderen Farben zu absorbieren,
woraus sich schlagartig eine surreale
Szenerie ergibt. Sie wurde besonders
gern eingesetzt bei langsamen Mu-
sikstücken (aber nicht nur!), bei denen
sich die Tanzenden quasi körperlich
näherkamen. In den zähneklappern-
den »Totentänzen« der *Blacklight*-
Sequenz dagegen wird eine schnelle,
grelle, klirrende Musik assoziiert, die
diese makabren und skurrilen Ver-
renkungschoreografien hervorzubrin-
gen imstande ist.

**Vor dem Storch hat mancher
junge Mensch sein Klappern
kriegen können manchmal**

Spielt an auf die uralte Mär, dass der
Storch die Kinder bringt. Repräsentiert im Text die Angst der jungen
Leute vor der Konsequenz ihrer
sexuellen Leidenschaften: einer früh-
zeitigen Schwangerschaft.

War bald wie Röntgen

Der spezifische Schwarz-Weiß-Effekt
des *Blacklights* hatte manchmal in der
Tat etwas von der Qualität einer
medizinischen *Röntgen*-Aufnahme.

Shure (sprich: schu:ə)

Namhafter amerikanischer Mikrofon-
hersteller. Das hier zitierte Mikrofon
war der damals populärste Typus, das

Shure 55 SH II dynamic. Es wurde auch in einer vergoldeten Variante gebaut. War groß und hatte Schlitze. *Ein Helm mit Schlitzen ... groß wie eine Faust ...*

Jedes stolze Huhn sein Fett gekriegt

– *Huhn:* hier spöttisch für Mädchen; Albert »musste« natürlich diese *Brillen*-Geschichten, dieses Kokettieren mit der weiblichen Körperlichkeit – ohne dabei sein Spiel an der Gitarre zu unterbrechen – gelegentlich geistreich kommentieren, ... *sich melden ab und zu dann ...*

– *Chick* war in den späteren 1960er-Jahren sowohl im englischen Sprachgebrauch als auch im deutschen Szenejargon sehr verbreitet für »Mädchen«.

– *Sein Fett kriegen:* Sprichwort für bestraft werden, verulkt, verspottet werden.

In Sachen Brillen sich hat melden müssen ab und zu dann

Vgl. die *Blacklight*-Passage (siehe oben). Damals war jedem klar, dass manche Mädchen es darauf anlegten, ihre (weißen) BHs – die hier auch als *Faschingsmasken* bezeichnet werden – wie so *Brillen* im *Blacklight* besonders auffällig in Szene zu setzen und so die Aufmerksamkeit der Jungs zu erregen. Manchmal wurde so raffiniert verfahren, die Überjacke erst im *Blacklight*, im Schutz der Dunkelheit abzustreifen, um dann, quasi anonymisiert, also ohne das im *Blacklight* ohnehin unsichtbare Gesicht zu verlieren, seine weiblichen Reize auszuspielen.

Hämmernde Maschine	Spielt lautmalerisch auf die *Hammond*-Orgel an. Wenn man *Hammond* schlampig oder etwas bajuwarisiert ausspricht, klingt es wie *hämmernd*. Im Text findet sich eine Vielzahl solcher Anspielungen. In einer frühen Fassung stand *Hammond* noch ganz offen neben *hämmernd*.
– Elektrisiert am Teppichboden in der Bar *– In kleinen Feuern abgebrannt* *– So klein und blau geschossen um die Ärmel meistens*	Beschreibt beobachtete physikalische Phänomene der *elektrostatischen Aufladung,* die damals infolge der den Textilmarkt überschwemmenden Kunststofffasern als eine Art leichter elektrischer Schlag nicht selten schmerzlich zu spüren waren.
Blau hat ja im allgemeinen Fortschritt eines Abends bei allen direkt als so was wie eine zunehmende Modefarbe gelten wollen wieder	Ironisiert die Redensart *blau sein* für betrunken sein, hier aber verschränkt mit *to be blue* oder *to feel blue* als Ausdruck abgrundtiefer Melancholie, ursprünglich formuliert im schwarzen Blues der Südstaaten Nordamerikas.
Es gibt aber so blaue Feuer Nachts Auf hoher See Nur dass die größer sind Viel größer Um Schiffe oder Segel fingern	Hier wird das Mikrophänomen der textilen *elektrostatischen Aufladung* in den Makroblick meteorologischer Phänomene gewendet: zum Beispiel Elmsfeuer, Polarlichter und ähnliche von Seefahrern beobachtete maritime Lichterscheinungen.
Wie Eisen das den Marmor bricht	Anspielung auf den damaligen Hit von Drafi Deutscher *Marmor, Stein und Eisen bricht* (1965) – allerdings wird in der »Albert-Passage« die Bedeutung des ursprünglichen Songtitels mittels Inversion auf den Kopf gestellt beziehungsweise ironisiert.

**Wer jemals eingestiegen
ist für den gibts kein
Zurück Die Tür die ist ein
Nadelöhr Jetzt ist der Krug
zerbrochen Endlich Jetzt
Vor zwei Sekunden**

– Die Rede ist vom Erlebnis der ersten
Liebe. *Der zerbrochene Krug* ist hier
jedoch positiv gemeint; etwas Ein-
engendes, Hinderndes ist endlich auf-
gebrochen. Man ist durchgebrochen
zu diesem Urerlebnis. Ist man einmal
eingestiegen (in ein gestartetes *Flugzeug*, steht für *das Berührt-worden-
Sein von der Herzensgewalt des
Verliebtseins*), gibt es *kein Zurück*.

– Mit den *zwei Sekunden* ist die angeblich wissenschaftlich ermittelte Circa-
Dauer der akut erlebten Gegenwart
gemeint.

**Hast schon vom Hinschaun
einen kriegen können**

Damalige Redensart unter Jungs:
einen kriegen für Erektion.

dem Neuen Festen

Als Heranwachsender sich vertraut
machen müssen mit dem zunächst be-
fremdlichen Phänomen der Erektion.

In rein verbotenen Gedanken

Sexuelle Fantasien, die nach
Blacklight-Nächten blieben,
anderntags.

Schaller

Produktbezeichnung; deutscher
Musikinstrumenten- und Geräteher-
steller. Hier ist eher an einen Verstärker im Allgemeinen gedacht, der
die Impulse der Elektrogitarre verstärkt und – je nach individueller
Modifikation des Gitarristen – in den
jeweils charakteristischen Sound
umsetzt.

**Bis zum Zerreißen
hochgezogenen Saiten**

Das sogenannte »Ziehen« als typische
Spiel- beziehungsweise Saitentechnik
des Blues- und Rockgitarristen, der
einen glissandoartig ansteigenden

oder fallenden Ton erzielt, indem er
die Saite quer zum Griffbrett zieht oder
schiebt. Dadurch steigt die Saitenspan-
nung und proportional dazu auch die
Tonhöhe. Ein fallendes Glissando erzielt man, indem man die Saite mit
dem Finger »vorspannt«, um dann
nach dem Anschlagen (oder Anzup-
fen) der Saite den Druck zu mindern.

Der gab nur Gas   Entweder im Solo »starken Druck
machen«, das heißt mit innerem Drive
das Tempo forcieren oder lauter
werden; hat gleichzeitig auch etwas
Rücksichtsloses, im Sinne von: der
Schnellste, vorne dran sein wollen.

Wipe Out   Berühmte Instrumentalkomposition
mit langen Soloeinlagen des Schlag-
zeugs, ursprünglich von den Surfaris.
Erstmals veröffentlicht im Januar 1963
als B-Seite der Single *Surfer Joe*. Wurde
meist auf dem Siedepunkt eines Beat-
oder Rockabends gespielt.

Wah Wah   Wichtiges Effektgerät des Elektro-
gitarristen (Fußpedal, kam erstmals
1967 auf den Markt). *Wah Wah* ono-
matopoetisch für den typischen Effekt,
der ursprünglich den Charakter des
Wah-Wah-Dämpfers der Trompete
beziehungsweise der Posaune nach-
zuahmen suchte.

Faker   Hier spezifisch für einen Gitarristen,
der sich im Solo an eine anspruchs-
volle Stilistik wagt, die er nicht be-
herrscht. Zum Beispiel »so spielen
wollen wie Jeff Beck und es nicht zu-
stande bringen« – so einer wäre von

den Hörern und noch mehr von den Gitarristenkollegen als ein *Faker* gebrandmarkt worden.

Dass er steigt in
seinen Wald aus Bünden

Spielt auf die *Bünde* der Gitarre beziehungsweise auf das Steigen während des Gitarrensolos in die höchsten Register an. Gitarrenfanatiker, vor allem jene, die sich selber nie eine Gitarre leisten konnten, zählten in den Prospekten oder in den Auslagen der Musikgeschäfte vergleichend die Anzahl der Bünde der unterschiedlichen Fabrikate:»Die Höfner hat 20, die Fender, Guild und Hagström 21, die Teisco 22, eine Danelectro sogar 24 Bünde.«

Das kurze Brummen
vor dem Solo war der
Heuschreckenschwarm

Konkrete Beobachtung der Geräuschphänomene kurz vor Beginn des eigentlichen Solos. Die letzte Strophe ist gesungen, nun kommt das Solo: Der Gitarrist dreht lauter, was oft ein sekundenkurzes Brummen zur Folge hat. Dieses charakteristische Brummen, das man auf etlichen Schallplatten der damaligen Zeit hören kann, wurde sogar als Stilmittel eingesetzt, quasi als akustische »Ankündigung« dessen, was in wenigen Momenten folgen würde, die gefühlte »Ruhe vor dem Sturm«.

Die Rückkopplung des Gottes

Rückkopplung hier konkret als elektroakustisches Phänomen, englisch: *feedback*. Ein Phänomen, das abhängt von der sogenannten »Übersteuerung« des benutzten Verstärkers, einem physikalischen Verhältnis zwischen Regelung der Ausgangslautstärke der Gitarre (Volumen- oder Outputregler) und der Regelung des Verstärkereingangs (Inputregler). Typisch für das *Feedback* ist der »singende« Sound der Gitarre. Je nach Geschick des Gitarristen sind teils sehr lange, farbige, obertonreiche Töne zu erzielen. Die Beatles waren die Ersten, die ein *Feedback* auf einer Schallplatte veröffentlichten (vgl. den Anfang des Titels *I feel fine*, eingespielt am 18. Oktober 1964 in den Abbey Road Studios, London), wenngleich Bands wie The Kinks oder The Who das *Feedback* als Stilmittel schon vorher bei Livekonzerten eingesetzt hatten.

Das alles war noch Lichtjahre vor Hendrix

Jimi Hendrix (1942–1970), bedeutender US-amerikanischer Rockgitarrist. Der Gitarrensound in der Ära *vor* Hendrix (der den Gitarrensound wie kein Zweiter revolutionierte) war noch von völlig anderem Charakter – eigentlich hart, klirrend. Man spielte auch noch mit ganz anderen (stärkeren, »dickeren«, einen völlig anderen Klangcharakter erzeugenden) Saiten. Auch war wohl das Klangideal der »Albert«-Ära von ganz anderen Vorbildern geprägt.

So Stein aus falschem Stein der Überpaulus

Spielt an auf eine der lebensgroßen Gipsfiguren im Chor von St. Jakob in Mitterteich.

Roraterauch

Rorate = Gottesdienst in der vorweihnachtlichen Fastenzeit; katholische Messe in *(der noch dunklen)* Frühe im Advent. *Roraterauch* = Weihrauch während eines adventischen Gottesdienstes.

Fichtenkranz	Allgemein für Adventskranz. Großer Fichtenkranz, der in St. Jakob zu Kindheitszeiten des Icherzählers immer *an langen roten Bändern* aufgehängt war, die von der Decke des Kirchenschiffs bis knapp über die Köpfe der Gläubigen herabliefen. Dadurch immer dieses »leichte Pendeln«.
Leicht gegondelt wie ein Pendel immer	Spielt an auf das vom italienischen Astronomen Galileo Galilei im Dom zu Pisa aufgrund einer pendelnden Bronzelampe entdeckte Phänomen der *Pendelgesetze*.
Dem blonden Guildgitarrenhals	Das helle, weißblonde, fast weiße Holz des Ahorns; wird im Gitarrenbau wegen seiner besonderen Zugfestigkeit gerne auch für den Hals des Instruments verwendet.
Haufen dunkle Flecken eingebrannt gehabt	Kettenrauchende Gitarristen steckten ihre brennenden Zigaretten in die kurzen Saitenabschnitte zwischen Sattel und den Stimmwirbeln. Manchmal wurden »in der Hitze des (musikalischen) Gefechts« diese Zigaretten vergessen, sodass ihre Glut irreversible schwarze Flecken in den Gitarrenkopf brannte.
Wo sich was scheißt lebt sich was	Vom Icherzähler erfundenes (Quasi-) Sprichwort: *Wo Exkremente sind, muss auch Leben sein.* Der für Albert typischen Rede nachempfunden, kein Zitat.
Und sich was angebrannt	Doppeldeutig: a) sich eine Zigarette anzünden; b) vulgär für: ein Mädchen schwängern

(eine anbrennen); damalige Redensart
in entsprechenden Kreisen, meistens
unter Arbeitern.

Gleich zwei auf einmal
angesteckt

Doppeldeutig für:

a) extrem zigarettensüchtig;

b) andere mit Geschlechtskrankheiten
infizieren. Typisches, noch weitere
Konnotationen bergendes Beispiel
zweideutiger Rede in der Szene, die
nur diejenigen verstanden, die eben
verstanden. Das war wie ein impro-
visiertes *Rotwelsch* des Rock (*Rotwelsch* = Gaunersprache, Jargon der
Landstreicher).

Gimmick

Englisch für: Trick, Kniff, Mätzchen,
Dreh, auch: verrückter Gag, um
aufzufallen.

Pepitafrack

Pepita = karierter Stoff, typisch für die
Mode Mitte der 1960er-Jahre.

Hello Mary Lou

Ein Hit von Ricky Nelson (1961).

Josefsheim

Öffentliches, katholisches Gemeinde-
haus mit Mehrzweckfunktion, besaß
seinerzeit den größten Saalbau der
Stadt Mitterteich. In ihm fanden
öffentliche Konzerte, Faschingsbälle,
Jahresschauen der Kaninchenzüchter
und, eher selten, auch Kunstausstel-
lungen statt. Nicht zuletzt fungierte der
Saal als Turnsaal der circa 500 Meter
entfernten Volksschule für Knaben.

Mehr noch verludert

Umgangssprachlich für: verkommen,
heruntergekommen.

Zum Greinen

Zum Heulen.

Und die Lachen auf dem Boden   *Lache* = Pfütze.

Goldfaust   Das vergoldete Mikrofon *(Shure)*.

Ausgesägt und dagestanden   So bizarr und unbeweglich wie eine
Skulptur.

Es sei denn einmal als   Als der Strom ausgefallen war.
der Strom flog

Wosd lachst und   – *Wosd* (sprich: wó:sd): bayerisch für:
trittst dabei in einen Nagel   wo du.

– Schmerzhafte Kindheitserinnerung.
Ein langer Nagel steckte in der Schuh-
sohle und war tief bis in den Fuß
eingedrungen, sodass der Fuß nicht
mehr aus dem Schuh herausgezo-
gen werden konnte. Auch ein spe-
zifisches Erinnerungspolaroid des
Verhältnisses vom Icherzähler zum
Vater.

Bezüglich der Musik mit mir   Der historische Albert wollte den Ich-
für ihn und seine schrägen   erzähler tatsächlich für eine neu zu
Teehaustypen aber wirklich   gründende Formation gewinnen, aber
überhaupt nichts läuft   zu einem Zeitpunkt, wo er selbst schon
am Ende war, es mit ihm nur noch
bergab ging. Alkohol. Frauen. Exzesse.
Wer weiß, was noch alles. Allemal
Anzeichen des rapiden Verfalls seines
einstigen Talents. Die Teehauszeit. Nach
dem für ihn schockierenden Teehaus-
erlebnis (siehe Text) erteilte ihm der
Icherzähler eine Abfuhr. Sah ihn nach-
her nie wieder, bis auf jene kurze und
einzige Begegnung nach 30 Jahren –
am Bahndamm dann.

vif   Ursprünglich aus dem Französischen,
im Oberpfälzischen leicht verfremdet

	für: klug, hell, schlau, schlagfertig (Aussprache wie im Französischen).
Die alte vife Griebelin	Alte Frau, die damals an einer kleinen Landtankstelle Benzin verkaufte.
Batz (sprich: Bà:z)	Oberpfälzisch und bayerisch für: *Batzen*, lehmiger klebriger Erdklumpen.
Spieglein Spieglein an der Wand wer kann im ganzen Land am besten in Gesichtern lesen	Variation beziehungsweise Anspielung auf den Spruch der bösen Stiefmutter im Grimm'schen Märchen »Schneewittchen«: »Spieglein, Spieglein an der Wand, wer ist die Schönste im ganzen Land?«
Stirl	Oberpfälzisch für: dürre hölzerne Stecken, trockene Äste.
Dave Davies von den Kinks	Sologitarrist der englischen Rockgruppe The Kinks, der wie Albert eine Guild Starfire spielte.
Auf einem Cover irgendwann das Horn entdeckt	– Die Gitarren der Rockidole waren häufig auf Schallplattenhüllen *(cover)* mit abgebildet – nicht selten einer der ausschlaggebenden Gründe, die Platte schließlich zu kaufen.
	– *Horn*: Hier ist das charakteristische, scharf geschnittene *Horn* der Guild gemeint, dessen Form durch das sogenannte »Cutaway« entsteht, ein halsseitiger Ausschnitt im Korpus der Gitarre, um der Hand des Gitarristen das Spiel in den höchsten Lagen zu erleichtern.
Und irgendwann einmal das Wort gesehn	Das Wort *Guild* – den Herstellernamen der Gitarre – auf dem Plattencover entdeckt.

Marabu	Hersteller von technischen Zeichengeräten, Kurvenlinealen etc.
La poupée qui fait non	Hitsingle des französischen Sängers, Komponisten und Chansonniers Michel Polnareff. *La poupée qui fait non* wurde 1966 veröffentlicht und war sein erster großer Erfolg.
A.AAA.D.DDADA.GG.DDD.A	Die originale Akkordfolge des Anfangs von *La poupée qui fait non.*
Ein Geschniegelter	Einer, der sich für ein Rendezvous eitel zurechtgemacht hat.
Ein ziemlich steiler Zahn	Damalige Redensart; heute würde man wohl sagen: »sehr sexy« (wurde nur auf Frauen angewandt).
Mit so einem blonden Hals aus Ahorn	Verschränkung von Gitarrenhals und Violettahals, umspielt von ihren blonden Haaren.
Hinein in ihren linken Ja-Blick	*link:* Adjektiv, umgangssprachlich für: hinterhältig, gemein, betrügerisch.
So kannst dich brennen	Bayerisch für: sich irren, sich täuschen.
In der für Augen als Verstärker dafür wieder umso stärker zuständigen Nebenstelle Der sogenannten Außenherzmuskulatur	*Außenherzmuskulatur* = bewusst umständliche, scherzhafte Umschreibung für den weiblichen Busen.
In einem hautigen VW	*hautig* = minderwertig, billig.
Eiserner Vorhang	Während des Kalten Krieges war Europa geteilt. Einerseits gab es die westlichen liberalen Demokratien (Westeuropa), andererseits die kom-

munistischen Länder Europas (Ost-
europa). Diese beiden Blöcke trennte
der sogenannte Eiserne Vorhang.
Damit bezeichnete man die Grenz-
schutzanlagen der kommunistischen
Länder, zu denen Stacheldraht,
Schießbefehle, Hundelaufanlagen,
Wachtürme, Selbstschussanlagen,
Minenfelder und kilometerbreite
Sperrzonen gehörten. Die gesamte
Grenze war vollständig abgeriegelt.
Damit sollte vor allem verhindert
werden, dass Menschen aus kom-
munistisch regierten Staaten nach
Westeuropa flohen.

Noch lang vor 68

Spielt an auf die vorübergehenden
politischen Lockerungen des sogenannten »Prager Frühlings« in der Ära
Dubček. Der Generalsekretär der
tschechoslowakischen Kommunisten,
Alexander Dubček, war 1968/1969
der mächtigste Politiker des Landes
und wurde die Leitfigur des Prager
Frühlings.

Herausgepopelt mit dem
Taschenmesser aus der
aufgerissenen Rinde

Herauspopeln = herauspulen, durch
Bohren und Kratzen herauslösen.

Jülma (sprich: Jül-mǝ)

Ein im ostoberpfälzischen Grenzdialekt
der 1960er-Jahre im Bärnauischen
(Gemeinde Bärnau/Oberpfalz) noch
zu hörendes, aus dem Tschechischen
entlehntes Wort für: Ulme, Rüster.
Tschechisch: Jilm. Angeblich ursprünglich aus dem Arabischen. Die
im Text verwendete Schreibweise
wurde vom Icherzähler dem seinerzeit
lautlich Gehörten nachgebildet.

Wie eine Frucht aus Stein und drinnen lauter Leben Lauter Gegenwart von früher

Metaphorisch für *Druse* (mineralogisch). Kugeliger, äußerlich unscheinbarer, kieselartiger, innen aber hohler, teils mit Halbedelsteinen gefüllter, fantastisch schimmernder Stein, dessen besondere Eigenschaft von außen nicht zu sehen ist. Die Steinsucher schlagen deshalb die als *Drusen* vermuteten Steine in der Hoffnung auf einen veritablen Fund mit kleinen Mineralhämmern auf.

Dem von denen zu erzählen das wär gewesen wie das Ding mit Eulen nach Athen

Sprichwörtlich für: überflüssig, unsinnig, tautologisch.

Satisfaction

Der berühmte Hit der englischen Rockgruppe The Rolling Stones, der seinerzeit wegen seiner sexuellen Anspielungen beim Establishment verpönt war. Der Rocksong *(I Can't Get No) Satisfaction*, den Mick Jagger und Keith Richards für ihre Band schrieben, wurde im Mai 1965 erstmals als Single veröffentlicht und ihr erster Nummer-eins-Charterfolg in den Vereinigten Staaten und die vierte Nummer eins in ihrer Heimat Großbritannien.

Alles runtertan

Sich entkleiden, hier speziell: Striptease.

Fotzen

Oberpfälzisch für: scharfe Watschen, schmerzhafte Ohrfeigen (ins Gesicht); wird in dieser Bedeutung nur im Plural verwendet.

Riff

Kurzes, prägnantes, sich wiederholendes Motiv in der Rockmusik, meist von der Elektrogitarre gespielt.

Grundig	Deutscher Phonogerätehersteller; hier speziell für: großes Nachkriegsradio in hölzernem Gehäuse mit Bespannstoff und grünem (sogenanntem) »magischem« Auge (das die Empfangsqualität anzeigte); der alte *Grundig* in der Familie des Icherzählers fungierte als sein erster Gitarrenverstärker.
Im Dantebad	Bekanntes öffentliches Schwimmbad in München.
Aufgeführt wie mords so Echte	Provinzmusiker, die sich aufführten wie »echte« Rockstars.
Daydream von den Lovin' Spoonful	Gleichnamiger Hit der US-amerikanischen Westcoast-Formation The Lovin' Spoonful (1966).
Eine Büchse aus so dunkelblauem Leder	Werbegeschenk von Ford-Vertretungen *für treue Kunden*; meist als Weihnachtsgabe, hier speziell: eine Sparbüchse in Form eines büchsenartigen Geldsäckchens aus Kunstleder.
Badewanne; Badewannenfahrer; – War dir jetzt die Badewanne damals schon von Ford erfunden	Scherzhafte beziehungsweise spöttische Bezeichnung für die rundliche Form des Ford-Models Taunus P3 oder 17M, ein von Ford Deutschland 1960 erstmals vorgestellter Wagen der oberen Mittelklasse.
Schweigen	Der damals skandalträchtige gleichnamige Film des schwedischen Regisseurs Ingmar Bergman (*Das Schweigen*, 1963).

**Wenn er sich an der Insel
bei den roten Säulen so beim
Tanken übers Tankloch
bückte und hineinsah ob es
kommt und dort dir weiß
nicht was gesehen hat**

Tankloch = der Einfüllstutzen am Tank
eines Automobils.

verquer

Adjektiv; merkwürdig, eigenartig,
seltsam. Staunen, Verwunderung,
manchmal auch leises Misstrauen
hervorrufend.

**Von diesen trümmer Augen
warst du immer irritiert**

trümmer Augen = bayerisch für:
riesige Augen.

**War noch mehr als was
von Song**

Das Ahnen des Sexuellen, insbesondere der konkreten sexuellen Erfahrung der Älteren. Dieses sich
Zusammenreimen ihrer Anspielungen
(siehe unten: *Brotzeitstube*), die in der
eigenen Vorstellung noch keinen Sinn
ergaben; Vorpubertät.

**– Brotzeitstube
– Dicht gehalten alle
– So gekichert manchmal
in der Brotzeitstube**

– Ein kleiner Raum in der väterlichen
Werkstatt, in dem sich die Gesellen in
den Pausen versammelten und ihre
Brotzeit einnahmen. Dort befanden
sich auch die Stechuhr und die Fächer
mit den Arbeitszetteln sowie das
kleine Fenster der Warenausgabe des
anrainenden Lagers.

– In der *Brotzeitstube* herrschte immer
eine kollektiv-spöttische Stimmung,
insbesondere gegen den Sohn des
Chefs, also den Icherzähler.

– *Dicht gehalten* = nichts verraten,
nichts gesagt, bewusst nichts erklärt.

– *So gekichert:* »Wir wissen es, du
weißt es (noch) nicht ...«

Der war der zweite
Tankwart an den ich
mich genau erinnere

Die chronologische Folge von Tankwarten, also jener Angestellten im väterlichen Betrieb, die für die Tankstelle zuständig waren, ist eines der Kalendarien des Erinnerns des Icherzählers. Eine wieder andere Lesart ...

Gesetzt aus der Rockwell, serifenbetonte Antiqua, entworfen 1934.

Die Autoren

Jeff Beer, geb. 1952, ist freischaffender Musiker, bildender Künstler und Schriftsteller. Seine Texte erschienen in diversen Literaturzeitschriften und Anthologien.

Daniel A. Bell, geb. 1964, ist Dekan der School of Political Science and Public Administration an der Shandong University und Professor für Philosophie an der Tsinghua University. Zuletzt erschien *The China Model. Political Meritocracy and the Limits of Democracy.*

Karl Bruckmaier, geb. 1956, ist Pop-Experte, Hörspielregisseur und Radio-DJ auf Abruf. Zuletzt erschien *OBI oder das Streben nach Glück* (zusammen mit Wilfried Petzi).

Stefan Falke, geb. 1956, lebt und arbeitet als Fotograf in New York. Zuletzt erschien *La Frontera. Die mexikanisch-US-amerikanische Grenze und ihre Künstler.*

Alexander Gutzmer, geb. 1974, ist Professor für Medien und Kommunikation an der Quadriga Hochschule Berlin und lehrt als Gastprofessor an der Hochschule Tecnológico de Monterrey in Mexiko. Zuletzt erschien *Marken in der Smart City. Wie die Cyber-Urbanisierung das Marketing verändert.*

Matthias Lilienthal, geb. 1959, ist seit der Spielzeit 2015/2016 Intendant der Münchner Kammerspiele.

Jagoda Marinić, geb. 1977, lebt als Schriftstellerin, Kulturmanagerin und Journalistin in Heidelberg. Zuletzt erschien *Made in Germany. Was ist deutsch in Deutschland?*

Ernst Mohr, geb. 1955, ist Professor für Volkswirtschaftslehre an der Universität St. Gallen. Zuletzt erschien *Punkökonomie. Stilistische Ausbeutung des gesellschaftlichen Randes.*

Jan-Werner Müller, geb. 1970, ist Professor für Politische Theorie und Ideengeschichte an der Universität Princeton. Zuletzt erschien *Das demokratische Zeitalter. Eine politische Ideengeschichte Europas im 20. Jahrhundert.*

Armin Nassehi, geb. 1960, ist Professor für Soziologie an der Ludwig-Maximilians-Universität München. Zuletzt erschien *Gab es 1968? Eine Spurensuche.*

Stephan Rammler, geb. 1968, ist Gründungsdirektor des Instituts für Transportation Design und Professor für Transportation Design & Social Sciences an der Hochschule für Bildende Künste Braunschweig. Zuletzt erschien *Volk ohne Wagen. Streitschrift für eine neue Mobilität.*

Tim Renner, geb. 1964, ist Musikproduzent, Journalist, Autor und Politiker. Zuletzt erschien *Wir hatten Sex in den Trümmern und träumten. Die Wahrheit über die Popindustrie* (zusammen mit Sarah Wächter).

Astrid Séville, geb. 1984, ist wissenschaftliche Mitarbeiterin am Lehrstuhl Politische Theorie der Ludwig-Maximilians-Universität München. Zuletzt erschien *»There is no alternative«. Politik zwischen Demokratie und Sachzwang.*